"十三五"应用型本科旅游管理专业精品规划教材

休 闲 概 论

主　编　牟　红　杨　华

副主编　胡方霞　赵　艳　李春燕　刘　聪

参　编　王　赟　李　耀　徐宁蔚

中国财富出版社

图书在版编目（CIP）数据

休闲概论／牟红，杨华主编 . —北京：中国财富出版社，2016.6

（"十三五"应用型本科旅游管理专业精品规划教材）

ISBN 978 - 7 - 5047 - 6141 - 5

Ⅰ.①休… Ⅱ.①牟… ②杨… Ⅲ.①闲暇社会学—高等学校—教材 Ⅳ.①C913.3

中国版本图书馆 CIP 数据核字（2016）第 101204 号

策划编辑	王淑珍	责任编辑	戴海林 黄正丽	
责任印制	何崇杭	责任校对	杨小静	责任发行 斯 琴

出版发行	中国财富出版社		
社　　址	北京市丰台区南四环西路 188 号 5 区 20 楼	邮政编码	100070
电　　话	010 - 52227568（发行部）	010 - 52227588 转 307（总编室）	
	010 - 68589540（读者服务部）	010 - 52227588 转 305（质检部）	
网　　址	http://www.cfpress.com.cn		
经　　销	新华书店		
印　　刷	北京京都六环印刷厂		
书　　号	ISBN 978 - 7 - 5047 - 6141 - 5/C · 0204		
开　　本	787mm × 1092mm　1/16	版　次	2016 年 6 月第 1 版
印　　张	14.5	印　次	2016 年 6 月第 1 次印刷
字　　数	300 千字	定　价	38.00 元

版权所有 · 侵权必究 · 印装差错 · 负责调换

"十三五"应用型本科旅游管理专业
精品规划教材编审委员会

高级顾问　狄保荣　周春林

主审专家　王昆欣　张凌云

主要委员　（以姓氏笔画为序）

丁　杰	万苗苗	马　亮	马发旺
马海洋	王　润	王春梅	王美萍
王培英	成　建	许　霞	牟　红
杨　华	李　丽	李　烨	李　辉
李春燕	李厚忠	吴忠军	吴春焕
宋灵燕	张　鲸	张莹莹	易红燕
金　丽	秦　明	夏凌云	徐新林
高爱颖	郭进辉	黄　凯	彭　慧
舒　畅			

总　策　划　王淑珍

前　言

我国国务院办公厅颁布的《国民旅游休闲纲要（2013—2020 年）》提出：到 2020 年，基本落实职工带薪年休假制度，要保障休闲时间，改善休闲环境，推进国民旅游休闲基础设施建设，完善国民旅游休闲公共服务。

经过改革开放 30 多年的发展，我国的综合国力和人民群众的生活水平有了显著提升，2010 年，我国已成为世界第二大经济体，人均 GDP（国内生产总值）已超过 5000 美元，公共假期达到 115 天，达到中等发达国家水平。解决了"有钱""有闲"的问题之后，老百姓的旅游需求快速增长，旅游业进入大众化发展的新阶段。随着大众旅游休闲时代的到来，国务院批准发布国民旅游休闲纲要，引导全社会树立健康、文明、环保的休闲理念，力求更好地满足广大人民群众旅游休闲的消费需求，提高国民生活质量，显示了对民生福祉的关怀和时代发展的进步，具有重要的现实意义，同时也对加强休闲专业人才队伍建设，不断提高休闲管理和服务水平提出了迫切的需求。

《休闲概论》一书的编写和出版正是基于对时代背景的呼应和人才需求的调研，对休闲相关的基本知识和技能进行了全面论述，本书体例清晰，内容丰富，取材广泛，分析透彻。面向休闲管理、旅游管理和会展策划管理专业学生，同时也可作为休闲行业、旅游行业及会展行业从业人员熟悉及掌握休闲基础知识的参考用书。

本书有如下特点：

1. 教材编写按照"项目导向，任务驱动"模式，采用模块化编写体例，将专业理论知识和专业技能训练内容按照教学要求划分为多个模块，每个模块均配备易于操作和实现的实训项目，旨在培养学生综合运用理论知识解决实际问题的能力、创新能力和团队协作精神。

2. 本教材以能力为本位，应用最新休闲学研究理论成果，从多维视角中审视休闲活动发展。契合高校休闲类专业培养目标和相关课程教学目标，融入行业新知识、新理念、新技术、新方法，突出教材的实用性、可操作性、先进性和前瞻性，能较好地满足专项职业能力应具备的知识、能力和素质的培养。

3. 全书案例丰富，通俗易懂，学生通过对案例的学习，掌握系统分析与设计的思想和方法，可在实际应用中借鉴相关案例内容。同时以"小资料"形式提供大量背景材料，开拓读者学习视野，有助于培养和提高读者的学习兴趣。本教材还配有电子教学资料，欢迎登录中国财富出版社官网（http：//www.cfpress.com）下载。

　　本教材共分九个项目，编写具体分工如下：项目一由重庆理工大学王赟编写；项目二、项目三由重庆应用技术职业学院赵艳编写；项目四由重庆工商职业学院胡方霞编写；项目五由重庆理工大学李耀编写；项目六由重庆电讯职业学院李春燕编写；项目七由重庆理工大学李耀、重庆工商职业学院杨华编写；项目八由重庆理工大学刘聪编写；项目九由重庆理工大学徐宁蔚、重庆工商职业学院杨华编写。牟红和杨华负责全书的组织策划、内容设计、修改完善、统稿审稿。

　　在本教材的编辑和出版过程中，我们参考、借鉴了国内外许多著作和文献资料，并得到了中国财富出版社的大力支持，在此谨向有关作者、中国财富出版社致以诚挚的谢意。同时，由于编者水平有限、时间仓促，书中疏漏和不足之处在所难免，恳请各位专家、广大读者批评指正，使本书得以不断完善。

杨　华

2016 年 2 月 13 日

目　录

项目一　休闲概述

🌐 任务导入

2015 年 10 月 30 日，第十届中国国际休闲产业博览会在杭州和平国际会展中心举行。本届展会通过对当前国内外休闲产业和体育健康产业发展中的热点、亮点内容的集中展示，为所有参展机构、企业等提供交流合作平台。展会总体规模近 1.5 万平方米，分国际展位区、运动健康区、红酒品尝区、珠宝鉴赏区四大部分，设有 410 个国际标准展位。

搭建国际休闲产业交流平台

作为西博会的重点内展项目，休博会已连续举办九届，每年展会的国际展位比例均超过 20%，已成为杭州国际化程度最高的展会之一。在市贸促会的努力下，本届展会共邀请到美国、波兰、保加利亚、斯洛文尼亚、阿根廷、泰国、菲律宾、印尼、印度、澳大利亚 10 个国家的 13 家国际机构来杭参展，共计 85 个展位。

特色旅游荟萃　休闲用品亮相

各国特色旅游荟萃，休闲用品集中亮相也是本届休闲产业博览会的一大亮点。阿根廷旅游资源丰富，阿根廷驻沪总领事馆总领事 Eduardo Estanislao Martire 将带来本国诸多旅游项目（如莫雷诺大冰川、南美小瑞士巴里洛切和世界的尽头乌苏怀亚市）以及近年兴起的南极游轮游等。除此之外，还有知名的阿根廷红酒供大家品尝。休闲产品汇聚了保加利亚手工肥皂、波兰蜜蜡、越南沉香、巴基斯坦工艺品、阿根廷红酒等各国特色产品，其中泰国馆邀请了泰国手工布鞋有限公司、端康木手工艺品公司、瓦如泥木业首饰工艺品公司、麦合之家草药美容公司、百特保健茶有限公司等泰国公司来杭展示特色手工艺、珠宝、红木、化妆品、保健品等。

"体育休闲"加盟展会

体育除了强身健体外，也日渐成为一种新兴的休闲生活方式。特别是杭州申办亚运会成功，体育健康概念逐渐成为主流的当下，本届展会首次将长三角国际体育休闲博览会纳入，丰富了休闲产业的涵盖面。现场展示囊括了体育运动器械、健身器材、户外用品、电子竞技、运动服饰等产品。

此外，杭马装备发放仪式和杭马嘉年华等相关体育活动也在休博会期间同期举办。

国内知名健身舞蹈教练、健身教练，动乐 CBL 篮球赛、笼式足球体验和亲子拓展嘉年华以及最新时尚的体育装备都在现场精彩呈现。

（资料来源："中国杭州"政府门户网站.）

同学们，你知道什么是休闲吗？请举出几个休闲活动的例子。

🔍 学习目标

1. 知识目标

熟悉中西方休闲概念。

理解休闲的内涵及其特征。

2. 能力目标

能够按照一定的标准对休闲活动进行分类。

能够用休闲理论解释生活中的休闲行为和现象。

任务一　休闲及其相关概念

休闲学就是研究休闲（Leisure 和 Recreation）的科学，休闲学的研究范围一直是一个具有争议的话题，一些学者认为休闲学的研究范围是比较开放的，包括的内容从文化娱乐到运动健身、从公园管理到休闲设施设备管理、从心理到生理，等等，内容无所不包，其中有很多领域可以与其他学科相互覆盖，如文化、体育等学科。另外一些学者认为休闲学应该有确切的研究范围，应该和社会学、文化学、媒体学等有严格的界限，包括休闲的基本理论如休闲动机、休闲障碍、休闲需求及具体的休闲行为、休闲营销等内容。在搞清楚休闲学之前，我们首先来认识什么是休闲。

一、西方的休闲概念辨析

英文单词中，"leisure"与"recreation"常常都被翻译为中文的休闲。但是在西方，"leisure"和"recreation"是一组有紧密联系但又有显著差别的概念。

（一）Leisure 概念辨析

Leisure 一词源于拉丁语"Licer"，原意为"to permit or allow"（允许）之意。Licer 也是拉丁字根允许（Permission）之意。

在英文词典中，leisure 的定义为：工作之外的空闲时间，或者是在承担责任和义务之外的自己支配的时间。

澳大利亚健康、体育与休闲委员会（Australian Council for Health, Physical Educa-

— 2 —

tion and Recreation）认为，leisure 是一种精神状态，通常以自由支配的时间和乐观的精神状态为特征，可以包括内容广泛的各类活动或没有任何活动。其中的关键因素是能促使人与自己所处环境和谐并富有成果地相处。

Coredes 和 Ibrahim（2003）认为，leisure 是人们按照自己喜欢的步调去选择自己的活动。E. H. Smith 认为，leisure 是人的一种体验，它以内在的动力和满足为特征，以自由选择为特征。Gebi 认为，leisure 是从文化环境和物质环境的外在压力中解脱出来的一种相对自由的生活，它使个体能够以自己所喜欢的、本能地感到有价值的方式，在内心的驱动下行动，并为信仰提供一个基础。

虽然 leisure 定义多种多样，但是可以得出，所有的 leisure 定义都认同 leisure 具有以下基本特征：

（1）leisure 意味着时间的自由。leisure 是完成工作的责任与维持生存之外的时间，是我们能选择什么可以做并且愿意做的时间，换言之，就是时间的运用是根据我们的选择（Charles，1960），即所谓的自由时间（free time）。

（2）leisure 意味着活动选择上的自由。leisure 意味着自己选择活动的自由，活动的时间、地点、方式、伙伴等的选择是自由的。

（3）leisure 意味着愉悦（Fun）、快乐。leisure 强调乐观的精神状态，自己可以得到正面的情感与精神体验。leisure 活动（activity）是有趣的、能带来快乐、愉悦感受的活动，包括心理和生理方面的愉悦和快乐。

（二）Recreation 辨析

英文词典中 recreation 的定义：recreation 是指人通过一些有趣的运动、游戏等达到的精神恢复、心旷神怡的状态。（Macquarie 词典）

人们在工作之余从事的以获得乐趣为目的的活动。（牛津词典）

人们从事的取乐或放松的活动以及类似的其他活动。（剑桥词典）

任何形式的玩乐、娱乐等活动，该活动可以使身体和精神恢复。（Collins Australian Pocket English Dictionary）。

John Ap（1986）认为，recreation 是指人们在自由支配的时间（free time）里的活动或体验，这些活动或体验的目的是使其身体和精神得到恢复。

John Pigram 认为，recreation 是人们在闲暇时间自愿从事的以寻求愉悦和满足感为目的的活动。

Richard Kraus（1966）认为，recreation 是指参与者自愿选择进行的活动，其目的是为了从活动中立即获得满足或实现某种个人或社会价值。这些活动一般都是在闲暇时间进行的，是与工作无关的而且有趣的，并且是由一定组织或社区提供的，往往设计为符合社会、团队整体目标的形式。

总之，虽然 recreation 的定义有各种类型，但 recreation 具有以下基本性质：

（1）recreation 是指人进行的活动。Recreation 指的不是一种状态，它强调的是人们在闲暇时间从事的活动。

（2）recreation 是所指的活动，其目的是帮助身体或精神得以恢复。

（3）recreation 是有趣的、有益的、符合个人和社会价值观的活动。

（4）recreation 是在闲暇时间进行的活动，与工作无关。

（三）Leisure 与 Recreation 的关系

Leisure 与 Recreation 的区别：Leisure 更多的是强调一种状态，如自由的时间、自由的选择和快乐的心理状态；Recreation 强调的是活动。

Leisure 与 Recreation 的联系：Recreation 是一种是在闲暇时间进行的活动，也即是 leisure 活动（Leisure activity），如上文所述，实际上，recreation 的定义实质就是指 leisure 活动。

二、中国休闲定义及与西方休闲概念的对应关系

（一）中国休闲定义

休从字形结构看，是"人倚木而休"的意思，这说明祖先在造字时就融入了人与自然的概念。"休"在《康熙字典》和《辞海》中被解释为"吉庆、欢乐"的意思。而"闲"字在古体中有一个"月亮"，隐喻"闲庭赏月"的诗情画意，孕育着人的纯洁与生活美好之意。"闲"通"娴"，具有娴静、纯洁与安宁的意思。因此，古代中国人认为"闲"指的是一种心态与心境。在这一点上，中国的休闲与西方的 leisure 的概念是类似的。

《辞海》中关于休闲的定义非常简单——无事而休息。

宋瑞认为，"休闲"本身是个难以界定的概念。不同的人在不同的场合和语境下所指的"休闲"含义不同。总的来看，"休闲"至少被作为六个概念同时使用。

（1）时间的概念。也就是通常所说的"闲暇时间"或者"自由时间"，是指当劳动（包括有酬劳动和无酬劳动，后者如女性的家庭劳动）、生活事务、睡眠和其他基本需求得到满足后可自由利用的时间。个体闲暇时间的数量和分布受各种因素影响，存在很大差异。

（2）活动的概念。就是指人们所从事的、满足个人爱好和兴趣的活动。不同的人爱好不同、兴趣各异，被某个人视作"休闲"的活动，对另一个人未必就是。即使是

同一个人，其感兴趣的、自认为可以放松身心的"休闲活动"也各式各样。因此，休闲活动具有很强的个体性、主观性和复合性，很难列出一个适合所有人的休闲活动图谱。

（3）消费的概念。也就是人们为满足其休闲需求而进行的消费。在现代经济社会，人们在从事休闲活动的时候，除了消费时间，往往还要依赖一定的产品、设施和服务。因此在很多场合，休闲也表现为消费行为，是一种集时间、物质、精神为一体的综合性消费。

（4）心态的概念。也就是说参与某项活动时的动机、心态以及通过参与某种活动可以达到的精神状态。

（5）生活方式的概念。是指把休闲当成是一种追求自由、放松的生活态度、生活方式和存在方式。

（6）文明程度的概念。也就是说当追求这种生活方式成为社会大众的普遍选择时，整个社会所达到的文明状态。

（二）中西方休闲概念的对应关系

如上文所述，无论西方还是中国，休闲（或 leisure、recreation）的定义都强调了以下基本特征：

（1）自由支配的时间。

（2）乐观的心理状态。

（3）活动选择的自由。

根据宋瑞对休闲一词的六种概念进行的分析，休闲一词实际涵盖了 leisure 与 recreation 的内容，同时在内容上还有更大延伸，如涵盖了一种生活方式、文明程度等。

三、休闲相关概念体系

休闲表示的是人们在闲暇时间自由选择喜欢的活动的情形。休闲活动（Leisure Activity）就是 recreation，分为户内休闲和户外休闲。从类属角度出发，旅游是一种活动，属于休闲活动的范畴，而且是一种户外休闲活动（Outdoor Recreation），如图 1 - 1 所示。不过由于旅游的重要性，在北美的学科设立中，常常将旅游与休闲、休闲活动并列，而且在研究中也经常将其提到与休闲活动、休闲相等的地位。

休闲包含了包括休闲活动在内的各种含义，是一个比较大的泛畴。如果从时间的角度出发，休闲指的是自由时间，那么休闲活动与旅游都是在自由时间里的活动；如果从心理状态来考虑，休闲活动与旅游都是在争取达到这种境界与达到这种境界中，休闲旅游就是指达到一种心理释放、自由选择状态的旅游；如果从活动角度考虑，旅

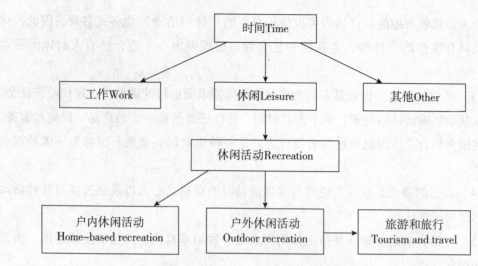

图1-1　休闲、休闲活动与旅游关系

游就是一种户外休闲活动（如图1-2、图1-3）。

从研究角度来看，旅游具有巨大经济利益，因此从经济的角度研究旅游是旅游研究的一个重要门类，而休闲则由于其社会效应，前人更侧重于从社会学，尤其是从社会福利角度入手对其进行研究。

图1-2　体育活动

图1-3　娱乐活动

 小资料

1. 休闲在"儒""道"思想中的体现

孔子提倡和谐、生活、均衡、平静、秩序与和平。儒家认为丰富多彩的休闲生活是人生的最高审美活动。儒家主张"兴于诗""立于礼""成于乐"，认为"游憩"很重要，并体现在"礼、乐、射、御、书、数"中。

在中国传统文化中，道家对自由精神的追求，最能体现中国传统休闲思想的精髓。

道家思想中，很多都与休闲思想有关联，道家休闲思想的代表人物是老子和庄子，老子提倡"无为""不争"，阐述人与自然和谐相处的道理，而庄子则是中国先哲中最善于观察世界、反省自身、追求精神绝对自由的智者。庄子提出的"游乎四海之外"的"逍遥游"与"观天地之大美"成为中国休闲智慧的最高境界。

2. 民间休闲是农闲时的憩息与节日休闲

如果说以文士阶层为代表的儒、道两家的休闲观代表中国传统休闲文化意识形态的精义的话，那么中国民间大众传统的休闲文化则更多体现中国休闲文化的独特形式，更具有中国特色。

中国古代是农耕文明高度发达的国家，农耕文化成为了中国文化的根文化。农业社会发展的一个最大特点是必须高度依赖自然条件，受到农作物生长规律的影响，作息十分有规律性。因此，中国民间大众的休闲文化具有明显的自然特性和节律，民间的休闲活动时间并不能自由选择，休闲活动只能选择在农闲时期。而农闲往往是固定而有规律的，这就形成了中国特色的民间节日休闲文化。在农村，人们一直看重的春节、端午节和中秋节，都是处于农闲之时。而处于较长农闲之时的春节，成为休闲的最佳时节，因而也就成为了饱含中华民族文化特色的休闲文化凝聚的节日。

生成于农耕社会的民间休闲文化传统有其明显的特征。第一个特征是强调实用，"吃"是休闲的第一要义。在社会生产力尚不发达、农业是生活资料主要来源却又无法使人们丰衣足食的情况下，"吃"自然就占据了第一位。因此，在文化意义中，饮食之于中国，较之饮食之于西方，有着明显的厚薄之别。凝聚中华传统休闲文化的春节、端午节和中秋节，"吃"自然也占有非常重要的地位。饺子、粽子和月饼就是春节、端午节和中秋节的标志性食品。第二特征是祈福娱神，祭祖拜神。祈福吉庆是节日文化中必不可少的项目，由此产生了诸如贴对联、起五更、放鞭炮、吃饺子、舞龙灯等多种以祈福为目的的娱乐形式。

3. 家训与女红

在中国传统休闲文化中，以《家训》与"女红"的影响最深。

《家训》是中国仁德文化的产物，是传承儒家思想文化的载体，是休闲教育的基础。家训承载的是修身、治家、为人处世的基本方法。"女红"指妇女所作的刺绣、缝纫等针线活的总称，是古代女性休闲生活的重要组成部分。中国妇女以她们的聪明才智创造与发展了众多的艺术形式，比如纺织、浆染、鞋帽、编结、剪纸、面花、玩具等。

任务二　休闲的分类

通过对不同的时代、不同文化中人们的休闲活动的观察和理解，不难发现，休闲常常与闲暇时间、自由选择、劳动、快乐、人生意义等关键要素联系在一起。而且，现代的休闲还呈现这样的特点：第一，人们的休闲时间越来越多；第二，休闲正在面向所有人；第三，各国、各地区的休闲文化有同化的趋势；第四，劳动与休闲都是寻找人生意义的途径；第五，休闲的价值越来越受到人们的重视，而且作为产业，休闲的作用与日俱增；第六，休闲所体现的雅文化和俗文化的分别与身份、等级的联系渐渐疏远。

故此，我们采取以下的方式来界定休闲：休闲是个体在正义的制度框架下对自由生活的追求，是个体在社会空间进行的社会文化的创造和再创造，它使个体感受到自身是无痛苦的、幸福的、有价值的存在。根据不同的标准，人们对自由生活的不同追求，休闲可以划分为不同类别。但所谓的不同类别也不是一种绝对的差别，而只是划分休闲所依据的标准有所区分。

一、根据表现形式分类

按照休闲的表现形式的不同，休闲可以分为静态休闲和动态休闲。静态休闲是作为存在状态以及作为直接体验的休闲，它是一种相对静止的状态，它包括在思维中寻找生命的意义，以及生理或心理的休闲感，这种状态通常表现为感觉到自我心无羁绊、从容、宁静，甚至忘记了时光流逝，亚里士多德所说的"沉思"就能达到这种状态。孔子说："吾日三省吾身，为人谋而不忠乎？与朋友交而不信乎？传不习乎？"一日三省就是为了获取一种内心的宁静与满足，创造一个更具理性的自我的过程。心理学家纽林格认为休闲感有且只有一个判据，那便是心之自由感，它使人相信，他是自由的，是他在控制局面，而不是被环境所控制。

动态休闲是作为活动的休闲，它是指个体实实在在的行动，是个体休闲价值观的外在表现形式。从这个角度看，休闲就是行动，它不仅是感觉，更是决定和行动。动态休闲的一个取向是开始并行使一种能够促进发展的行动方式。这种促进发展的行动方式是各种休闲行为的抽象，如我们在工作之余的写作、垂钓、绘画等，这些都是个体获取成就感和自我创造感的行为方式。动态休闲的另一个取向则是社会，人是天生的社会动物，人的休闲活动可以是独处也可以是社交，但休闲确实发生在社会空间。在社会空间的动态休闲，不仅能够创造出一个不同的自我，而且还可以创造出一种共同体——具有相同休闲行为的个体的集合。

二、根据影响结果分类

按照休闲的影响结果的不同，休闲可以分为积极休闲和消极休闲。积极休闲是休闲者主动、积极地自由选择的结果，是指休闲者本能的、以自己喜爱的方式行动。休闲包括自我的创造，也包括其他关系或物质方面的创造。一个人写作可以是为了记录下当时涌动的文思，也可以是为了使他人有更多东西可以阅读；一个人作曲可以是为了抓住心中灵光一闪的音律，也可以是为了使世人能听到更好的演奏；一个人画画可以是为了保留住那一片美丽的景色，也可以是为了使人们能观赏到纸上的景致和作者的意境。所以说，积极休闲既是为了自己也是为了他人，既有利于自我的发展也能够使他人受益。

消极休闲在一定程度上是积极休闲的对立面，它通常包括这样一些状况：被压迫状态下进行的休闲，无所事事的独处和闲玩，还有那些我们的主流文化并不鼓励的、对自身有害的活动。被压迫状态下的休闲，如违法者被判做社区服务，但他仍可以从中获得"休闲"的体验；一个小孩在原本希望打篮球的时间里，被父母送去学钢琴，却没有想到钢琴原来也很迷人。无所事事的独处常见于连续加班数天后，人们"只想找个地方静一静"。提到那些主流文化并不鼓励的、对自身有害的活动，我们也许会很快想到让父母头疼的网瘾、游戏迷等。是的，不健康的上网习惯和对网络游戏的过度沉迷是对时间这一宝贵资源的浪费，更可怕的是也许还会造就一种畸形的人格。另外，赌博、酗酒、暴力等一些具有不良影响的活动，也在消极休闲之列。

三、根据作用层次分类

按照休闲的作用层次的不同，休闲可以分为消除疲劳的休闲、寻找快乐的休闲和"成为人"的休闲。一般意义上的休闲是指两个方面：一是解除体力上的疲劳，恢复生理的平衡；二是获得精神上的慰藉，成为心灵的驿站。消除疲劳的休闲是对劳作状态的剔除，是一种生理和心理的放松，特别是劳动者劳累过后体力的恢复。如农民在一天耕种之后的歇息，"一箪食，一瓢饮"的身体能量的补充，抑或富有情调的"烛光晚餐"，这里的重点不是膳食是否丰盛，而是让身体符合"能量守恒定律"。

寻找快乐的休闲则上升到了精神层面，这是一种精神的寄托，创造了一种远离外部压力的自我世界。通过休闲，无论是静态休闲还是动态休闲，我们能获得一种满足感。踢球过后的大汗淋漓，著作完成后的高峰体验，都让人感到畅快、充满乐趣。

"成为人"的休闲是一种高度投入的创造性活动，这种休闲使个体寻找到生命的意义，发展了自我，是对自身价值的肯定，同时也获得了外部环境的肯定。

四、根据休闲目的分类

按照休闲目的的不同，休闲可以分为功利性休闲和非功利性休闲。休闲的目的是多种多样的，可以是个体为了自身体力的恢复，为了寻找心灵的驿站；也可以是为了某一社团的主动参与，或者是为了获得某一公益性的结果。前者是非功利性休闲，后者是功利性休闲。非功利性休闲包括个体劳作后的休息、自娱自乐，也包括个体为了增长知识、提高技能的休闲活动。它几乎只涉及休闲者自身，而与他人无关，可以说是一种独善其身的休闲。功利性休闲其目的还包括外在的成分，如志愿者们为了环保而做的宣传，成功人士为公益而所行的义举，这在一定程度上是一种兼济天下的休闲。

五、根据是否商业化分类

根据休闲是否商业化，休闲可以分为商品型休闲和自足型休闲。我们知道市场这只无形的手几乎已经伸进了每一个领域，如个人的衣食住行，企业的组建、经营和发展，政府采购等。在市场经济引领时代发展的今天，无论是普通公民、企业管理者还是政府公务员的休闲活动都或多或少地打上了市场的印记。我们说的商品型休闲是指个体的休闲感来源于对作为商品的休闲手段或休闲方式的运用。城市、乡郊数不胜数的生态农场、垂钓场、文化宫、健身房、高尔夫球场，都是我们休闲的好去处。商品型休闲是依托于休闲产业而获得的休闲，这种休闲在很大程度上是受消费主义思想渲染的结果，当然我们也不排除许多的休闲需求是我们真正意义上的需求。不过，对于个体来说，不管商品型休闲是真正的需求，还是一种虚假需求，有一点是值得肯定的："休闲是需要付出代价的"。

自足型休闲，有如毛利人在捕鱼、捉鸟、耕田或是盖房子、造独木舟之后的怡然自得，有如马克思所言"上午打猎，下午捕鱼，傍晚从事畜牧，晚饭后从事批判"的无拘无束，不需要依靠外在的、商业化的机制，自足型休闲是原始的、自然的休闲。

综上所述，不管是什么时代、什么文化背景下的休闲类型，都必须紧靠"人之为人"的目的。真正的休闲必然将人的目的体现在其中。杀人、盗窃从来都不是一种休闲方式，鄙视劳动也从来都不是一种正确的休闲观，皆因其背离人之为人的目的。

任务三　休闲的特征

一般来说，休闲具有以下特征：

一、解脱感

休闲是生存以外的活动，具有将人类从所处的各种各样的义务和约束中解脱出来的属性。从时间的意义上，休闲是从维持生计（或其他的约束）和心里压迫中解放出来的时间，例如，有时候人们虽然过着美满富足的生活，却想摆脱沉闷、陈旧、单调固定的生活方式。

休闲活动一定发生在个人的自由时间之内，这种自由时间既可能是工作之后的闲暇，也可能是工作间隙的时间。按照纽美耶的说法，休闲是可以进行某项活动的机会，不管这项活动活泼与否，它都是日常生活中的必要组成部分，不应该受到约束。

对于休闲的解脱感，杜马哲迪尔评价道："休闲一般具有从形式的、制度的义务中摆脱出来得到自由的特性。同时，除了学校课程教育的学习及工作岗位雇用关系等基本义务之外，休闲必须使人得到自由。"休闲意味着暂时摆脱义务性的社会拘束和不能充分满足个人欲望的惯常活动。

从休闲的解脱感着手，马克思根据约束程度把休闲模式划分为从完全拘束到部分约束等四种类型，如表1－1所示。

表1－1　　　　　　　　　　　　　休闲模式

完全约束 ←			→ 部分约束
必需生活	高级生活	随意生活	休闲生活
必需睡眠	睡眠	——	休息
健康、卫生	自我管理	——	体育、游玩
主要饮食	饮食	——	外食、饮酒
必需购物	购物	任意购物	——
满足主要工作	工作	加班、副业	——
必需家务	家务	修房子、保养车	手工、园艺
学业	教育	追加教育、作业	——
——	文化通信	——	电视、收音机
——	社会活动	政治、宗教、信仰	闲谈、宴会
通勤、通学	旅行	——	散步、开车兜风

资料来源：R. max：Construction of a Leisure Model, Official Architecture and Planning, 1969.

二、自由性

人类一旦摆脱义务和制约，休闲时间的使用将处于完全自发的状态。因此，休闲是自发的活动，是人们自己乐于参与的各种活动。个人所从事的休闲活动是根据自由意愿来选择的，人们认为其值得追求，有主动性，没有强迫性。

如果参与休闲完全出于个人的自发性，那么，休闲生活的参与方式则具有自由选择的属性，因此真正的休闲是自由选择的结果，是根据每个人的个性、兴趣和需求所选择喜爱的活动。被迫参与的休闲活动属于准休闲状态，也就是说这些休闲行为中包括义务性、商业性等非休闲因素。另外，也不能说所有的休闲都是完全自由的，在享受过程中还应该受到社会基本规范的制约，遵守人与人之间关系的义务和大众的基本态度取向。

三、趣味性

休闲是为了获得纯粹的快乐而进行的活动。例如，一场球赛的输赢只影响你的心情快乐与否。纯粹的快乐是指行为的目的即是快乐本身。休闲活动要具有乐趣、轻松与消遣的特性，必须使参与者愿意付出热情，并感到愉快与满足。从事休闲活动应该安适，如果在休闲活动中为了获胜而焦虑不安、竭力竞争，那么休闲将无异于工作，不会产生发自内心的轻松和安静。人类在实现自己的兴趣等内在追求时会感到满足和快乐，这是因为在参与休闲活动中感到了生活的意义，丰富了人生的内容并得到了精神上的极大满足。

休闲应体现出个人内在的原动力和自我完善的特征，不应带有社会和经济秩序的强迫性。休闲必须能使人对某一类事物保持相对持久的兴趣。它包含内在的喜爱，这种喜爱使得人们对所做的活动有着持久的兴趣。

四、建设性

休闲活动有助于个人的全面发展与完善，它使人身体强健、理智清醒、道德高尚。休闲具有追求快乐和价值的性质：在现代社会，通过休闲获得的满足和快乐使人们从社会责任的压迫中解放出来，满足人们对内在价值的追求和情感的需要。

杜马哲迪尔早就说过，休闲能使人通过摆脱日常生活的单调和乏味，在超越现实的世界里自由补偿自己命运的价值，这些价值包括自我尊重、挑战、自由、支配、成就、地位，等等。如果这些价值要素不能通过休闲得到满足，那么人类将会在高度工业化和城市化社会的劳动环境、家庭环境的制约中备受无所不在的挫折和折磨。因此，休闲的价值建设性是提高人类生活质量的重要手段，其作用将会越来越重要。

任务四　休闲的理论

一、补偿与溢出理论

（一）补偿理论（The Compensatory Theory）

补偿理论是休闲学中最基本的理论。这种理论认为休闲的作用是补充工作时消耗的精力，也即是愉快的休闲活动将使工作精力更加充沛。该理论认为工作与休闲的界线并不是非常清楚的，由于工作会对个体人格产生影响，因此工作将影响到个体对休闲活动的选择。例如，人们在沉闷无聊的上班生活结束后，将会选择富有激情的休闲活动；而如果工作太紧张刺激，则往往会选择安静的休闲方式。

补偿理论具有如下特点：

（1）补偿要求休闲活动实现彻底的放松。

（2）这种实现放松的活动可以是体力活动，也可以是非体力活动。

（3）由于不同的收入与职业，人们可能选择不同的休闲活动。

（4）休闲活动必须要求远离节奏较快的工作方式。

（二）溢出理论（The Spillover Leisure Theory）

溢出理论，在中国台湾也被翻译为后遗休闲理论，它的建立基础是：工作与休闲是平行的，休闲是工作的延伸，或者是工作的结果。工作时所发生的事情会像后遗症一样带到休闲中来，人们倾向于选择与工作相关的休闲活动。例如，体育老师在工作的时候是进行体育运动，而下班以后也倾向于继续选择类似的体育活动作为休闲方式，如打篮球、打羽毛球、游泳等。这个理论解释了"有一些工作时常常坐着的人不喜欢体育活动，而长期在室内工作的人常常不喜欢野外活动"的原因。例如，有一些老人喜欢打麻将，即使到了风景如画的地方也喜欢坐在酒店里打麻将。

（三）补偿理论与溢出理论的辨析

（1）理论都是建立在休闲与工作的关系的基础上。补偿理论认为休闲生活是工作的补充，而溢出理论认为休闲是工作的延续。

（2）关心焦点都是工作时间是否快乐与满足。补偿理论认为工作时间如果没有得到满足，在休闲活动中将会选择可以让其满足的休闲活动；而溢出理论认为如果工作时间没有得到满足，那么他的休闲生活也是平淡乏味的。

（3）都关注工作时间具体的满足程度。

二、熟悉理论

熟悉理论（The Familiarity Theory）指人们常常习惯选择一些熟悉的休闲方式，例如，在童年时代就已经熟悉习惯的活动，寻求高度的稳定感，通过重复寻找熟悉的活动而获得休闲利益。例如，有人长期喜欢打篮球的休闲方式，这是由于在学生时代就喜欢打篮球，而且即使能够选择，他一般也不会选择踢足球或打羽毛球，而是按照这种熟悉与习惯的模式去选择打篮球。

三、个人社会理论与行为主义交换理论

个人社会理论（Personal Community Theory）认为人是属于社会群体的。例如家庭、

同学、同事、朋友、邻居等都是社会群体，个体休闲活动的选择会受到群体的影响，这是因为人们喜爱参与社交性、有归属感的活动。如果同事下班都喜欢打麻将，你也容易渐渐选择这种休闲方式；如果你平时喜欢旅游，而发现有一部分朋友开始喜欢"驴行"，你也容易受到这种新的旅游方式的影响。

霍斯曼的行为主义交换理论（Social Reaction）认为休闲行为是一种至少在两人之间发生、或多或少要取得报酬或是付出成本、有形或无形的交换活动。这种理论认为个体要选择某种休闲活动或休闲方式时，总会倾向于选择那些他能预期到后果和得到他所要后果的概率较大的那一种行为或方式。例如，有些人进行某项体育休闲活动，如打羽毛球，如果越打越好，经常赢得比赛，就会更经常重复地选择这项休闲活动。而相反的，如果某些人进行某项活动总是输，总是比别人差，那么通常情况下他就不愿意选择这项休闲活动，而转向选择其他的休闲活动。

四、畅理论

畅理论（Flow Theory）是指当人们处在"畅"的状态——具有适当的挑战性而让人感到沉浸，忘记了时间的流逝，意识不到自己存在的体验，人就是最快乐的。畅理论强调内驱力的重要性。所谓内驱力是指自发的有目的一种奖赏行为。"畅"是一种最佳的内在心理活动状态。在这种状态下，人与其从事的活动完全融为一体了。

"畅"的感受的组成要素：

（1）必须是一种需要一定技巧与技能的活动，同时必须是具有一定挑战性的活动。因此只有当人们从事一些需要技巧技能的活动时，才能体会到这种畅的感受。

（2）畅并非要求一定是体育活动，脑力活动也可能获取这种畅的感受。例如人们在打电脑游戏时也可以获取这种畅的感受。

（3）挑战性非常重要，而比赛常常能够提供这种条件。人们仅仅是在具有挑战性的活动中，才有机会获取这种感受，而比赛所提供的这种竞争常常让人们能够感受到挑战性。因此，一些非常普通的休闲活动如果增加了比赛的成分，人们能够从中获取更多的快乐。

（4）需要足够的注意力。如果挑战性足够的话，所有的注意力都会集中在任务上，这时"畅"就产生了。从表面上看，不太费力的活动容易感觉到快乐，其实这种活动完全无法感觉到畅的感受，仅仅当注意力集中在任务上时，才能感觉到这种快乐。

（5）需要有明确的目标与反馈。只有个体有明确的目标，并且清晰地明白反馈的性质，才会完全地沉浸于活动。目标常常是创造快乐的前提，当然有时也有例外（如艺术活动）。同时，反馈也是非常关键的，即使当时对任务也是充满注意力的，但同时也是期望获得许多其他的东西。

（6）不会因为害怕失去控制而担忧。个人获得"畅"的感受还需要个体绝对的自信，相信自己能够使活动的风险最小化，相信自己能够控制结果。

（7）无法感知自我。当个人获得"畅"的感受时，无法感受到自我，以及周围环境的存在，没有自我审查的空间，整个团队融为一体。

五、休闲的二因素模型

休闲是由什么来决定的？John Neulinger 认为决定休闲的三个因素为感知到的自由（Perceived Freedom）、内在动机（Intrinsic Motivation）与活动目标（Goal Of Activity）。由于内在动机与活动目标有点重复，因此 Neulinger 后来将活动目标去掉，形成了由感知到的自由与内在动机组成的休闲的二因素模型（Neulinger's Paradigm）。

这个模型强调的是：

（1）感知到的自由是获取休闲这种心境的基本特性。

（2）个体行动的动机是内在动机与外在动机的组合。

（3）行为取决于自身与外部力量的共同作用。

六、休闲的层次理论

休闲的层次理论（Kelly's Leisure Types）是由 Kelly 提出的，其理论建立在对自由的体验与参与的程度上，分为绝对休闲、恢复休闲、关系休闲与社会角色休闲四种。

（一）绝对休闲（Unconditional Leisure）

绝对休闲的特点是：

（1）不受工作的影响。

（2）获得内在的满足。

（3）出于活动本身的原因选择该活动。

（4）个体有高度的自由来进行选择。

（5）活动令人激动，具有个人表达的机会与创造性，并且个体非常有感情地完成。

完全由于活动本身的吸引性、创造性以及个体的内因驱动而选择某项活动，这种休闲就是一种绝对休闲。

（二）恢复休闲（Recuperative Leisure）

恢复休闲的特点是：

（1）休闲的目的是休息，放松与恢复体力。

（2）这种休闲可以为生活条件的制约与责任提供补偿的机会。

（3）因为内在的原因选择这种休闲，选择自由度比较低。

例如，有很多人喜欢晚上看看电视，但是并不是因为电视本身好看，而是为了放松与恢复体力。

（三）关系休闲（Relational/Coordinated Leisure）

关系休闲的特点是：

（1）休闲的主要目的是与他人在一起。

（2）休闲的价值存在于参与者之间的关系。

（3）选择是高度自由的，具有一定的社会意义。

例如，你陪父母去三亚度假，是发自内心的想与父母一起享受这种天伦之乐，而并非父母希望你去，你的选择自由度是很高的。再比如，春节的时候，家里人聚在一起打打麻将，看看电视，你其实并不喜欢打麻将，看电视，但这个时候是为了跟大家在一起共度佳节，因此这个时候的休闲活动就是一种关系休闲。

（四）社会角色休闲（Complementary/Role Determined Leisure）

社会角色休闲的特点是：

（1）去休闲是因为其他人希望你去。

（2）参与者感知到这种参与的义务。

（3）选择是低度自由的，且具有一定的社会意义。

例如，学生组织出去春游，学生希望班主任一起去，而班主任本身并没有兴趣出去春游，但感知到自己有一同参与的责任，因此在春游过程中，老师的这种休闲活动是一种社会角色休闲，其选择的自由度是比较低的。有时候单位需要应酬，你自己不太想唱卡拉 OK，但是客户与老板都想你去，那么你的这种休闲活动也是一种社会角色休闲。

这个理论解释了同一种休闲活动对于不同的人的意义是不同的。例如，由于大多数女性都喜欢购物，逛街对于女性来说是发自内心的需求，而对于男性来说，绝大多数都是由于这种社会角色的存在，而勉强去陪妻子逛街。其动因是妻子想他去逛街，而他也为了表示对妻子的责任而去逛街的。因此妻子是为了自身的快乐去逛街，其选择的自由程度是很高的，而丈夫对这种休闲活动的选择程度是比较低的。当然也有这样一种可能，谈恋爱的时候，男友为了想跟女友在一起，而自愿选择去逛街，在这个时候，这种活动的选择的自由程度高，选择的目的是为了跟女友在一起，所以这个时候是一种关系式休闲。

七、自我娱乐能力

人们通过感知到的适合的与能够获得满足的活动来充实自己的闲暇时间的能力，这就是自我娱乐能力（Self As Entertainment）。

Mannell 认为当人们把自身作为充实闲暇时间的基本方式，他们就有能力使自我娱乐。通常拥有这种能力的人其个体自我娱乐的个性特征较高，能够感知到他们自身拥有的时间与有能力运用的时间之间的差距，他们不会把时间作为一种包袱，极少认为休闲很无聊，更多地认为他们能够明智地运用他们的时间。

而那些不能拥有这种能力的人通常不依赖于自我作为娱乐的来源，通过外部环境寻找快乐，倾向于依赖社会与自然机会，自我娱乐的个性特征较低，感觉到自己有太多的时间，常常感到无事可做。

娱乐能力分为下面三种模式：

（1）自控型：人们能够感知到自身能够很好地规划自己的时间。

（2）环境型：人们通常到某地去或者找其他人来打发时间。

（3）智力型：人们能够运用想象与幻想来充实他们的时间。

八、休闲制约

休闲制约（Constraints of Leisure）指停止参与某种休闲活动的制约，引申到影响休闲参与的任何因素，包括是否愿意参与、参与的频率与时间及满意度。

（一）内在制约（Intrapersonal Constraints）

参与休闲活动涉及心理上的制约可以称为内在制约。例如，有些人有足够的钱或时间，却不愿意去参加旅游，这是由于他们对旅游这项活动没有兴趣，这种制约就被称作内在制约。

（二）人际制约（Interpersonal Constrains）

人际制约涉及人际互动。例如，你想要踢球，却找不到人跟你玩；你很想参加集体活动，但是找不到群体。由于休闲活动是与人有关的，因此人际关系对休闲活动的选择有很大的影响。而这种人际关系不仅是指人与人的关系，而且是指与相同休闲兴趣的人的关系。

（三）结构性制约（Structural Constrains）

结构性制约指缺乏休闲活动必要的条件。例如，很想去参加健身俱乐部，但是没有足够的钱；想要去攀岩，却找不到合适的攀岩场所；想要去旅游，却没有时间。这些制约为结构性制约。结构性制约是能够克服的，比如你想去健身的欲望足够强烈，你也许会把买家电的钱拿去参加俱乐部，你如果太想去攀岩，可能到远一点的地方去找到合适的场所。因此许多结构制约是由于个人需求感不够所以放弃某些活动。

复 习 题

一、多项选择题

1. 按照休闲的目的的不同，休闲可以分为（　　　）。

A. 功利性休闲　　　B. 静态休闲　　　C. 动态休闲　　　D. 非功利性休闲

2. 休闲具有哪些特征？（　　　）。

A. 自由性　　　　　B. 趣味性　　　　C. 丰富性　　　　D. 解脱感

二、简答题

1. 什么是休闲？请举一些现实生活中的具体例子。

2. 休闲概念在国内和国外的不同定义？

3. 休闲按不同分类标准可以分为哪些？

三、实训题

【实训名称】

新闻联播

【实训内容】

学生对当下有关休闲活动的新闻进行播报。

【实训步骤】

1. 由学生课下自行搜集准备一则休闲相关新闻；

2. 每次上课时选取几名学生到讲台前进行新闻播报；

3. 学生对该新闻进行解读；

4. 老师就热点进行点评和适当讨论。

【实训点评】

学生通过搜集整理当下休闲类新闻，可以把握休闲业发展的热点、亮点，开阔眼界，拓展思维，同时上台当众演讲，有利于锻炼学生的沟通和表达能力。

项目二　休闲历史

 **任务导入**

休闲时代来临

美国《时代》杂志（1999 年第 12 期）载文预言：2015 年，发达国家将进入"休闲时代"，发展中国家将紧随其后。美国华盛顿地区公共策略部主席莫利特说："休闲、娱乐活动及旅游业将成为下一个经济大潮，并席卷世界各地。"专门提供休闲的第三产业在 2015 年左右将会主导劳务市场，在美国国内生产总值中占有一半的份额。2015 年，新技术和其他一些趋势可以让人们把生命中的 50% 的时间用于休闲；到 2030 年，旅游将成为全世界 80% 以上人们的生活必须，而休闲旅游则具有更加广阔的市场。

（资料来源：李红蕾．休闲学概论［M］．北京：中国旅游出版社，2014.）

休闲时代离我国还有多远？

 **学习目标**

1. 知识目标

了解中国、西方休闲发展历程。

熟悉每一个历史时期休闲的特点。

2. 能力目标

通过对休闲发展历史的梳理和把握，能够反思当下我们休闲活动的开展情况。

休闲，作为人类文化活动的重要方式和重要组成部分，古已有之，可以说休闲活动几乎是伴随着人类活动的产生发展而产生发展起来的，绵延数千年而不衰。但真正意义上的休闲是社会生产力水平达到一定标准后产生的一种社会需求，是基于主观愿望和客观物质基础的一种活动。正如美国休闲研究专家杰弗瑞·戈比先生所言："休闲是从文化环境和物质环境的外在压力中解脱出来的一种相对自由的生活，它使个体能够以自己所喜爱的、本能的感到有价值的方式，在内心之爱的驱动下行动，

并为信仰提供一个基础。"（《人类思想史中的休闲》第 11 页，云南人民出版社，2000 年 8 月）

可以说，人类社会发展到今天，休闲活动已成为一个国家生产力水平高低的标志，成为衡量社会文明的尺度，同时也成为人类一种崭新的生活方式和生命状态，成为与每个人生命质量息息相关的领域。休闲如此之重要、如此之迷人，那么休闲到底起源于何时，又经历了怎样的发展历程呢？

任务一　国内休闲发展历史

一、先秦时期：休闲思想的孕育

中国传统文化有着丰富的休闲思想内涵，其独特而深邃的理解无疑是现代休闲学的丰富和发展，对休闲词源的考察即可洞悉古人对休闲的理解（马惠娣，2000）。在《诗经》《庄子》《墨子》《楚辞》中，无不体现出中国文化对休闲的体验、理解与思考。这些散见于其间的休闲思想火花，是在中国自己的文化传统中形成的，是原生性的，有着自己的独到之处。

在我国古汉语中，"休"与"闲"是两个词，在《说文解字》里"休"的解释为："休，息止也，从人依木，或从广，即麻。"意思是人依靠着树木休息，缓解身体劳累，从紧张辛苦的劳动过程中解脱出来。这里"休"既指人在旷野上依木休息，也指居于广厦之内的休息，可见"休"的本意是休息，这与现代汉语在词的本意上是相同的。

除此之外，在《辞海》中"休"被解释为"吉庆、欢乐、美善、福禄"的意思；在《战国策·魏策》中有"休降于天"，此处"休"为吉庆的意思；《国语·楚语》中有"无不受休"，"休"也为吉庆的意思；《诗·小雅·菁菁者我》写道"既见君子，我心则休"，意思为"一见到你，我的心情就高兴起来了"；《国语·周语》有"为晋休戚"，即为晋国高兴悲伤；《诗·豳风·斧》中有"亦孔之休"，此处"休"表示美好之意；《易·大有》中"顺天休命"，也是美好的意思；《左转·襄公二十八年》记载"以承天之休"，表达的是福禄的意思。如上所述，在先秦先民的观念里"休"是一个具有强烈感情色彩的褒义词。

"休闲"中"闲"字，《说文解字》解释为"闲，阑也，从门中有木"，即在门外树上栅栏，以为边界，《易·家》中的"人闲有家"，《易·大畜》中的"日闲舆卫"和《周礼·虎贲氏》中的"舍则守王闲"都是此意，后通常引申为道德、法度，也有限制、约束之意。《周礼·瘦人》"掌有十二闲之政教"、《论语·子张》"大德不逾闲"，以及孔颖达"治家之道，在初即须严正立法防闲"中的"闲"都有法度、规矩、伦理规范之意。《书·毕命》中的"虽收放心，闲之维艰"，《左转·昭公六年》中的"闲之以义"，闲有限制约束的意思。由此可见先秦汉语中的"闲"主要指要遵循规范。

从词义的组合上考察，"休闲"不同于"闲暇""消闲"，它表达了人依木而休的状态，强调精神的休整和颐养活动的充分进行，强调人与自然的浑然一体，强调赋予生命以真善美。古代的"游""戏""闲""乐""艺"等都是休闲的表达形式之一。

人于休中守闲，于休中求闲，遵规守矩，净化心灵。因此，在先秦语言中，休闲不是指平庸懒散、碌碌无为，而是指人的一种积极的生活方式和生存状态，即在闲暇时间中人们追求和享受的一种美好的生活。这表达了人类生存过程中劳作与休闲的辩证关系，也喻示着物质生命活动之外的精神生命活动，休闲既是一种闲暇中的休息，更是一种宁静中的自省和沉思。

《诗经》作为先秦时期真实生活的写照，其中运用大量诗句讴歌生活，表现出当时的休闲思想、休闲文化和休闲方式。"朝吟风雅颂，暮唱赋比兴，秋看鱼虫乐，春观草木情"，休闲思想在《诗经》中占有核心的位置。《小雅·六月》中有"比物四骊，闲之维则。维此六月，既成我服"，"四牡既佶，既佶且闲"；《国风·汉广》有"南有乔木，不可休思"。《诗经》除了在动植物、天文地理、建筑和爱情等赞美自然和生活的诗歌中表达了大量休闲思想、休闲文化和休闲方式外，最值得我们关注的是，周朝的大夫们在向周王进谏时也认为休闲是治国安邦的重要谋略和准则。《大雅·生民之什·民亦劳止》直接阐述了休闲、小康和国家安定兴盛的重要性："民亦劳止，汔可小康。惠此中国，以绥四方。……以定我王"，"民亦劳止，汔可小休"。殷商帝王祭天的颂词也祈求吉庆、美善、福禄，《商颂·长发》中的"何天之休，不竞不求，不刚不柔，敷政优优，百禄是遒"即是如此，而《小雅·十月之交》则强调统治者应该关心人民的休闲，"民莫不逸，我独不敢休"。

总而言之，在古代汉语里，尽管休与闲是两个词，与现代汉语作为一个词的休闲的构词法不同，但词的基本含义是相通的。基于中国哲学整体思维方式对休闲含义的认识和把握，主要还是将休闲视为生命的一个有机构成部分，与生命活动的其他部分或形式一起构成生命的整体，构成生命活动的全过程。换言之，也就是在"天人合一"的基本理念当中，要突出生命的一种能动状态和审美感受，符合生命的"天、地、人"和谐统一的基本法则。

二、魏晋时期：休闲活动的形成

《诗经》之后，我国休闲文化主要受老庄哲学的影响。道家创始人老子说："人法地，地法天，天法道，道法自然。"又说："道之尊，德之贵，莫之命而常自然。"老子还认为人不要活得太累，而应该"见素抱朴，虚心弱志"。他提出要"复归于无极，朴散而为器"，提倡"绝圣去智，绝学无忧"。主张"去甚、去奢、去泰"。这些都表明老子学说重在追求一种生存理想的境界——无拘无束、自由自在的心态。道家主张人要活得自然、自由自在，心性尤其要悠然散淡。这和我们现在追求心性自由的内涵一致。《庄子》是体现道家思想的经典之作，《庄子·刻意》载"就薮泽，处闲旷，钓鱼闲处，无为而已矣；此江湖之士，避世之人，闲暇者之所好也"，此处休闲不仅是一种生活态度，更是一种境界。

魏晋南北朝时期，长期割据分裂以及时局的动荡加上佛教和道教思想的广为流行，使得人们更加向往无忧无虑的田园生活。众多不得志的文人寄情于山水，以达到消愁解闷、陶冶性情的目的。知识分子有一种远离政治的心态，加上对老庄之学感兴趣的人与日俱增，他们探究玄理乃至隐逸高蹈。魏晋文人好辩，精通"三玄"（老、庄、易），不仅在清谈中才思敏捷、侃侃而谈，而且著述有成。这种风尚给整个六朝的精神生活打上了深深的印记，隐逸文化就是其突出的表现。

陶渊明是隐逸文化的代表，其休闲思想主要体现在两方面：一是继承了汉魏以来抒情言志的传统撰写风格，辞《归去来兮辞》、诗《饮酒》、散文《桃花源记》等"隐逸诗"，表达了对徜徉于逍遥、怡然自得的隐居生活的由衷赞美。流传千年的《桃花源记》及其构想的"世外桃源"，是中国传统隐逸文化所向往的理想社会，历代文人名士和布衣百姓在喧嚣的尘世中都希望寻觅到能够庇身隐逸的"世外桃源"，并以这样的理想社会形态作为独善其身的精神寄托；二是反映隐逸生活的田园诗（山水诗），后人常用质朴、平淡、自然来评价陶渊明田园诗的风格。隐士得意于丘中、徜徉于林泉，拥抱山川、赞美大地，吟哦之间，形成了大量寄情于景、借景抒情的山水诗。

另外，以阮籍和嵇康为代表的竹林七贤，谈玄清议，吟咏唱和，纵酒昏酣，遗落世事。以其鲜明的人生态度和独特的处事方式成为一个时代的文化符号。这种让人在山水中超脱，让灵魂在自然中净化，隐逸玄游的休闲主张成为休闲生活的雏形。

"竹林七贤"的名称，最早见于《三国志·王粲传》附《嵇康传》裴松之注引《魏氏春秋》：（嵇）康寓居于河内之山阳县，与之游者未尝见其喜愠之色。与陈留阮籍、河内山涛、河南向秀、籍兄子咸、琅邪王戎、沛人刘伶相与友善，游子竹林，号为七贤。

魏正始年间（240—249），社会处于动荡时期，司马氏和曹氏争夺政权的斗争异常激烈，民不聊生。文人们不仅无法施展才华，而且时时担忧性命安全，因此崇尚老庄哲学，从虚无缥缈的神仙境界中去寻找精神寄托，用清谈、饮酒、佯狂等形式来排遣苦闷的心情，"竹林七贤"成了这个时期的文人代表。他们大都"弃经典而尚老庄，蔑礼法而崇放达"。

"竹林七贤"的田园生活给了你什么启示？

（资料来源：宫昀．"竹林七贤"与人生启悟［J］．华夏文化，2010（2）：57-58．）

三、唐宋时期：休闲思想的大发展

唐宋时期，经济繁荣，文化昌盛，声名远播，全国上下处在欣欣向荣的欢乐之中。民族的自信心、自豪感，以及人民的创造力都达到了前所未有的高度，社会生活的各个方面无不呈现出活跃的姿态。在这种国泰民安、富足升平的背景下，人们获得温饱后寻觅视听之娱的需求不断增长，生活视野日益扩大，休闲文化活动自然而然地迅速发展起来。

汉唐以来，文化都很注重古传统的朝气雄风，开拓进取，经功致用，行健不息，但唐朝更显帝国海纳百川、兼容中外之风范，文化上实行了开放政策，儒、道、佛"三教"并立，产生李白（近于道）、杜甫（近于儒）、王维（近于佛）等伟大的诗人。文化交流与融合给中国传统文化带来了巨大变化，对文化结构、宗教、哲学、文学、音韵学、舞蹈、建筑、雕塑、衣食住行、生活器具、服饰打扮等，都有很大的影响。唐代名家讲学成为时尚，山林讲学、学院讲学风行一时，唐朝汇集了僧一行、王孝通、孙思邈等一大批杰出的科学家，文学、书画、艺术、宗教和哲学方面的成就，更为人们所熟知。

唐朝的经济与文化积累，在宋代这片更为合适的土壤里得到了极大发展。宋代重文，两宋是中国古代文化最为繁荣的时代，历代文化的涓涓细流到这里汇成横无边际的汪洋大海。宋代文化发达，文化教育已向民间普及，科举和游学是文人的主要生活，但早年学校教材仍是《诗》《书》之类传统经典著作，远不能满足学子们的学习需要，因为学习经术、诗赋、时务，需要掌握很多的典故、辞藻和地理知识。王象之在《舆地纪胜》中说："使骚人才士于一寓目之顷，而山川俱若效奇于左右"，祝穆也说希望将《方舆胜览》"锓梓以广其传，庶人人得胜览"。胜览型地理总志等很好地兼顾了人们学习的需要，让人们从辽阔的疆域及域外见闻中产生探索和猎奇的欲望，如题咏、诗词、四六等目可供骈联辞藻之用，景物、馆驿、学校、祠庙、寺观、宅舍、古迹、名贤、官吏、人物、碑记等目可供检索典故之用，沿革、郡名、风俗、形胜、土产、山川等目可供熟悉地理之用，等等。

宋代官制严密，强调循资、磨勘，地方官任职年限较短，地方官员频频调动，宦游成为仕途的家常便饭。士子应试、游学活动也十分频繁，行旅不绝于途，旅游文学兴起（如行程录、游记之类），人们对各地风土人情的关心程度空前高涨，操翰弄墨、游山玩水之类的休闲书籍因其新颖的体例、丰富的文化资料而一直都是畅销书。唐宋休闲文化有利于向大众广泛传播文化地理知识，对促进文化知识传播和交流，并激发人们的爱国主义情操有很大作用。

四、明清时期：休闲需求的进一步提升

明清的小说开始详细地描写各种游戏等人文雅致，也经常论及人生处世的态度以及闲雅的生活情趣。清人张潮在《幽梦影》中说："人莫乐于闲，非无所事事之谓也。闲则能读书，闲则能游名胜，闲则能交益友，闲则能饮酒，闲则能著书。天下之乐，孰大于是？"

千百年来，士大夫中普遍存在着重理轻情的倾向，他们将个人的休闲生活视为消磨意志的洪水猛兽。明太祖全面复古后，文官修身齐家不是为了个人的幸福，而是为了治国平天下，自我需求首先必须服从于封建正统秩序。明朝禁止一切敢于触动封建纲常名教，动摇儒家道德伦理至上主义的思想学行，清除任何触动官僚缙绅阶层特殊利益的思想家，把"发乎情，止乎礼"作为行为准则来限制人的个性自由，磨平了人性的尖尖角角，而"存天理，灭人欲"则更是一笔抹杀了人合理的自然欲求，同时也扼杀了自由的人性。文官深受封建传统道德的束缚，不敢随便发表自己对生活的观感。这种双重性格常常导致令人匪夷所思的现象，峨冠博带的讲学先生满口仁义道德，可私下里却腐朽糜烂。

到了晚明，时局动荡，前途莫测，文官大都厌谈仕途举业，甚至连皇帝也变得恋世乐生起来。在李贽、袁枚等人的推动下，社会上掀起了一股追求心灵自由和个性解放的思潮。李贽在《童心说》中说："失却童心，便失却真心；失却真心，便失却真人。"士人们逐渐摆脱了传统思想的禁锢，开始追求高度精致的艺术化的生活。他们热爱自然，蓄声器，好娱乐；游山水，筑园林；嗜茶酒，谙美食；着褒衣，披僧袍；谈闲书，做雅事。他们对自己悠闲自得的生活状态十分满意，也特别珍惜大自然给他们的馈赠。旅游家徐霞客则甚至放弃了优越的生活和功名利禄，将一生许予山水。

明末清初戏曲理论家李渔是自唐宋以来第一个有意识地从理论层面探讨并论述休闲活动的文人墨客，其代表作《闲情偶寄》是当时最负盛名的畅销书。该书是李渔一生艺术和生活经验的结晶，其中"居室部""器玩部""饮馔部""种植部""颐养部"等分别论述休闲环境、休闲活动和休闲方法等问题。不管穷人富人，男人女人，李渔希望将各个层次的读者统统吸引到自己精心构造的"闲情大厦"中来，他的作品十分贴近生活，语言也简明有趣，同时又十分注意依靠自己的才智和富有新意的思想保证

作品的文学地位。这部书包含着相当丰富的休闲学思想，很多篇章，既可以作为理论文章来品读，也可以作为情趣盎然的小品文来欣赏。《闲情偶寄》是一部寄"有益世道之心的微言大义"于"闲情"的"庄论"，而非玩物丧志的"闲书"。

细读《闲情偶寄》，令人印象至深的不仅在于李渔对每一件细小琐碎的物品都有新颖的议论，也不仅在于那种至性至情、力求新鲜有趣的生活态度，还在于他视角独特，善于观察，对生活中的种种事物，都喜欢研究一番，并做出一些独辟蹊径而有趣的发明的那种探索精神。正如李渔的自述："风俗之靡，犹于人心之坏，正俗必先正心。近日人情喜读闲书，畏听庄论，有心劝世者正告则不足，旁引曲臂则有余。是集也，纯以劝惩为心，而又不标劝惩之目，名曰《闲情偶寄》者，虑人目为庄论而避之也。"又说："劝惩之意，绝不明言，或假草木昆虫之微，或借活命养生之大以寓之者。"李渔深知那些正襟危坐，板着面孔讲大道理的文章和教育方式，令人生畏，讨人厌倦，难有打动人心的力量。李渔的生活态度、良苦的用心及其传道、解惑、授业的方式与今天休闲教育理论和世界休闲协会《休闲宪章》的核心思想，是完全一致的。

五、近现代：休闲的多元化发展

"五四"运动后，我国产生了一批提倡闲适生活小品文的作家，其中林语堂是第一位从哲学角度看待和讨论休闲的文人。

林语堂试图用哲学观点来观察、解析人生，字里行间贯穿着道家休闲精神，而中西文化对比的写作研究视角更加凸显了东方文化的精深与情趣，林语堂的这些散文对西方人无疑充溢着新鲜的诱惑力，也大大加深了西方人对中国人精神生活的了解和对道家哲学的认识。林语堂无疑是我国历史上第一位中西休闲思想之集大成者，他将同时代的西方休闲思想家远远地抛在了后面，在有些方面甚至已经走到了现代世界休闲思想的最前沿。

这一时期，受西方文化的影响，随着经济的发展，科学技术水平的提高，人们的思想备受冲击，无论是休闲方式还是休闲理念都出现了重大转变，向多元化方向发展。

总体说来，在中国几千年的文化思想历程里，哲学、宗教、医学、养生等方面都蕴含着一脉相承的休闲思想。以孔孟老庄为休闲源头，之后的《皇帝内经》蕴含了丰富的"天人合一"的防治疾病、修心养生乃至经世济民的休闲之道。再之后佛教传入中国，魏晋玄学的休闲观都体现了一种简易可行的人生哲学。所以，中国人的休闲观念其实就是中国人的一种生存智慧，或者说是中国古代哲人教给人们在有限的条件下追求精神的自由，尽情享受生活的乐趣的一种快乐的哲学，是自我心境与天地自然的交流与融合，是精神世界与客观世界的和谐统一。

20 世纪以来我国休闲活动的变迁情况如表 2 - 1 所示。

表 2 - 1 　　　　　　　　　　20 世纪我国休闲活动的变迁

时期	主要休闲活动
晚晴时期（1990—1911）	赌博（国赌）、泡茶馆、体育、旅游、逛公园
民国时期（1911—1949）	戏曲及曲艺、逛游艺市场、游商业街、看电影、集邮、茶馆聚赌
新中国 17 年（1949—1966）	体育运动、跳交谊舞、集邮、看电影和戏剧、逛公园
"文革"十年（1966—1976）	看样板戏、唱语录歌、跳"忠字舞"
改革开放年代（1976—2000）	唱卡拉 OK、跳迪斯科、蹦迪、健身、泡吧、看电视、收藏、旅游、探险

资料来源：刘新平．休闲中国．中国工人出版社，2002.

思考：进入 21 世纪，我们的休闲活动主要有哪些变化呢？

任务二　西方休闲发展历史

一、古希腊、古罗马时代的休闲

在西方，真正明确的休闲观念到了古希腊城邦时期才逐渐形成。可以说，是古希腊人创建了"休闲"概念，赋予了休闲以崇高的地位，自觉追求休闲理想，并形成了独特的休闲观。古希腊的休闲是休闲思想的起源。美国休闲学家托马斯·古德尔提到："在思考休闲问题这方面，我们不可能比古希腊人做得更好。"葛拉齐亚甚至说："休闲生活只属于希腊人。"古希腊人热爱休闲，也懂得休闲，把休闲看作锻炼自己、提高修养的途径，是从必须的劳动到自由的状态。广义上的古希腊休闲观把基础放在自由人之上，认为休闲是自由人的人生基础。亚里士多德是被公认的第一位对休闲进行系统研究的学者，被誉为休闲研究之父。他所提出的"休闲是一切事务环绕的中心""只有休闲的人才是幸福的"等观点深刻地影响着西方文明的演化与发展。（杰佛瑞·戈比．你生命中的休闲［M］．昆明：云南人民出版社，2000：16.）

古希腊人的休闲观以维持自己和环境协调为前提，追求认为有价值的生活、自我修炼及增长学问等。但古希腊文化中被认为是休闲的活动是极其有限的。那时典型的休闲活动主要包括参政议政、哲学沉思和辩论、观察自然、研究学术、趣味娱乐、宗教仪式等。体育运动为主的身体娱乐成熟而丰富，除了定期举办的大型运动会外（如奥林匹亚运动会、皮提亚运动会、伊斯米亚运动会、尼米运动会等），放风筝、转陀螺、滚铁环、弹球和投球游戏等也都深受人们欢迎。

在古希腊，每年会定期举行盛大的祭祀活动以及戏剧公演、音乐比赛和舞蹈比赛等活动。活动期间，所有的敌对活动一律停止，国人云集雅典，停止公务，免费供应食物。人们在休闲中发现并欣赏数理的和谐、音乐的优美、舞蹈和运动的奔放、喜剧的快乐和悲剧的壮美。托马斯·古德尔认为，古希腊人的休闲渗透着一种智力的热情和对理想的追求，比起任何其他文化而言，这种热情和追求都是古希腊所特有的。古希腊哲学家所理解和展示的休闲还是为人类的休闲理想提供了典范，即休闲绝不仅仅是摆脱劳动后的某一段未被占用的时间，也不仅仅是简单的消遣，而是一种积极探索，一种不断接近真理，并在其中获得人的本质和幸福的生活方式。

与古希腊的学习和创造等休闲活动相比，古罗马更盛行消费型的休闲，他们并不重视高尚的、追求幸福的休闲，而是以感官体验和享受为主。古罗马人把休闲当作政治的工具加以利用，他们制订休闲计划，开发休闲设施（其中大部分为公共设施）。考古学家已经发掘的大量古罗马时期的体育场馆、桑拿浴所、温泉疗养、剧场等遗址就是最好的证明。其中，古罗马的大众浴池是最负盛名的。

泡在浴室里的罗马人

打猎、洗澡、游戏、找乐子——这就是人生，这便是古罗马人的休闲观念。在各个古代文明中，罗马人最乐于花时间娱乐，而洗浴则是罗马人最喜爱的休闲方式。

考古学家曾在意大利罗马近郊，发现一处公元 2 世纪的古罗马浴场遗址。该浴场占地面积有 5 英亩之多，拥有保存良好的公厕，其中部分公厕是以大理石打造。此外，供人生火的炉灶则是地下室，室内还以雕像和瀑布来装潢。

在现今看来，如此奢华的浴场令人瞠目结舌，然而，在古罗马，这样的浴场随处可见，而最为著名的应属戴克利先浴场与卡拉卡拉浴场。这两座浴场都是庞大的建筑群，戴克利先能容纳 3000 人同时使用，卡拉卡拉浴场能容近 2000 人，规模分居第一、第二。

罗马建立共和国初期（约公元前 400 年），有钱人家往往有私人浴室，大多像小型室内游泳池而不像现代浴室。共和国发展成为强大的帝国后，各地城镇也相继扩大，公民生活更富足，沐浴的风气盛行于社会各阶层。在建造浴室这方面，罗马人是不惜工本的，众多大规模热澡堂如王宫般豪华，且各类游乐休闲设施配备齐全。由此可见，浴场对罗马人来说并非只是简单的供沐浴之用，而更是一种集社交、娱乐和健身的休闲场所。

古罗马人重视休闲，他们的休闲时间比其他任何民族都多。而公共浴场则是他们消磨时光的最好场所。这里可以享受舒适的按摩、互相聊天打趣、吹嘘人生谈论政治。在古希腊人眼里，洗浴不仅能带来运动后的休闲放松和欢乐宁静，更是振奋精神磨炼意志的手段。而古罗马人更是将洗浴当作人生中必不可少的一部分。

（资料来源：郭鲁芳. 休闲学［M］. 北京：清华大学出版社，2011.）

二、中世纪及文艺复兴时期的休闲

中世纪的休闲活动最初是以宗教休闲和商人为主体，文艺复兴对平民阶层的休闲产生了一定促进作用，除了继续发展温泉疗养等休闲活动外，开始出现别墅度假、欧洲大旅游等休闲形式。

古罗马后期直至随后很长一段时间内，西欧社会一直处于动荡与混乱之中，城市文明几近毁灭，愚昧日益增长，生活充满苦难。普遍的不幸增加了人们对宗教的情感，既然地上的现世生活如此劳苦倦极和令人绝望，人们便只能把希望寄托于天国和来世。基督教便以上帝的救赎以及天国和来世的允诺成为人们最有效的安慰剂。从公元 5 世纪一直到 14 世纪（也即历史上所称的整个中世纪），西方社会几乎被基督教所主宰，教会拥有特殊的权利，教士们名副其实地垄断了哲学，到后期，教会实际上成为了神圣领域和世俗领域的最高统治者。

古希腊哲人从理性和追求至福的角度赋予休闲以崇高地位，基督教则以教义和宗教律令的形式规定了休闲的意义和合法地位。《旧约·出埃及记》中记载的《十戒》的第四条说："当记念安息日，守为圣日。六日要劳碌作你一切的工，但第七日是向耶和华——你神当守的安息日。这一日你和你的儿女、奴婢、牲畜，并你城里寄居的客旅，无论何工都不可作，因为六日之内，耶和华造天、地、海和其中的万物，第七日便安息。所以耶和华赐福与安息日，定为圣日。"《圣经》的这一教义表明：由于安息日的设立，普通劳动者，甚至包括奴隶和异邦人都在休闲的时间形式上得到了合法性保障。需要注意的是，除了宗教崇拜、安息日庆典、祈祷以及默观上帝等基本的休闲形式之外，乡村社会的礼庆娱乐、庄园秋后的节日庆祝、上层人士的各种聚会、贵族阶级对美食美服的追求以及骑士阶层的浪漫传奇等也都构成了中世纪具有特定社会基础的休闲文化，但总的来说，中世纪大部分时间内战争频繁，非宗教性的社会娱乐活动非常有限（尤其是下层人民），加上教会与阶层制度的等级森严，人们的休闲生活因被投射了太过厚重的宗教色彩而少了许多生趣。

与古希腊休闲注重对宇宙与人生的惊奇与探索不同，中世纪的休闲更多是以谦卑的顺从和谨慎的企望为特点。可以说，这时候的休闲丢失了对自然与科学的好奇心与勇气，不再成为激发探索与创造精神的动力，不再作为好的生活与目的本身被有德之人倾力追求。人们或在感恩上帝，或祈祷忏悔，或逃避苦难，全心全意地祈求超脱世俗的"此岸世界"，净化灵魂以到达理想的"彼岸世界"时，休闲始终没有作为目标或理想的生活被论及，上帝的荣光盖过了一切，休闲思想连同它所属的哲学一起成为神学的"婢女"。

三、近代工业文明时代的休闲

工业革命以后，随着城市人口的集中，城市劳动者的出现以及人们生活方式的改变，劳动时间和非劳动时间的区分更加明显，从而加剧了社会等级分化。工业革命让人类工作与休闲走向了两极。

联合国关于人权与休闲的宣言

1948 年：《世界人权宣言》

第 24 条：人人有权休息和休闲，包含合理限制工作时间，定期享有带薪假期。

第 27 条：人人有权自由地参加社区文化生活，享受艺术，分享科学进步及其带来的利益。

1966 年：《经济、社会和文化权利国际公约》

第 7 条：人人都有权享有公平合理的工作条件，包括有权获得休息、闲暇和工作时间的合理限制，周期性带薪休假，以及公共假日的工作报酬。

1975 年：《残疾人权利宣言》

第 3 条：残疾人有权使自己的人类尊严得到尊重。不论其残障的原因、状况和严重程度如何，残疾人都享有与同龄人同样的基本权利。其中首要便是享有与正常人一样体面生活的权利。

第 8 条：残疾人有权使自己的特殊需要在经济和社会规划工作的所有各个阶段都能得到考虑。

1979 年：《消除对妇女一切形式歧视公约》

第 3 条：缔约各国在所有领域，特别是政治、社会、经济和文化领域，采取包括立法在内的一切适当措施，保证妇女得到充分发展与进步，以保证使其能够在与男性平等的基础上，行使人权和享有基本自由。

第 10 条：各国采取一切适当措施，消除对妇女的歧视，确保她们在教育领域中享有与男子平等的权利，特别是确保她们在男女平等的基础上，有同样的机会参加体育活动。

（资料来源：维尔. 休闲和旅游供给：政策规划［M］. 李天元，徐虹，译. 中国旅游出版社，2010：19.）

在资本主义制度下，社会制造了一小部分"有闲阶级"，也制造出了一个工人阶级。一方面，拥有特权的有闲阶级"希望通过纵情享乐来确立他们优越的社会地位"。另一方面，随着城市化进程的加快，工厂制工业的普遍化，对劳动力需求激增，工作处于工人生活的首要位置，超长的劳动时间和过度的劳动强度，导致 19 世纪劳动阶级为了争取自己的休闲时间历经了旷日持久甚至头破血流的斗争，最终形成标准工作日制度。即便获得了一定的自由时间，但在以工作为中心的价值氛围中也难以进行如愿的休闲。近代休闲的价值更多的是为了保证生产劳动持续进行，劳动成为近代社会的日常文化，劳动文化的主导地位决定了各种与生产相关行为的相应社会价值。

四、现代社会的大众休闲

20 世纪以后，一方面，自由时间与财富收入的增加为人们的休闲生活奠定了物质基础；另一方面，工作至上的资本主义劳动伦理以及异化劳动带来的工业社会人的异化生存状态激起人们日益强烈的休闲意识与诉求。同时，政府纷纷出台休闲法案，保证人们的休闲权。人类第一次进入一个把休闲看得如此重要同时又有如此众多的群体可以享受休闲的社会。这是人类休闲历史上的一次革命。现代社会，休闲已经成为各阶层人们普遍享有的社会权利，虽然在全球范围内，休闲生活依然存在着不平等现象，但人们可以自由地将休闲时间用于自身的享受和发展。休闲的意义和重要性对劳动阶层来说在逐渐演变，并最终发生根本性的变化。

进入 21 世纪，人类跨入后工业时代后，随着经济发展的加速和科学技术水平的提高，使得人们有了更充足的可自由支配收入和闲暇时间，休闲变化更是日新月异，大众休闲时代也随之到来，休闲正在成为人生的终极目标。1999 年 12 月，美国的《时代》杂志预言："到 2015 年前后，发达国家将进入休闲时代，休闲将成为人类生活的重要组成部分。"现今，休闲与工作的界限越来越模糊，休闲之于工作的区别仅在于个人对这件事的态度以及这件事对个人的意义。

总之，在现代经济技术文化的多重力量的共同作用下，休闲思想正逐步改变着我们人类本身。

任务三　中外部分知名休闲活动

休闲活动作为一种人性活动，受到多种因素的影响。在休闲发展的历史过程中，由于经济发展水平、历史时期、消费习惯、社会偏好等的不同产生并形成了诸多不同的具体休闲活动，而具体的休闲活动内容又可分为多种类别（见表2－2）。本节将节选其中历史比较悠久的、大家喜闻乐见的休闲活动进行简要介绍。

表2－2　　　　　　　　　　　　　　　休闲活动类别

活动类别	活动形式	具体活动项目
消遣娱乐类	文化娱乐	歌、舞、影、视、上网、电脑游戏
	吧式消费	酒吧、陶吧、书吧、氧吧、咖啡屋、茶馆等
	闲逛闲聊	散步、逛街、闲聊、短信、电话
怡情养生类	养花草宠物	花、草、树、虫、鱼、兽及其他宠物
	业余爱好	琴、棋、书、画、酒、牌、摄影、收藏、写博
	美容修饰	个人（美容美发、化妆理疗）、家庭（对家庭环境和个人居住环境的精细装饰）
体育健身类	一般健身	太极、跳操、游泳、溜冰、桌球、保龄球、高尔夫、射箭、骑马以及各种需要器材的健身运动
	时尚刺激型	跳伞、蹦极、攀岩、漂流、潜水、动力伞、探险、航模等
旅游观光类	远足旅游	欣赏异地自然风光（旅游定义的宽泛化趋势）
	近郊度假	城市绿地、公园、主题公园、野营基地、农家乐、古镇、园林
社会活动类	私人社交	私人聚会、婚礼、各种类型派对
	公共节庆	民族传统节庆、纪念日庆典、旅游节、特色文化节庆、宗教活动
	社会公益	社会工作、志愿者服务
教育发展类	参观访问	博物馆、纪念馆、高校、名人故居、特色街道、工业园区等主题区域的参观游览行为
	休闲教育	学习乐器、舞蹈、声乐、书法、绘画、插花等技艺

一、体育休闲

体育休闲是人们在闲暇时间内，以体育为途径或载体，为达到娱乐、消遣、刺激和宣泄等多种目的，获取直接的生理或者心理的满足而进行的形式多样、内容广泛的休闲活动。体育休闲既包括以直接参与为基础的体育活动，也包括间接形式的体育赛事观赏，以及以体育为内容的电视节目、体育报刊浏览等。从更宽泛的意义上看，以各种棋戏、桥牌为代表的智力运动也归属于体育休闲。此外，将以体育为载体或媒介衍生而来的各种休闲文化活动，如体育雕塑欣赏、体育建筑游览、体育艺术展览等归于体育休闲的范畴也应是说得通的。我国休闲学专家马惠娣在其研究中如是表述：体育休闲，顾名思义是以休闲为目的，或以休闲的心态参与的体育活动，是作为休闲生活方式之一加以选择的活动方式。体育休闲强调以体育活动为路径、方法、手段和舞台，进而获得健康和高尚的魂魄，体育休闲的种类也多种多样，诸如：户外运动、室内运动、宣泄运动、表达运动、健体运动、探险运动等。

（一）高尔夫

高尔夫是 GOLF 的音译，由四个英文词汇的首字母缩写构成。它们分别是：Green，Oxygen，Light，Friendship，意思是"绿色，氧气，阳光，友谊"，它是一种把享受大自然乐趣、体育锻炼和游戏集于一身的运动。高尔夫球运动是一种以棒击球入穴的球类运动（如图 2-1）。如今，现代高尔夫球运动已经成为贵族运动的代名词。

相传，苏格兰是高尔夫球的发源地，当时，牧羊人经常用驱羊棍击石子，比赛击得远且准，这就是早期的高尔夫球运动。19 世纪，高尔夫球传入美国。1922 年，世界上第一次国际性比赛是美国对英国的"沃克杯"高尔夫球对抗赛。中国于 20 世纪初引入高尔夫球。高尔夫球运动在室外广阔的草地上进行，设 9 或 18 个穴。运动员逐一击球入穴，以击球次数少者为胜。比赛一般分单打和团体两种。

图 2-1 高尔夫

1860 年，英格兰举行了最早的高尔夫球公开赛。在这一年中，印度、加拿大、新西兰、美国等国家也相继举办比赛，继而进行国际、洲际及至世界性的比赛。

小资料

世界知名高尔夫四大赛事

美国公开赛（US OPEN）

美国公开赛的全称是美国公开锦标赛，由美国高尔夫协会（USGA）主办，美国公开赛是四大赛事之一。每年6月在美国的不同球场举行，比赛分四天，每天18洞，共72洞。

英国公开赛（BRITISH OPEN）

英国公开赛的全称是英国公开锦标赛，由皇家古代高尔夫俱乐部主办，英国公开赛是世界高尔夫史上最古老也是最负声望的大赛，如今，从规模上来看，它是四大赛事中参赛人数最多的一个，1993年参赛人数达1827人，比赛分四天进行，共打72洞。

美国PGA锦标赛（PGA CHAMPIONSHIP）

美国PGA锦标赛创立于1916年，在四大赛事中奖金总金额居第二位，冠军奖金额仅次于美国名人赛，列第二位。每年8月举行，是四大赛事的最后一项。

美国名人赛（USMASTERS）

美国名人赛（又称大师赛）可谓是世界高尔夫球比赛的第一位。它具有特殊的参赛规定，其总奖金和冠军奖金是四大赛事中最高的，它是四大赛事中唯一场地固定的比赛，每年4月在佐治亚州奥古斯塔国家高尔夫俱乐部（Augusta National Golf Club, Augusta, GA）举行。

（二）击剑

击剑运动是一项历史悠久的传统体育休闲运动项目。早在远古时代，剑就是人类为了生存同野兽进行搏斗和猎食所使用的工具。随着人类历史的发展，剑由最初的石制、骨制发展到青铜制、铁制，最后到钢制，并作为战争的武器，逐步走上历史舞台。击剑在古代埃及、中国、希腊、罗马、阿拉伯等国家十分盛行。公元前11世纪，古希腊就出现了击剑课，并有剑师讲课。有关古老的击剑形式，在希腊、埃及等国家中的一些历史建筑和纪念碑上都可见到关于击剑的浮雕。

在中世纪的欧洲，击剑与骑马、游泳、打猎、下棋、吟诗、投枪一起被列为骑士的七种高尚休闲运动（如图2-2）。为了研究和推动击剑技术的发展，欧洲各国纷纷成立击剑行会（协会和学校）。西班牙被认为是现代击剑运动的摇篮，第一本击剑书籍就是由两位西班牙教练编著的。14世纪在西班牙、法国和意大利出现了一个令人炫目的骑士阶层，他们以精湛的剑术纵横天下，博得了广泛的美誉。此后各国贵族纷纷效仿，一时间成为上流社会的时尚，以至于发展到贵族之间解决纠纷，动辄拔剑相向，一剑定生死。

图 2-2　击剑

击剑运动真正得到全面的发展是在法国亨利三世和亨利四世时期。1776 年，法国著名击剑大师拉布瓦西埃发明了面罩，这一发明使击剑运动进一步走上了高雅道路。人们戴上面罩、手套，穿上击剑服，就可以安全地进行一连串的攻防交锋。面罩的问世是击剑运动发展的一个里程碑。法国成为当时欧洲击剑运动的发展中心。

16 世纪末和 17 世纪初的欧洲盛行决斗。在这种形势下，为了满足人们对击剑的爱好和需要，又不至于伤害生命，一种剑身较短并呈四棱形，剑尖用皮条包扎的新型剑被设计出来，受到人们的普遍欢迎，并得到广泛开展，这便是花剑的雏形。从此，在欧洲的习武厅、击剑厅及专业学校里，花剑的击剑方式逐渐形成并日趋完善。

热衷于决斗的绅士和贵族从 1885 年开始，在习武厅进行练习时，使用三棱形剑，交锋不限制部位，这就是延续至今的重剑。

18 世纪末，匈牙利人对东方波斯人、阿拉伯人及土耳其人早期骑兵用的弯型短刀，进行了改革，于剑柄上装配了一个像弯月形的护手盘，在击剑时可以起到保护手指的作用。后来，意大利击剑大师朱赛普·拉达叶利将它进一步改进，使它能在击剑运动和决斗中使用，并根据骑兵作战的特点，规定有效部位为腰带以上，这便成为现代佩剑的前身。至此，人们在从事击剑时就可以自由地选择花剑、重剑和佩剑。

19 世纪初，在法国击剑权威拉夫热耳的倡议下，将花、重、佩这三种不同式样的剑的重量再加以减轻，同时对一些技术原理及战术意义进行深入研究，并且在一些欧洲国家经常开展竞赛活动。击剑运动由此逐渐成为国际性的体育竞赛项目，并最早成为奥林匹克大家庭中的一员。

现代击剑运动是奥运会的传统项目。1896 年在雅典举行的第 1 届现代奥运会上就设有男子花剑、佩剑的比赛。1900 年在巴黎举行的第 2 届奥运会上增加了男子重剑比赛。1924 年在巴黎举行的第 8 届奥运会上又增加了女子花剑比赛。1992 年在巴塞罗那举行的第 25 届奥运会上，女子重剑被列为正式比赛项目。女子佩剑于 2004 年雅典奥运会上被正式列为奥运会项目。

(三) 乒乓球

1890 年，几位驻守印度的英国海军军官偶然发觉在一张不大的台子上玩网球颇为刺激。后来他们改用实心橡胶代替弹性不大的实心球，随后改为空心的塑料球，并用木板代替了网拍，在桌子上进行这种新颖的 "网球赛"，这就是 Table tennis 得名的由来。

Table tennis 出现不久，便成了一种风靡一时的热门运动。20 世纪初，美国开始成套地生产乒乓球比赛用具。它是美国头号持拍运动，有超过 20 万美国人在打乒乓球。最初，Table tennis 有其他的名称，如 Indoor tennis。后来，一位美国制造商以乒乓球撞击时所发出的声音创造出 Ping – pang 这个新词，作为他制造的 "乒乓球" 的专利注册商标。Ping – pang 后来成了 Table tennis 的另一个正式名称。当它传到中国后，人们又创造出 "乒乓球" 这个新的词语。

20 世纪初，乒乓球运动在欧洲和亚洲蓬勃开展起来。1926 年，在德国柏林举行了国际乒乓球邀请赛，后被追认为第一届世界乒乓球锦标赛，同时成立了国际乒乓球联合会。在名目繁多的乒乓球比赛中。最负盛名的是世界乒乓球锦标赛，起初每年举行一次，1957 年后改为两年举行一次。

乒乓球运动的广泛开展，促使球拍和球有了很大改进。最初的球拍是块略经加工的木板，后来有人在球拍上贴一层羊皮。随着现代工业的发展，欧洲人把带有胶粒的橡皮贴在球拍上。在 20 世纪 50 年代初，日本人又发明了贴有厚海绵的球拍。最初的球是一种类似网球的橡胶球，1890 年，英国运动员吉布从美国带回一些作为玩具的赛璐珞球，用于乒乓球运动。

(四) 围棋

围棋是一种策略性两人棋类游戏，中国古时称 "弈"，西方名称 "Go"。流行于东亚国家 (中、日、韩等)，属琴棋书画四艺之一。围棋使用方形格状棋盘及黑白二色圆形棋子进行对弈，棋盘上有纵横各 19 条直线将棋盘分成 361 个交叉点，棋子走在交叉点上，双方交替行棋，落子后不能移动，以围地多者为胜。中国古代围棋是黑白双方在对角星位处各摆放两子 (对角星布局)，由白棋先行。现代围棋由日本发展而来，取消了座子规则，黑先白后，使围棋的变化更加复杂多变。围棋也被认为是世界上最复杂的棋盘游戏之一。

小资料

"世界围棋巅峰对决"，是在应氏杯、富士通杯、LG 杯、三星杯、春兰杯、丰田杯六大围棋比赛的基础上打造的一项全新赛事，只有获得这六项世界围棋大赛冠军的棋手才有资格被邀进行对决。赛事每两年举办一届，一盘定胜负，采用中国围棋规则，执黑一方贴 3 又 3/4 子，为配合电视转播的需要，比赛用时为每方 50 分钟，超时即判负。前四届都在湖南省湘西自治州凤凰县举行，2011 年求新求变，赛事移师怀化市洪江区举行。

世界围棋巅峰对决由中国棋院、中国围棋协会主办，凤凰古城旅游有限责任公司等单位承办，其宗旨是：结合特定的表现手法，用全新的方式演绎有几千年历史的围棋（如图 2-3），赋予其新的内涵，注入新的生机，以此推动围棋文化、艺术的普及与发展。

两年一度的世界围棋巅峰对决绝不仅仅是一盘棋，而是与历史、人文、旅游、商业各方面紧密结合的一次文化休闲之旅，宣传当地特色与宣传围棋结合的相得益彰，大放异彩。

图 2-3　围棋

二、养生休闲

利用休闲来调节心态，解郁强身，称之为养生休闲。包括人们在闲暇时间里放松、调整、健美、益智、延年等各类活动。从某种意义上说，养生休闲是一种旅游活动，它以养生为目的来选择地点，安排内容和进展，考虑节奏快慢，强调饮食、健身、娱乐等诸多方面，促使休闲参与者尽量保持身体各机能的平衡，以确保心理和生理的健康。养生休闲旅游活动是一种适合各年龄层次的人参加，而不仅仅局限于中老年参与的旅游活动。

养生休闲既是一种休闲类型，又可以融合到其他各种休闲活动中去——关键看这种休闲的动机是否是回归到自己的身心内部，休闲活动中有没有融入养生学方面的内容，是否对身体产生有益的作用。

据调查显示：我国大城市居民，尤其是"都市白领"，超过半数处在亚健康状态，而且人数还在呈现上升趋势。这就要求人们在物质生活已经提升到较高水平之后，必须更多地考虑生活的质量和身心的健康。在这种形式下，养生休闲将成为热点和潮流，蕴含着广阔的市场空间。一般来说，人们消费养生休闲旅游产品主要有以下几大诉求：

（1）延年益寿，即寻求高质量的生活方式，结合不同时节，以有益的养生生活方式达到长寿的效果。

（2）强身健体，即在理想的养生场所进行适时运动来养精固元。

（3）修身养性，即需要一种简单的生活方式和生活节奏来舒缓身心。

（4）医疗，即通过优质生态环境，针对各种疾病进行康复治疗。

（5）修复保健，即逃离污染严重的城市环境，寻找修复环境。

（6）生活方式的体验，有两层含义，一种是与传统文化中的民俗相结合，另一种是与旅游多种构成要素相结合。

（7）养生文化体验，将文化景观与养生文化结合。

养生休闲行为的决定一般是由多种动机促成的，比如，期望健康，害怕疾病；逃避现实，免除压力的欲望；消除紧张和不安心情的期望；满足自尊、被承认、被注意、能施展其才能、取得成就和为人类作贡献的期望，等等。从中可以看出"养生休闲"的形式，恰好满足康复者以上的多种需要。

 小贴士

亚健康

从医学上说，亚健康是指人介于健康与疾病之间的过渡状态或边缘状态，又称"慢性疲劳综合征"或"第三状态"。其蔓延的速度和低龄化走势，令人震惊。亚健康多为 40 岁以上人群，这类人群普遍存在"六高一低"的倾向，即接受疾病水平的高负荷（心理和体力）、高血压、高血脂、高血糖、高体重、免疫力功能低。表现为"一多三减退"，即疲劳多、活力减退、反应能力减退和适应能力减退。

（一）森林浴

森林浴就是沐浴森林里的新鲜空气（如图 2-4）。氧气不充足的、污浊的空气容易引发呼吸道疾病，还可能加重心脏负担。森林中的空气清洁、湿润，氧气充裕。某些

树木散发出的挥发性物质，具有刺激大脑皮层、消除神经紧张等诸多妙处。有的树木，如松、柏、柠檬和桉树等，还可以分泌能杀死细菌的物质。此外，有人还提出，对人体健康有益的负氧离子，在森林中的含量要比室内高得多。上午阳光充沛，森林含氧量高，尘埃少，是进行森林浴的好时机。

图 2 - 4 森林浴

（二）食疗养生休闲

食疗养生法简称"食养"，即利用食物来影响机体各方面的功能，使其获得健康或愈疾防病的一种养生方法，也就是通过吃来对我们的身体进行保养。

通常认为，食物是为人体提供生长发育和健康生存所需的各种营养素的可食性物质。也就是说，食物最主要的是营养作用。其实不然，中医很早就认识到食物不仅能提供营养，而且还能疗疾祛病。如近代医学家张锡纯在《医学衷中参西录》中曾指出，食物"病人服之，不但疗病，并可充饥；不但充饥，更可适口，用之对症，病自渐愈，即不对症，亦无他患"。

随着社会的发展，人们越来越讲究养生之道。很多适合养生的食品也随之被推广，常见的有养生杂粮粉，杂粮粥，药膳，等等。

（三）瑜伽

瑜伽起源于印度，距今有五千多年的历史，被人们称为"世界的瑰宝"。瑜伽发源于印度北部的喜马拉雅山麓地带，古印度瑜伽修行者在大自然中修炼身心时，无意中发现各种动物与植物天生具有治疗、放松、睡眠或保持清醒的方法，患病时能不经任何治疗而自然痊愈。于是古印度瑜伽修行者根据动物的姿势观察、模仿并亲自体验，创立出一系列有益身心的锻炼系统，也就是体位法。这些姿势历经了五千多年的锤炼。瑜伽教给人们的治愈法，让世世代代的人从中获益（如图 2 - 5）。

图 2-5 瑜伽

瑜伽（英文：Yoga，印地语），是从印度梵语 "yug" 或 "yuj" 音译而来，其含义为 "一致" "结合" 或 "和谐"。瑜伽源于古印度，是古印度六大哲学派别中的一系，探寻 "梵我合一" 的道理与方法。而现代人所称的瑜伽则主要是一系列的修身养心方法。大约在公元前 300 年，印度的大圣哲瑜伽之祖帕坦伽利（英文：Patanjali，印地语）创作了《瑜伽经》，印度瑜伽在其基础上才真正成形，瑜伽行法被正式定为完整的八支体系。瑜伽是一个通过提升意识，帮助人类充分发挥潜能的体系。瑜伽姿势运用古老而易于掌握的技巧，改善人们生理、心理、情感和精神方面的能力，是一种达到身体、心灵与精神和谐统一的休闲方式，包括调身的体位法、调息的呼吸法、调心的冥想法等，以达至身心的合一。

三、节事休闲

节事（Festival & Special Event）是一个外来的组合概念，是节庆和特殊事件的统称。节庆通常是指有主题的公共庆典，特殊事件可以用来形容精心策划和举办的某个特定的仪式、演讲、表演或庆典，可以包括国庆日、庆典、重大的市民活动、独特的文化演出、重要的体育比赛、社团活动、贸易促销和产品推介等。节事活动的参与性和体验性极强，人们可以通过参与体验各类节事活动愉悦身心。

（一）春节

春节是中国最重要、最隆重同时也是最富特色的传统节日，已有 4000 多年的历史。在春节期间，中国的汉族和一些少数民族都要举行各种庆祝活动。这些活动均以祭祀祖神、祭奠祖先、除旧布新、迎禧接福、祈求丰年为主要内容（如图 2-6）。春节的活动丰富多彩，带有浓郁的各民族特色，人们得以休闲放松。受到中华文化的影响，属于汉文化圈的一些国家和民族也有庆祝春节的习俗。春节是中华民族阖家团圆的节日，人们在春节这一天都尽可能地回到家里和亲人团聚，表达对未来一年的热切期盼和对新一年生活的美好祝福。春节不仅仅是一个节日，同时也是中国人情感得以释放、心理诉求得以满足的重要载体，是中华民族一年一度的狂欢节和永远的精神支柱。

图 2-6　春节习俗

春节是除旧布新的日子，春节虽定在农历正月初一，但春节的活动却并不止于正月初一这一天。从腊月二十三（或二十四日）小年节起，人们便开始"忙年"：扫房屋、洗头沐浴、准备年节器具，等等，所有这些活动，有一个共同的主题，即"辞旧迎新"。春节也是祭天祈年的日子，古人谓谷子一熟为一"年"，五谷丰收为"大有年"。西周初年，就已出现了一年一度的庆祝丰收的活动。

后来，祭天祈年成了年俗的主要内容之一；而且，诸如灶神、门神、财神、喜神、井神等诸路神明，在春节期间，都备享人间香火。人们借此酬谢诸神过去的关照，并祈愿在新的一年中能得到更多的福佑。春节还是阖家团圆、敦亲祀祖的日子。除夕，全家欢聚一堂，吃罢"团年饭"，长辈给孩子们分发"压岁钱"，一家人团坐"守岁"。元日子时交年时刻，鞭炮齐响，辞旧岁、迎新年的活动达于高潮。各家焚香致礼，敬天地、祭列祖，然后依次给尊长拜年，继而同族亲友互致祝贺。春节是民众娱乐狂欢的节日，元日以后，各种丰富多彩的娱乐活动竞相开展：耍狮子、舞龙灯、扭秧歌、踩高跷、杂耍诸戏等，为新春佳节增添了浓郁的喜庆气氛。因此，集祈年、庆贺、娱乐为一体的盛典春节就成了中华民族最隆重的佳节。时至今日，除祀神祭祖等活动比以往有所淡化以外，春节的主要习俗，都完好地得以继承与发展。

（二）元宵观灯

元宵灯会是一种汉族传统民俗活动。元宵节起源于汉代，正月是农历的元月，古人称夜为宵，所以称正月十五为元宵节。正月十五日是一年中第一个月圆之夜，也是一元复始，大地回春的夜晚，人们对此加以庆祝，也是庆贺新春的延续，因此元宵节又称为上元节。

按中国汉族民间的传统，在这天上皓月高悬的夜晚，人们要点起彩灯万盏，以示庆贺。出门赏月、燃灯放焰、喜猜灯谜、共吃元宵，阖家团聚、同庆佳节，其乐融融。元宵节赏灯起源于"火把节"，上古民众在乡间田野持火把驱赶虫兽，希望减轻虫害，祈祷获得好收成。直到今天，中国西南一些地区的人们还在正月十五用芦柴或树枝做成火把，成群结队高举火把在田头或晒谷场跳舞。隋、唐、宋以来，更是盛极一时，参加歌舞者足达数万，从昏达旦，至晦而罢。随着社会和时代的变迁，元宵节的风俗习惯早已有了较大的变化，但至今仍是中国汉族传统节日。

元宵节也称灯节，元宵燃灯的风俗起自汉朝，到了唐代，赏灯活动更加兴盛，皇宫里、街道上处处挂灯，还要建立高大的灯轮、灯楼和灯树，唐朝大诗人卢照邻曾在《十五夜观灯》中这样描述元宵节燃灯的盛况："接汉疑星落，依楼似月悬。"

宋代更重视元宵节，赏灯活动更加热闹，赏灯活动要进行 5 天，灯的样式也更丰富。明代要连续赏灯 10 天，这是中国最长的灯节了。清代赏灯活动虽然只有 3 天，但是赏灯活动规模很大，盛况空前，除燃灯之外，还会放烟花助兴。

"猜灯谜"又叫"打灯谜"，是元宵节的一项活动，出现在宋朝。南宋时，首都临安每逢元宵节时制谜、猜谜的人众多。开始时是好事者把谜语写在纸条上，贴在五光十色的彩灯上供人猜。因为谜语能启迪智慧又饶有兴趣，所以在流传过程中深受社会各阶层的欢迎。

汉族民间过元宵节吃元宵的习俗。元宵由糯米制成，或实心，或带馅。馅有豆沙、白糖、山楂、各类果料等，食用时煮、煎、蒸、炸皆可。起初，人们把这种食物叫"浮圆子"，后来又叫"汤团"或"汤圆"，这些名称与"团圆"字音相近，取团圆之意，象征全家人团团圆圆，和睦幸福，人们也以此怀念离别的亲人，寄托了对未来生活的美好愿望。

一些地方的元宵节还有"走百病"的习俗，又称"烤百病""散百病"，参与者多为妇女，她们结伴而行，或走墙边，或过桥，或走郊外，目的是驱病除灾。

随着时间的推移，元宵节的活动越来越多，不少地方节庆时增加了耍龙灯、耍狮子、踩高跷、划旱船、扭秧歌、打太平鼓等传统民俗表演。这个已经传承了两千多年的传统节日，不仅盛行于海峡两岸，就是在海外华人的聚居区也年年欢庆不衰。

（三）狂欢节

世界上不少国家都有狂欢节，这个节日起源于欧洲的中世纪，可以说，古希腊和古罗马的木神节、酒神节都是其前身。有些地区还称之为谢肉节或忏悔节。该节日曾与复活节有密切关系。复活节前有一个为期 40 天的大斋期，即四旬斋（Lent）。斋期里，人们禁止娱乐，禁食肉食，反省、忏悔以纪念复活节前 3 天遭难的耶稣，生活肃穆沉闷，于是在斋期开始的前 3 天里，人们会专门举行宴会、舞会、游行、纵情欢乐，故有"狂欢节"之说。如今已没有多少人坚守大斋期之类的清规戒律，但传统的狂欢活动却保留了下来，成为人们抒发对幸福和自由向往的重要节日。

　　欧洲和南美洲地区的人们都庆祝狂欢节，但各地庆祝节日的日期并不相同。一般来说大部分国家都在2月中下旬举行庆祝活动。各国的狂欢节都颇具特色，总的来说，都是以毫无节制的纵酒饮乐著称，其中最负盛名的要数巴西狂欢节（如图2-7）。

图2-7　巴西狂欢节

里约热内卢狂欢节

　　里约热内卢狂欢节属于巴西狂欢节的一部分，在每年2月的中旬或下旬举行，连续3天。里约热内卢狂欢节以其参加桑巴舞大赛演员人数之多，服装之华丽，持续时间之长，场面之壮观著称，堪称世界之最，有"地球上最伟大的表演"之称（如图2-8）。

　　由于巴伊亚人不愿将它市场化，这里的狂欢节得以保持原汁原味的状态，成为巴西传统和狂欢节精神最真实的体现。桑巴舞大赛是里约热内卢狂欢节的一项重大活动。赛场占地8.5万平方米，两侧是看台，中间是桑巴舞队伍行进的通道。每年狂欢节期间，要在这个赛场举行5场桑巴舞活动，其中以第三天和第四天的活动最为精彩。在这两天中，全市名列前茅的14个桑巴舞学校要在这里一决雌雄，评出当年的名次，名列前五名的还要再进行一场表演。每个桑巴舞学校上场参赛的人数为3800人至4000人，分成32个方队，方队之间还设有8辆彩车。参赛内容和配唱歌曲都要有故事情节，全队服饰都要根据表演情节设计。每年各校编排的故事情节内容极其丰富，有表现印第安人历史的，有表现巴西足球的，有表现人们现实生活的，等等。

图 2-8　桑巴舞表演

　　人们普遍认为狂欢节起源于古代罗马人和希腊人迎新春的典礼。在中世纪，天主教想压制所有异教徒的思想，却未能取消狂欢节，于是就把它纳入自己的年历，于是就有了感恩节。在欧洲，尤其是葡萄牙，人们用抛举同伴和戴着面具到街上跳舞的方式来庆贺。后来葡萄牙把这项传统带到了殖民地巴西。不过有人认为，巴西的狂欢节不同于传统的狂欢节，其原因可能是巴西的非洲黑人对本土文化的崇拜，还有人认为它或许是非洲和伊比利亚两种文化的混合体。最初，在圣灰（SENZAS）星期三（相当于公历 2 月的最后一个星期三）之前三天里，人们戴着面具涌上街头，相互扔臭鸡蛋、面粉和味道恶心的水。葡萄牙人本来就喜欢这种恶作剧，巴西当地的黑人奴隶也参加了进来，他们用面粉涂白了脸，从主人那里借来旧衣服、旧发套，疯狂地玩三天。许多奴隶主还会给奴隶们三天自由，奴隶们感谢主人的善举，一般不借此机会逃走。

（四）奥林匹克运动会

　　奥林匹克运动会发源于两千多年前的古希腊，因举办地在奥林匹亚而得名（如图 2-9）。古代奥林匹克运动会停办了 1500 年之后，法国人顾拜旦于 19 世纪末提出举办现代奥林匹克运动会的倡议。1894 年国际奥林匹克委员会成立，1896 年举办了首届奥运会。

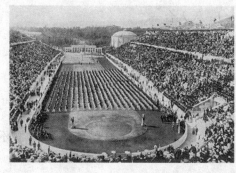

图 2-9　奥林匹克运动会

奥林匹克运动会是在奥林匹克主义指导下，以体育运动和四年一度的奥林匹克庆典——奥运会为主要活动内容，促进人的生理、心理和社会道德全面发展，促进各国人民之间的相互了解，在全世界普及奥林匹克主义，维护世界和平的国际社会运动。奥林匹克运动包括以奥林匹克主义为核心的思想体系，以国际奥委会、国际单项体育联合会和各国奥委会为骨干的组织体系和以奥运会为周期的活动体系。

1894 年 6 月 23 日，被尊称为"现代奥林匹克之父"的法国教育家皮埃尔·德·顾拜旦与 12 个国家的 79 名代表决定成立国际奥委会、开创奥林匹克运动，这一壮举曾一度成为人们讽刺的对象。而在百年之后的今天，奥运会已成为普天同庆的节日，奥林匹克运动也吸引了 202 个国家和地区的积极参与。

1998 年，著名的《生活》杂志刊载了历史学家精选的过去千年中最重要的 1000 个事件和人物，1896 年顾拜旦恢复奥运会的壮举也跻身其中，被誉为千年盛事之一。

奥林匹克运动是人类社会的一个罕见的杰作，它将体育运动的多种功能发挥得淋漓尽致，影响力远远超出了体育范畴，在当代世界的政治、经济、哲学、文化、艺术和新闻媒介等诸多方面产生了一系列不容忽视的影响。奥林匹克运动不仅构成了现代社会所特有的体育文化景观，以其特有的文化魅力愉悦人们的身心，更以其强烈的人文精神催人奋进，生生不息。

奥林匹克运动是时代的产物，工业革命大大扩展了世界各民族之间在经济、政治和文化等方面的联系，各国交往日益密切，迫切需要以各种沟通手段来加强国际间的相互了解。奥林匹克运动正是为适应这种社会需要而出现的，是人类社会发展到一定阶段的必然产物。

复 习 题

一、单项选择题

1. 中国古代休闲活动最突出的人本特质是（　　）。

A. 和谐欢畅　　　　　　　　　B. 天人合一

C. 身心和谐，天人合一　　　　D. 功利实用

2. 进入工业社会后，西方人的休闲的显著特点是（　　）。

A. 休闲与日常生活的分离　　　B. 休闲与工作的截然对立

C. 休闲与工作融为一体　　　　D. 休闲受到整个社会的强烈鄙视

3. 被西方学家奉为"休闲之父"的是（　　），他提出："休闲是一切事物环绕的中心。"

A. 马克思　　　B. 亚里士多德　　　C. 凡勃伦　　　D. 皮普尔

4. 以下命题对休闲做了正确的理解的是（　　　　）。

A. 休闲就是从劳动、工作及其他义务活动中摆脱出来的闲暇时间

B. 休闲是人在闲暇时间内所从事的一切活动

C. 休闲是人谋求并获得身心和谐、健康、幸福和自由的状态

D. 休闲意味着自主、自在、自由或无拘无束

二、简答题

1. 中国魏晋时期的休闲活动具有哪些特点？

2. 产业革命对近代休闲的产生起到哪些作用？

3. 西方休闲史主要经历了哪几个时期？每个时期各有什么特点？

三、实训题

【实训名称】

我们的休闲时光

【实训内容】

请以你所在的城市为例，了解身边的人休闲时光如何度过。

【实训步骤】

先选取城市和调查对象，然后搜集有关方面内容，归类整理。

【实训点评】

学生通过调查梳理休闲时间如何度过，可以了解休闲活动的发展现状，同时也可对比反思自己的休闲活动，从而促进学生课外休闲活动更有意义地开展。

项目三　休闲学

任务导入

休闲研究学科归属的困惑

近些年来，一些休闲研究爱好者每每参加"中国：休闲与社会进步"学术年会时，总有一种缺乏学科归属的感觉。大家议论不是投稿后刊物编辑不知道放在哪个栏目，就是编辑认为休闲根本不是一个学术问题，不值得研究，再者就是批评作者论著学理性不够。更令人难堪的是其他学科的学者对休闲研究不屑一顾甚至嗤之以鼻，即使勉强得到承认，也只能是边缘学科，得不到经费支持；几乎没有老师能够敏锐察觉到这是一个新的学科生长点，是一个大有前途的学科领域；甚至几乎没有人愿意参与课题研究，学术队伍组织不起来，学术平台搭建不起来，令不少休闲研究者十分困惑和尴尬。

令人欣慰的是，无论休闲研究者在具体的学术环境中面临怎样的困窘，还是有许多高校的旅游专业纷纷把休闲学作为专业基础课，并作为通识课程向全体大学生讲授，一些以"休闲学"为名的教材相继出版，这让休闲研究者感受到"休闲学"已经在不解、误解、冷落乃至排斥的环境中逐渐成长起来。

任何一门学科的成长都经历了艰难曲折的历程，总是由一些点点滴滴的思想火花，经过漫长历史的大浪淘沙而逐渐沉淀、凝结为人类文明精华。休闲学是一门新兴的人文和社会科学，具有很强的综合性，既有与人性相关的抽象程度较高、类似哲学的高深理论，也有类似社会学、经济学那样的实证性质，还有涉及实业发展的应用性、对策性研究的领域。

休闲究竟是一门怎样的学科呢？

学习目标

1. 知识目标

了解休闲学的学科性质与研究框架。

熟悉休闲学的研究内容，明确休闲学的研究对象。

2. 能力目标

能够初步运用休闲学的一般和具体研究方法解决休闲研究中遇到的问题。

任务一 休闲研究对象和内容

一、休闲学的研究对象

通常，判断一个研究领域是否具备作为一个独立学科的资格，主要看它是否具有相对独立的研究对象，是否取得相当的理论成果，是否有较完善的研究方法以及是否有成熟的学科社会建构，其中最重要的就是是否具有相对独立的研究对象。休闲学或休闲科学是否具有它自己相对独立的研究对象呢？答案是肯定的。但由于不同学者研究角度不同，对休闲学研究对象也有不同理解。

休闲学是一门新兴的学科，目前我国学者对于休闲学概念的界定相对较少，其中以马惠娣、刘耳的观点为代表。他们认为："休闲学，是以人的休闲行为、休闲方式、休闲需求、休闲观念、休闲心理、休闲动机等为研究对象，探索休闲与人的生命意义和价值以及休闲与社会进步、人类文明的相互关系。"这一定义在国内休闲研究界获得广泛认可。在实际的研究过程中，休闲学往往借鉴和采用哲学、社会学、经济学、行为学、人类学、文化学等多学科的思维方法和理论工具，形成了休闲哲学、休闲社会学、休闲行为学、休闲经济学、休闲心理学、休闲美学、休闲政治、休闲运动、休闲宗教学等分支。休闲学的核心观点是，休闲是人的生命的一种状态，是一种"成为人"的过程，是一个人完成个人与社会发展任务的主要存在空间；休闲不仅是寻找快乐，也是在寻找生命的意义。大众的休闲活动如图 3-1 所示。

图 3-1 大众休闲活动

笔者更倾向于从科学哲学的角度分析，认为休闲学科的研究对象就是人类的休闲动机和行为及其所引发的哲学、社会、经济、文化、心理和生理现象，也就是说，休闲研究要探究休闲活动的基础、动因、运行机理、形态结构和特征以及对社会各方面的影响。

 小资料

在我国，著名学者于光远最早提出要进行休闲理论研究。在他的大力倡导下，1995 年成立了北京六合休闲文化策划中心，成为我国第一个休闲研究民间学术机构。尔后，在他和龚育之、成思危等学界泰斗以及我国知名休闲学研究学者马惠娣等人的推动下，相继成立了中国休闲研究会等学术机构。随之有一大批学者进入了休闲研究领域，召开了一系列学术会议，发表了一批研究成果，建立了一支研究队伍。

以于光远、成思危、龚育之、马惠娣为代表的哲学、社会学人，凭借对人类发展、社会进步和经济运行的深刻理解以及浓厚的人文精神，敏锐地认识到休闲发展的社会意义，认识到休闲研究的学术价值，从 20 世纪 90 年代开始，便身体力行地倡导休闲学研究，并集中于"关注国计民生中的休闲，关注休闲中的人文关怀"。他们组织的"中国：休闲与社会进步学术年会"作为国内连贯性的学术例会，截至 2012 年已连续举办 10 届，每年选取一个专题，带动其他选题，组织和团结了一批休闲学者，开展了视野广阔的理论探讨和对策研究。

（资料来源：吴文新，张雅静. 休闲学导论［M］. 北京：北京大学出版社，2013.）

二、休闲学的研究内容

休闲是一个综合的社会现象，从理论研究角度看，其多重性、复杂性、交叉性特征尤为明显，这使得休闲学是一门涉及内容十分广泛的学科，休闲学的研究内容主要可分为如下两部分：

（一）基础理论研究

这是整个休闲学的基础，是对休闲的本体研究，探讨休闲是一个什么样的社会存在。包括休闲的内涵与本质、人类各种休闲现象、休闲方式的表现形式、分类原因及价值、表征休闲的核心范畴、休闲与人的全面发展、休闲的现状与未来、休闲思想的发展等。

（二）休闲的应用研究

主要着眼于休闲理论在实践中的应用。包括对不同经济与文化背景下的不同阶层、不同职业、性别、年龄公民的休闲现状及对策的调查，以及休闲产业的研究、休闲产

品的开发与发展、休闲市场的调查、预测与开发研究等。具体而言，比如休闲人文关怀，对弱势群体的休闲权利的实现、休闲行为的伦理与价值引导、休闲与社区建设、休闲的社会管理、休闲生活的政策方向和法律保障、休闲教育计划，等等。

关于休闲学内容的不同看法

1. 李仲广、卢昌崇

除了休闲学的一般概述，主要是闲暇理论，包括：

（1）休闲基本理论与个人的闲暇配置。

（2）休闲与休闲活动的理论。包括休闲的概念、性质、作用、休闲活动的类型及其相互关系。

（3）个人休闲理论。包括休闲的动机与障碍、休闲体验、休闲畅爽，个人声明周期中的休闲活动及休闲规范等。

（4）社会休闲理论。包括人类社会的休闲发展史、休闲与工作的关系、未来社会的休闲等。

（5）休闲资源与组织理论。分析休闲活动的外部条件——休闲资源与休闲组织。

2. 马勇、周青

（1）休闲学的起源。对休闲本质与起源的探寻是休闲学研究的首要任务。

（2）休闲活动的空间研究。一是从时间地理学出发，对休闲者出游动机及其游憩行为的时空结构进行研究；二是从地理学角度，对区域休闲空间结构和休闲空间规划布局的研究；三是从城市地理学、城市规划、城市设计和建筑学的角度，对城市空间的休闲功能及其规划设计的研究；四是从多角度对城市综合休闲区的研究。

（3）休闲产业与休闲经济研究。主要对休闲经济的他点、成因、作用、休闲产业的概念及其在国民经济中的地位等方面的探讨。

（4）休闲发展带来的影响研究。主要集中在休闲的经济影响、社会文化影响和环境影响。

（5）休闲的组织机构和休闲政策法规。

3. 陈来成

休闲学包括基础休闲学和应用休闲学。基础休闲学主要围绕休闲概念的内涵和外延展开。而应用休闲学则主要围绕社会、政治、经济活动中的休闲问题展开研究。

以上所列观点有很多交集，只是各自研究角度不同，界定和论述的目的有明显区别。

任务二　休闲学的性质与研究框架

一、休闲学的性质

人类对于休闲的认识是由来已久的，但真正把休闲放在学术的层面加以考察和研究并形成一定的理论体系是近一百多年的事。一般认为，美国社会经济学家索斯坦·凡勃伦（如图 3－2 所示）的《有闲阶级论》标志着休闲学的开端。而标志着普通意义上的"休闲学"开端的应该是瑞典天主教哲学家皮普尔在 1952 年出版的《休闲：文化的基础》一书。在此书中，皮普尔指出休闲有三个特征：首先，休闲是一种精神的态度，它意味着人所保持的平和、宁静的状态；其次，休闲是一种为了使自己沉浸在"整个创造过程中"的机会和能力；最后，休闲是上帝给予人类的"赠品"。除第三个特征外，皮普尔对"休闲"性质的概括很容易让我们接受，同时能够由此入手把握休闲学的性质。而作为休闲科学，尤其是作为中国特色的休闲科学，要发展成为一个新的、独立的学科群（学科系统），就必须客观地确定和把握它的范式与特征。

图 3－2　索斯坦·凡勃伦

首先，休闲科学是一个综合性、跨学科的研究领域，休闲科学并不是现有的某一学科的更新，而是一个全新的跨学科学问，具有综合性、交叉性之特点。从近现代许多科学体系来看，如政策科学、系统科学等，在未形成体系之前，此领域的许多专题研究大都已发展成为一种学问或一种学科技术，继而在这些比较成熟的分支学问、分支学科、分支技术的基础上综合形成统一的体系。休闲科学的形成道路也必定如此。当前，休闲问题研究在西方已形成休闲社会学、休闲哲学、休闲经济学、休闲行为学、休闲心理学、休闲美学、休闲政治学、休闲运动学、休闲宗教学、休闲产业学、休闲技术学等学科，在这些学科、学问和技术之基础上，必然会形成一个系统的学科体系。当然，休闲科学并不是简单由这些学科、学问或技术的知识和方法拼凑堆积而成，而是在新的学术框架中将各种知识与方法有机地结合起来，形成自己独有的特征与范式。

其次，休闲科学的建构必然会体现理论与实践、现实与艺术的高度统一。休闲科学必然是一门以行动为取向的学科，它是迎合现代人的生存需要尤其是精神需要而产生的，它在一定程度上有助于弥补现实社会政治经济生活对人的精神发展造成的缺陷损伤。休闲科学直接以现实的社会政治经济中的休闲现象、休闲问题为研究对象，以实现"休闲"在社会政治经济生活中的最大价值为目标，因此，休闲科学不是纯理论科学或基础研究，它只能是一门应用性学科，它以实践确定发展方向，以发现和解决社会政治经济中的休闲问题为宗旨，为休闲实践而服务，反过来休闲实践又为休闲科学提出任务、指出需要解决的问题、提供经验教训，为丰富和发展休闲科学理论指明方向。所以，休闲科学既是理论与实践的高度统一，也是一门关于如何利用现实充分实现休闲价值的艺术，是现实与艺术的高度统一。

再次，休闲科学既研究事实与问题，又研究价值与行动，它既是描述性的，也是规范性的，因为，它既追求对现实的社会政治经济生活中休闲问题与事实的说明、解释，也重视休闲、休闲活动、休闲科学的价值取向和价值评价，同时也关注社会政治经济中休闲作为行动存在的最大程度和最大价值的研究。这些特征也决定了休闲科学不仅具有全人类性——许多理论、知识与技术为全人类所共有、所认同，而且具有民族性或地区性，中国式的休闲固然与美国式、英国式的休闲有相近之处，但毕竟由于历史、现实的政治经济、文化之背景各异，中国式的休闲与其他国家、地区的休闲不尽相同，由此而产生的休闲科学也必然各具特色。

最后，休闲科学既是一门人文科学、社会科学，更是一门软科学。软科学已经经历了相当长的发展时期，在20世纪50年代其重点是科学，尤其是在科学技术社会功能研究方面取得突破性研究成果；在20世纪60年代，其重点是运筹学或狭义的管理科学；在20世纪70年代，其重点是未来研究及其预测学；20世纪80年代到90年代，其重点是政策分析及其政策科学；进入21世纪，可以说休闲研究或休闲科学必然会成为软科学的核心课题。

 想一想

马惠娣谈中国休闲学的学科性质和意义

马惠娣在接受《新周刊》的"香格里拉"专题采访时，谈到休闲学的学科性质。

《新周刊》：休闲学是一个什么样的学科？

马惠娣：龚育之先生说："休闲，从少数人的消磨光阴，到多数人的生活方式，进而变为一种研究对象，形成一门休闲科学。"它是一门跨学科的学问，涉及哲学、社会学、心理学、美学、经济学、管理学等学科。因为休闲与每一个人、每一个人生阶段都有关系。休闲学的兴起是人类文化意识觉醒的一种表达，是对人类前途命运的一种思考，是对现代文化精神和价值体系发生断裂的现状做某些补救工作的一种努力。休闲核心是考察人生世界和生活世界：生活的源头在哪里？生活与生命的目的是什么？探索休闲如何助人"成为人"。于老（于光远）也说过，拥有休闲质量标志着人的生命和生存质量。而让一切人有质量地存在，是一切社会努力的目标。

休闲研究的兴起体现了人类文明进化的诉求，是理性思考的产物，它更注重自省、反思与批判。近几百年来，随着工业社会的高度发展，自亚里士多德以来所倡导的休闲价值受到了空前挑战。一方面，人成为了生产机器中的一个部件，其结果是，破坏了人的工作与休闲的平衡关系，人们出现了从未有过的压抑感和匆忙感，以及由此所导致的不良价值观；另一方面，消费主义成为一个中心的范畴，它给人带来两个欺骗性：其一，它貌似给人提供一种普遍的幸福，为人民服务挤压了所有的价值系统。其二，任意的消费，似乎就获得了自由、快乐，将休闲沦为感官的满足。

这样的现象自然会引起思想家的关注，回顾20世纪西方的学术路程，不难看到，不同学派的思想家都不约而同地把研究视角投向"生活的世界"，有关"人的本质和主体性""目的因"问题再次回到思想家的视野中来。

（资料来源：http://www.chineseleisure.org/2011n/20110808-1.html.）

根据马惠娣的回答，结合本章有关内容思考问题：

休闲学对当今人类所面临的各种问题有什么意义？推进休闲学研究的必要性何在？

二、休闲学的研究框架

作为一门新兴的跨学科，休闲研究要能够揭示、解释、引导、重构人类的休闲活动及其所引发的社会文化和经济现象，至少要从两个方面、三个层次来进行，两个方面是指休闲的需求和行为、休闲的供给和组织，三个层次是指宏观、中观和微观。在宏观层面，需要从整体的角度研究休闲哲学、社会、经济问题；中观层面，则包括对产业、行业（如旅游业、游戏业、影视业、博物馆业、娱乐业等）的组织、运行管理，以及对休闲个体间交往、影响的研究；在微观层面，需要从机构组织、企业管理、个体消费角度研究休闲的消费行为、管理行为、组织行为（见图3-3）。

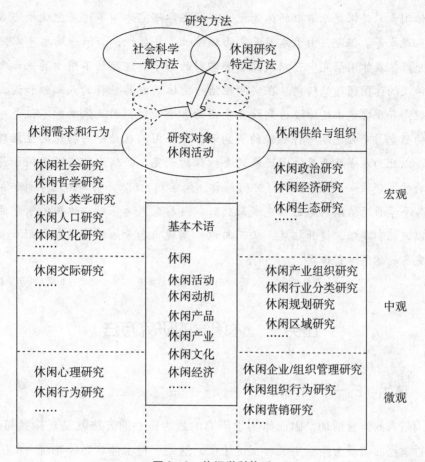

图 3 - 3 休闲学科体系

两个方面和三个层次之间存在密切的联系，而非截然分开，因此以虚线示之。需要说明的是：第一，图中所列几个领域未必是全面的，但是最基本的，其内部还存在进一步细分的可能和必要；第二，建立一门学科是一个漫长、渐进的过程，既取决于实践活动的发展，也取决于学术研究的突破，休闲学科体系的建设不可能一蹴而就，当前需要从基础性、关键性的几个方面入手。

休闲学与其他学科研究休闲问题的关系

休闲学涉猎多种学科，似乎与各学科范畴内所涉及的休闲研究相等同，完全可以划归到其他各个学科之中。例如，所谓"休闲社会学"，可以是社会学对社会现象中休闲问题、休闲因素的研究，是社会学的一部分，没有必要独立为一门学科；再如旅游学研究休闲，只是探究旅游中的休闲元素，经济学研究休闲不过是把休闲当成一种消费和产业现象等。但是，由于休闲现象的独特性、复杂性，如同一滴水可以照见太阳的七彩光辉，在休闲研究中可以找到各个学科的影子，这显然不同于其他各个学科范畴内所涉及的休闲问题的研究。在实际生活中，休闲以其独特的人本、和谐、自由和幸福的理念和现实追求延伸渗透到社会生活的各个领域，因此休闲学不仅是一种对特定对象的研究，而且也是一种独特的视角和方法，因而也是一种特殊的生活理念、人生追求，以此为基点展开对休闲现象的全方位的研究，必然形成某种不同于传统学科的独特的学术领域——休闲学科（亦可简称休闲学）。当然，构建休闲学科体系，离不开其他各个学科对休闲问题的研究成果，并以这些成果为基础，运用休闲学的理论和方法加以概括和凝练、提升拓展，从而与以休闲视角和方法的研究成果形成互补，最终形成完备的休闲学科体系。

（资料来源：吴文新，张雅静. 休闲学导论［M］. 北京：北京大学出版社，2013.）

任务三 休闲学的研究方法

一、休闲学的一般研究方法

休闲是人的体验活动，因而休闲学研究的最为核心的方法就是直接参与体验法，上升到哲学层面表现为经验主义、实证主义，这是一种主体与客体相统一的方法，虽然在学术领域，这一方法因其不可度量性而不常用，但在实际操作中，却可用于各种休闲预测和决策工作中。例如，对城市各类休闲娱乐设施的兴建就可以依据对市民日常休闲行为习惯的经验总结而进行选址和设计。

休闲作为一种由人来开展的主体活动，首先，就主体个人而言，休闲是主体在主动实践中发生的心理现象，心理学的方法是休闲学内在的方法，这既可以是主体自身的心理体验、反思内省等，也可以是研究者对休闲者的客观实证研究。其次，休闲作为一种人性现象，必须用人学的方法研究。人学的方法最基本的依然是哲学方法，而哲学的方法主要是辩证思维法、历史分析法等。

休闲学方法的特殊性点评

参与法和体验法是休闲学不同于其他任何学科的最核心方法，对此不同学者有不同的看法。因为在严格的学科意义上，科学的研究方法只能以主客二分、主客对立为前提，主体绝对地与客体保持距离，且不能带有任何先入之见和情感因素，否则研究过程的客观性、研究结论的可靠性和真实性就会大打折扣。但是对休闲学而言，研究的主题如果没有亲自参加过任何的休闲活动，没有产生过任何休闲的心理体验，只是纯粹客观地外在地观察其他休闲主体的活动，那就永远搞不清楚所研究的主体的活动到底是不是休闲活动。因为休闲与否的根本标准只能是人性内在的，而不是物质化、数量化等外在的东西。当然，这种方法并不常用，除了在确立休闲学的核心概念"畅爽"及其他多种个体收益时必须用到外，多在基础性的休闲哲学、人学乃至美学、伦理学等领域有限度地适用，即使是休闲心理学也依然以严格的主客对立的科学研究方法为主。但是，这并不影响参与法和体验法作为休闲学方法的核心、基础和前提性地位。

（资料来源：吴文新，张雅静. 休闲学导论［M］. 北京：北京大学出版社，2013.）

二、休闲学的具体研究方法

休闲学是一门综合性的学科，涉及多个学科领域，是一种系统动态开放、活动内容涉及面广、形式复杂多样且呈发展变化的综合的社会文化和经济现象，因此，休闲研究需要借鉴各个基础学科的方法，从而具有跨学科的基本特点，休闲学的研究方法需要逐步从其他相关学科移植、渗透和融合而来，再与休闲研究特有的对象、概念和问题相结合，经过一个过滤、积淀、整合的过程，从而形成休闲学科独特的理论体系。

具体来说，把休闲作为一种经济现象，一般经济学的方法就相当适用。可以用消费经济学的方法研究休闲消费，用产业经济学的方法研究休闲产业，用市场经济学和制度经济学的方法研究休闲资源配置问题，用微观经济、管理学等相关方法研究休闲企业。另外，研究休闲供给和需求、休闲产品与服务营销管理、休闲生产与消费、休闲产业的资本和利润等关系都需要应用经济学的相关方法。

将休闲作为一种历史现象，则须用社会学和历史学的方法去研究。社会学方法将休闲划分为不同社会阶层，把休闲对象区分为不同的种类，把休闲活动划分为不同社会类型，探究休闲现象在社会横断面上的特征，这是一种实证性十分突出的研究方法，田野调查、访谈调查、问卷调查、参与式调查等以及相应的统计学方法都适用于对休闲的社会学研究。历史学的方法注重对休闲历史的考察及规律性的把握，特别是对相关历史资料的考证和收集，这也是一种实证研究。

几种通用的研究方法及其休闲学应用

一般研究方法中，最有意义的是定性和定量方法、实证和规范方法、归纳和演绎方法、个体和整体方法，以及逻辑的和历史的相一致的方法。

定性和定量方法基于任何事物都是质和量的统一体的哲学原理。定性方法主要用于探索事物的本质，弄清事物内在的规律性及它与其他事物相区别的特殊性。例如，对休闲本质的研究。定量方法主要用于探究事物运动变化的量的方面，休闲的量的方面如休闲时间的多少、休闲强度的大小、休闲效率的高低等，这常用到数学、统计学以及经济学的方法，涉及统计图表和数字模型等。

实证和规范方法基于事物客观规律及其与人的价值关系的事实。实证方法主要用于探索事物的本质和发展规律，如对休闲起源和发展的研究、休闲产业的发展状况等。规范方法主要用于研究"应该是什么""应该怎样"。如探究什么样的休闲活动才是积极健康有益的，才是人们真正需要的。

归纳和演绎法是辩证思维的基本方法之一。归纳是从大量个别事实中概括提炼出一般性结论的方法。例如，对休闲本质的认识需要对各种休闲活动的属性进行提炼和概括，最后形成关于休闲本质的一般看法。演绎就是从一般理论或原理中推导出具体的结论。例如对休闲的特征和功能的认识。

个体和整体的方法基于事物的微观成分和宏观构成的辩证关系。个体方法用于分析个体或单个要素行为特点，例如休闲研究中研究休闲者个人的休闲需求、休闲动机等。整体方法用以探究所有个体或要素之间相互作用的行为和功能特点。例如研究某个社会群体、阶层、民族、国家的休闲行为，具体要用到综合法、统计法等。

（资料来源：吴文新，张雅静. 休闲学导论［M］. 北京：北京大学出版社，2013.）

将休闲作为一种文化现象来研究，就要用到文化学的方法，即"符号学"。文化是一种符号和象征，含有精神性、意识性或灵魂性的内容，这既涉及文化的知识、技能等方面的工具性，也涉及道德、思想、艺术、宗教等方面的价值性。文化学的休闲研究既要研究休闲事实，更要研究休闲价值；既要研究休闲知识和技能，又要研究休闲道德和伦理。

休闲作为一种社会制度现象，涉及政治学、法学、管理学、伦理学等领域。制度是一种规范和约束，引导和激励，也确立某种惩罚和禁忌，因此，正当合理的休闲制度及其体制的构建需要政治学和法学、管理学和伦理学的参与。

此外，休闲在时间的含义上，属于人的生命时间现象，因此需要采用数学的方法进行时间统计和核算。例如，通过休闲者对自己每天的生活时间及活动内容的记录，考察某段时间人们生活时间的分配和使用情况，从中分析休闲在生活中的地位和作用。

复　习　题

一、单项选择题

1. 新中国最早关注休闲问题的学者是（　　　）。

A. 林语堂　　　　B. 于光远　　　　C. 邓伟志　　　　D. 王雅林

2. 近 10 年来国内持续聚焦休闲问题的学术会议是（　　　）。

A. 世界休闲大会　　　　　　　　　　B. 中国软科学学术年会

C. "中国：休闲与社会进步"学术年会　　D. 中国休闲产业国际研讨会

3. 20 世纪 90 年代后期至今，（　　　）被公认为中国休闲学界的领军人物。

A. 王雅林　　　　B. 马惠娣　　　　C. 刘成晔　　　　D. 于光远

4. 国外学科化休闲研究的源头可以追溯到（　　　）。

A. 凡勃伦　　　　　　　　　　B. 马克思

C. 约瑟夫·皮珀　　　　　　　D. 杰弗瑞·戈比

5. 西方文艺复兴之后马克思主义产生之前，真正探讨休闲问题的是（　　　）。

A. 艺术家　　　　　　　　　　B. 启蒙思想家

C. 空想社会主义思想家　　　　D. 自然科学家

二、简答题

1. 休闲学的核心观点是"休闲就是人的享乐活动，是对劳动成果的消费活动"这一观点对吗？请说明理由。

2. 休闲学的研究对象是什么？研究内容有哪些？

3. 休闲学的研究方法有哪些？

三、实训题

【实训名称】

休闲大讨论

【实训内容】

学生就休闲、休闲学的相关概念、内涵等理论进行讨论

【实训步骤】

1. 教师布置 5 - 8 个关于休闲学的问题；

2. 学生课后自行查阅搜集关于休闲学的资料；

3. 开展课堂讨论。

【实训点评】

学生通过对休闲、休闲学相关资料的搜集、整理和讨论，加深对理论知识的理解，增强对资料的搜集分析能力。

项目四 休闲者

任务导入

提到中国苏州的旅游景点，大部分游客的目光或许都距焦在市区的古典园林，然而，若把目光放得稍远些，就会发现在苏州的太仓也有许多值得一游的好地方。如果有机会可以停住脚步，花点时间体验一下小城市那种精彩而又休闲的慢生活。这里有舒适的城市环境、悠闲的文化气息、美味的江海河美食、雅致的江南园林、宁静的水乡古镇，带给你轻松的感觉，体会到这座城市的内在美。

思考：你认为在体验"小城"休闲慢生活时可以满足人们的哪些需要？

学习目标

1. 知识目标

熟悉休闲需要的特征及需要理论的主要观点。

了解休闲行为的分类及影响休闲行为的阻碍因素。

掌握休闲制约的因素及休闲制约等级模型的主要观点。

理解休闲体验与休闲消费的关系及不同休闲消费群体的行为差异。

2. 能力目标

能够运用所学知识分析休闲者心理。

熟悉休闲动机主要类型，并能分析不同休闲行为的产生动机。

任务一 休闲需要与动机

人们为什么会进行休闲活动，是什么原因促使他们选择或放弃某一休闲行为？决定个体对休闲的态度和行为的内部动力系统是什么？回答这些问题，就涉及两个重要的心理学概念——休闲需要与休闲动机。

一、休闲需要

（一）什么是休闲需要

需要是有机体内部的某种缺乏或不平衡状态，它表现出有机体的生存和发展对于客观条件的依赖性，是有机体活动的积极性源泉。

需要的产生是有机体内部生理上或心理上的某种缺乏或不平衡状态。例如，个体口渴了，就会产生饮水的需要；生命财产得不到保障，就会产生安全的需要；知识的缺乏会产生求学的需要；孤独会产生交往的需要，等等。各种需要推动人们在各个方面积极活动。需要和人的活动紧密联系，需要越强烈，由此引起的活动也就越有力。没有需要，也就没有人的一切活动。

如果把休闲定义为自由体验，在追求快乐中发现自我的过程，那么休闲需要就是人脑对自由、快乐、自我实现等休闲体验感到缺乏或不平衡的一种心理现象，它是人们休闲行为的最基本、最核心的动力因素。休闲需要通常以休闲意向、愿望、动机等形式表现出来。模糊意识到的需要叫意向，明确意识到并想实现的需要叫愿望。当愿望激起和维持人的活动时，需要就成为活动的动机。

（二）休闲需要的特征

1. 对象性

为了个体和社会的生存和发展，人对于外部环境必定有一定的需求。例如，进食需要食物，居住需要房子，出行要有交通工具，娱乐要有场所等。需要总是指向于能满足该需要的对象和条件，并从中获得满足。没有对象的需要，不指向任何事物的需要是不存在的。对于休闲者来说，需要指向某种休闲产品或服务。

2. 社会性

虽然动物和人类都有一些共同的需要，但人类的需要和动物的需要是有本质区别。人具体需要什么，如何满足自己的需要，是受到社会经济发展水平、个人在社会关系中所处的地位和所受的教育，以及个人生活实践所制约的。

休闲需要正是人类社会发展到一定阶段的产物。在生产力不发达、人类需要为生存而奔波的时候，生理需要的满足是个体生活的要事，甚至是全部内容，这时的休闲需要属于特权阶级。社会步入后工业社会，跨入富裕阶段，休闲需要就内化为人类的需要系统，且日益趋于大众化。

3. 差异性

人与人之间的需要既有共同性，又有差异性。由于受职业、年龄、个性、经验、道德诸多因素的影响，表现出差异性的特点。例如，个体在婴儿时期主要是生理需要，随着年龄增长，产生安全需要、归属和爱的需要，青少年时期产生尊重需要等。

4. 统合性

需要是主客体的统一，主观上表现为意向、愿望、动机等形式，客观上表现为各种行为和目标对象。由于休闲是复合的、多面性的，单独任何侧面都无法说明休闲的本质。因此，休闲需要也不是单一性的。有调查显示，有45种需要可以引起休闲行为，不同的休闲活动能在不同程度上满足同一需要，同一休闲行为可能满足不同的需求。例如，骑车被认为满足了独立、宣泄、才能施展等需要，而阅读、参加竞技活动、音乐会、演讲、喝酒、社交等活动被认为在更高程度上满足了施展才能这一需求。

5. 周期性和发展性

需要不会因暂时的满足而终止。有一些需要具有周期性的特点，如对饮食和睡眠等生理性的需要。有些需要满足后，又会产生新的需要，新的需要又推动人们去从事新的活动，永远呈现出动态的发展过程，如学习的需要，审美的需要，创造的需要，成就需要等，通常是每一次需要的满足都会产生新的、更高的需要。

（三）休闲需要的理论

1. 需要层次理论

众多的需要理论中，美国人本主义心理学家马斯洛的需要层次理论影响最大，为我们认识人的休闲动机和理解人的休闲行为奠定了基础。

马斯洛认为人类有5种基本需要：生理需要、安全需要、归属和爱的需要、尊重的需要和自我实现的需要。后来，他又补充了认知需要和审美需要。各种需要是相互联系、相互依赖和彼此重叠的，是一个按层次组织起来的系统。在晚年，马斯洛又把需要概括为基本需要、心理需要和自我实现的需要3个大层次，还认为在自我实现需要之上还有一个超越需要，如图4-1所示。马斯洛认为人的基本需要应该得到满足，潜能要求实现。高级需要的出现总是以低级需要为条件，低级需要直接同生存相关，并与动物的需要相类似。高级需要强度较弱，但是越是高级的需要越能体现人类的特征。高级需要的满足能够产生极度的幸福、思想的平衡和丰富多彩的精神生活。马斯洛将创造潜能的发挥或自我实现能给人带来最高的喜悦，称为高峰体验。他认为，自我实现者经常有高峰体验出现。人在高峰体验时有他们最高度的同一性，最接近他们真正的自我。

马斯洛需要层次理论的意义是显而易见的，"自我实现"正是休闲本质的体现。无论如何界定休闲，我们都无法否认休闲在本质上是一种摆脱限制的自由，一种自我超越的状态。正如休闲学研究者郭鲁芳所说："休闲是'成为人'的过程——成为快乐、

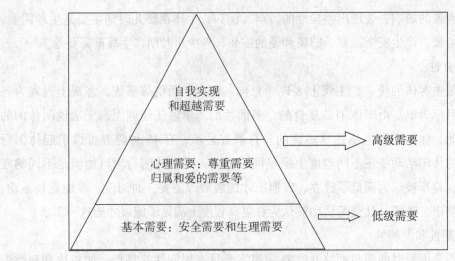

图4-1　马斯洛需要层次

自由、富有创造力和具有追求真、善、美能力的人。"获得"高峰体验"正是休闲活动的过程和结果，比如人们在发现真理时，家庭生活和谐时，欣赏文艺陶醉时，对自然景色迷恋时都可能出现高峰体验。

需要层次理论适合所有的人吗

马斯洛在其著作中提出7种人不能用这一模型解释。他们是①病态人格者——他们没有爱的需求；②抱负水平过低者——他们的高级欲望永远被压抑；③狂妄自大的人——他们将自尊看成是最重要的东西；④过低估计低级需要的人——他们的地位可能太高而没有了正常人的许多忧虑；⑤环境的受害者——由于外界因素的影响而不得不放弃某些需要；⑥创造第一的人——为了创造不顾一切；⑦为了理想和信念可以牺牲一切的人。

需要层次理论得到普遍认可，一些后继的研究也证实了上述的基本观点。但是它的有效性和科学性受到批评，比如自我实现对不同的人意味着什么？实现自我需要做什么？马斯洛需要层次理论没有将社会环境因素等考虑在内，是不完善的。

2. 布赖德肖/墨瑟（Bradshaw/Mercer）的分类学

与休闲相关的最著名的需要理论当属大卫·墨瑟在1973年提出的分类学，该理论建立在乔纳森·布赖德肖（1972）对社会福利相关的"社会需要"的论述基础上。乔纳森·布赖德肖认为休闲需要由四类组成，即标准化需要、感觉需要、表达需要和比较需要。墨瑟将他们归纳为标准休闲需要和相对休闲需要。

标准化需要主要指的是外部环境建立起来的休闲活动的规范。例如，生理学家声称为了保持心脏的良好状态，一个人每周应该至少锻炼三次，每次半个小时，以保证心脏每分钟跳动150次。这样，就很明确地设立了一个标准提醒那些对自己的身体很重视的人，要花多少闲暇时间做运动。相对休闲需要主要是指需要的产生基于与某种事物所做的比较。例如，一个青少年得到一辆摩托车，这可能会唤起他的朋友们骑车的相对需要。又如，一个身体残疾的没有学过游泳的人看到朋友们游泳的时候可能会产生游泳的相对需要。从这个意思上说，人们决定参与某个休闲活动是因为其他人参与了这项活动，或者是因为他们想和那些与他们能力差不多的人切磋技巧。

布赖德肖/墨瑟（Bradshaw/Mercer）的分类学揭示了环境对休闲需要产生的影响，肯定了休闲需要的社会性。

二、休闲动机

（一）什么是休闲动机

休闲动机是推动人们进行休闲活动，并使人处于积极状态以达到一定目标的原因。从事任何活动都有一定的原因，这个原因就是人的行为动机。动机是个体的内在过程，行为是这种内在过程的表现。

休闲动机的产生必须具备两个条件：一是个体的内在条件——休闲需要（健康、放松、审美、自我实现等）；二是外在条件——诱因或刺激（休闲方式、产品、服务、设施、场所、奖赏、制裁、规范等）。当休闲需要在强度上达到一定水平，并且有满足需要的对象（诱因）存在时，才会引起动机。例如，想要赏自然雪景的人们，只有在冬天下雪的条件下，才会有赏雪的动机。有旅游度假的愿望，但是没有充裕的闲暇时间和可支配的收入，也不能将该想法转化为动机。

小贴士

诱因是与需要相联系的外界刺激物，它吸引有机体的活动，并使需要有可能得到满足。可以分为正诱因和负诱因。凡是个体趋向诱因而得到满足时，这种诱因称为正诱因。凡是个体因逃离或躲避诱因而得到满足时，这种诱因称为负诱因。例如，对于饥饿的人来说，食物是正诱因，电击是负诱因；对于需要休息的人来说，睡眠是正诱因，工作是负诱因；对于需要休闲的人来说，放松的环境是正诱因，无聊的环境是负诱因。

（二）休闲动机的种类

对于动机的分类有助于决策者和管理者制定休闲政策和措施，预测和引导人们的休闲行为。但是由于动机的复杂性和动态性，对休闲动机的分类是比较困难的。早期的休闲动机研究常采用开放式问卷来调查休闲参与者，归纳出如"逃逸、放松"等普遍认同的休闲动机。以下介绍的是在休闲动机领域影响比较大的几种分类。

1. 休闲动机的两分法

比较多的学者倾向于将人类的动机划分为两类：第一类是与个体的生理需要有关，被称为生理性动机或原始性动机。这类动机包括饥饿、渴、性、睡眠、解除痛苦等动机。如人们在工作、学习时会感到疲劳，为了消除疲劳，恢复体力，人们会选择看电视、听音乐、喝茶等休闲方式。目前，健身和体育运动也成为各种休闲活动中人们选择概率最高的项目。人类的生理性动机也受社会生活条件所制约，打上社会的烙印。第二类与心理和社会需要有关，是后天习得的，人与人之间存在着很大的个别差异，并且具有持久性的特征。这种动机被称为社会性动机或心理性动机，包括友谊、爱情、亲和、归属、成就、赞许等动机。

2. J. I. Crompton 的"社会、心理、文化"三类型法

1979 年，J. I. Crompton 认为休闲的基本动机是"打破常规"。人们的休闲动机主要来自于三方面，即社会（声望、回归、增进血缘关系、便于社会交往）、心理（逃离感到无聊的环境、勘探和评价自我、放松）和文化（新奇性、教育）。

3. 比奇和瑞格荷伯（Beach & Ragheb）的四类型分类

1983 年，比奇和瑞格荷伯（Beach & Ragheb）提出了休闲动机等级模型。他们以马斯洛的需求层次理论为基础，将动机划分为四种类型。这四种类型如下：

（1）知识因素。是用来评价个体在多大程度上被激发参与休闲活动，它包括精神活动，如学习、探索、发现和挖掘、思考或者想象。

（2）社会因素。是用来评价个体参与休闲活动在多大程度上是源于社会原因，它包括两个基本的需要，一个是友情和建立人际关系的需要，另一个是获得他人尊重的需要。

（3）技能掌握的因素。是用来评价个体为了获取和掌握某项技能，或者挑战和完成某个事务而参与休闲活动。这些活动从本质上看通常是与体力有关的活动。

（4）逃避刺激的因素。它评价的是想要逃避和远离过度刺激的生活境遇的欲望；对于一些个体有与世隔绝、寻求安静、平和环境的需要；对于另一些个体有寻求休息和释放自我的需要。

4. 克兰德（Crandall）的 17 种动机因素

克兰德（Crandall）根据其对休闲动机的研究，综合了该领域以前的研究成果，列出了 17 种动机因素，如表 4 - 1 所示：

表 4 - 1　　　　　　　　　　　　克兰德的休闲动机清单

1. 享受大自然，逃离现代文明 暂时逃离现代文明 亲近大自然	10. 认可，身份 向其他人表明我能做这件事 因此其他人会对我进行高度评价
2. 逃离日常事务和责任 变化一下我的日常行为 躲避日常责任	11. 社会权力的显示 能够控制其他人 处于有权力的位置
3. 锻炼身体 锻炼，健美健身	12. 利他主义 帮助他人
4 创造性 显示创造力	13. 寻求刺激 由于风险的存在，寻求刺激
5. 放松 身体放松、心理暂时松弛	14. 自我实现（反馈、自我提高、能力利用） 看见自己的工作成果、发挥各种技能和才干
6. 接触社会 我能与同伴一起做事 远离其他人	15. 成就感、挑战与竞争 培养我的技能和才干 由于竞争的存在，学习我能做到的事情
7. 接触新朋友 跟各种各样的新朋友交谈 与新朋友建立友谊	16. 打发时间、消除无聊 忙于各种事务 消除无聊
8. 接触异性 与异性在一起，与异性接触	17. 理性审美 利用我的思想，思考我的个人价值
9. 家庭接触 暂时离开家庭 有利于家庭成员关系更融洽	

资料来源：C. 米歇尔·霍尔，斯蒂芬·J. 佩奇. 旅游休闲地理学：环境·地点·空间［M］. 周昌军，译. 北京：旅游教育出版社，2007.

5. 李仲广和卢昌崇的 15 方面动机

李仲广和卢昌崇在梳理了已有的休闲动机分类的基础上，把参与休闲活动的动机归结为 15 个方面，具体表现在：①欣赏大自然，从现代工业化文明中获得暂时解脱；

②暂时逃离或忘却日常的工作、生活、情感等方面的责任；③寻求回归自然的活动形式；④创造性地发挥平时受到压抑的个人潜能；⑤全身心地放松；⑥有机会遇到或结识不同的人；⑦结识异性并在减少社会压力的情况下交往；⑧寻求不同于日常生活的家庭活动；⑨寻求刺激；⑩获得成就感、挑战感和竞争感；⑪提高个人修养并获得某种反馈；⑫消磨时间，避免无聊；⑬求职性的审美活动；⑭利他主义行为；⑮获得社会承认及提高在非正规组织中的地位。

（三）主要休闲动机归纳

综合国内外学者对休闲动机的研究，本书将比较常见和主要的休闲动机归纳为：

1. 健康

健康、长寿是人类永恒的追求。《2013中国生命小康指数报告》显示：8成（82.2%）人已处于或正接近"过劳"状态，近7成（66.8%）人表示自己身体有各种各样的"毛病"或正处于"亚健康"状态，78.6%的人在近一年来碰到或听说过有年轻亲朋、同事或同行得了不治之症或猝死。在美国，由于缺乏休闲活动，每年有30多万人提早失去生命。休闲有益于身心健康。哈佛大学研究表明：80%的疾病，特别是心脏病和糖尿病，70%的中风和50%的癌症都是可以通过健康的养生观念和良好的生活习惯避免的。积极的运动性休闲活动对心理健康和康乐具有正面的影响，在一项纵向研究中，Elavsky等（2005）发现，连续4年参加体育活动会增强人对身体状况的重视，并给身体带来积极影响，而这种积极的影响又将直接促进生活质量的提高。参与休闲在健康方面创造的成果包括体验愉快、放松和乐趣。人们在休闲中寻求愉快的经历，休闲活动可以通过促进正面的情绪来影响健康。

2. 放松

放松是与紧张、压力、焦虑、束缚相对的一种需要和情绪状态。2013年《中国国民休闲状况调查报告》调查结果显示：放松、新知、社交是人们参与休闲的主要动机。在"心智、放松、社交、健康或生理"等四个维度的休闲满意度中，对"休闲达到了放松效果"的认可度最高，其他依次为心智、社交和健康。

🏂 **小贴士**

休闲作为对付压力的一种资源，可以让人们暂时忘却消极事件，在紧张中获得喘息的机会。Caltabiane（1995）发现，当人们有心理压力的时候，频繁参与被动性的文化和业余爱好活动会减少疾病症状。Sharp和Mannell（1996）也发现，丧夫的女子如果积极参与休闲活动，那么她们日常生活中就会较少悲伤，较多快乐。她们参与休闲活动使自己保持忙碌，暂时忘却悲痛。已婚妇女则更多地利用休闲时间尽情享受，自我发展。休闲为人们提供了一个积极的方式，减少压力和悲伤；休闲创造了一种恢复活力、获得新生的环境。

（资料来源：埃德加·杰克逊．休闲与生活质量——休闲对社会、积极和文化发展的影响［M］．刘慧梅，刘晓杰，译．浙江大学出版社，2009．）

 **想一想**

你在生活、学习或工作中感到紧张时，采用哪些放松方式？

3. 消磨时间

很多时候人们并不是因为生理上或心理上的明确需求而进行休闲活动，而仅仅是为了打发时间，消除无聊，让空闲的双手和头脑能忙碌起来。人们认为，忙碌的时候，人既快乐又健康。闲着什么事情也不做，在一些人看来是心理和行为上的一种危险，因为它会导致无聊或参与破坏性的活动。一些调查显示，造成青年犯罪的原因，是青年人拥有太多的闲暇时间，却没有可供选择的、社会认同的休闲活动。为了消磨时间而进行休闲活动的动机具有一定的无目的性和非刻意性，一般而言有这类休闲动机的人群并不介意所从事的休闲活动是什么，或者跟什么人一起从事，例如，为消磨时间而进行的逛街、打牌、网络游戏等。

 **小资料**

沈从文：忙碌的人生没时间感慨时间去哪了。

……大别言之，聪明人要理解生活，愚蠢人要习惯生活。聪明人以为目前并不完全好，一切应比目前更好，且竭力追求那个理想。愚蠢人对习惯完全满意，安于现状，保证习惯。（在世俗观察上，这两种人称呼常常相反，安于习惯的被呼为聪明人，怀抱理想的人却成愚蠢家伙。）两种人即同样有个"怎么来耗费这几十个年头"的打算，要从人与人之间寻找生存的意义和价值，即或择业相同，成就却不相同。……

（资料来源：摘自沈从文《时间》，一九三五年十月．）

4. 获得审美和乐趣

古人曾言："若夫目好色，耳好听，口好味，心好利，骨体肤理好愉佚，是皆生于人之情性者也；感而自然，不待事而后生之者也。"（荀况《荀子·性恶》）兴奋、新奇、愉悦的感受是人人所向往的。动机补偿理论认为，休闲是对工作无聊之余的补偿，而补偿性是指在休闲中寻找工作领域中无法得到的快乐。逃离无聊、乏味、空虚，发展个人兴趣、爱好是人们参加休闲活动的常见动机。

5. 好奇心

人类主动探索环境并和环境相互作用，即使这些活动并不能满足生理需要，而是由外在的刺激引起的。人类从婴幼儿时期便开始表现出各种好奇动机，动物的行为也受好奇心的驱使。罗马尼斯（Romanes）将猴子放在有野果和一只用绳子捆绑的箱子（内中也装有野果）的环境中。他发现猴子宁愿花两个小时把箱子打开，取食野果，也不去拿身旁的野果。虽然随着年龄的增长，人类的好奇心有所下降，但是好奇心和冒险精神仍成为人们选择体验新事物的重要动机。例如，旅游胜地的居民对当地的风光已经"习以为常"，反而会在旅游旺季离开人满为患的居住地，城市居民会向往农村和自然风光，西方国家的人们会选择到亚洲等东方国家了解异域文化。

6. 认识自我

自从有了自我意识，人们就会思考"人生的意义是什么""我是一个什么样的人""我能做什么？"对自我的认知和自我价值的追寻已经是人生不变的话题。休闲是一种重新评价自我和发现自我的机会，可以确立自我形象，获得自我认同，重新定义和调整自我。正如《要么读书，要么旅行，身体和灵魂总有一个在路上》一书的作者刘屈艳杨经历的那样，她从小到大，是个乖乖女，读书，升学，考试，一直过着按部就班的生活，到美国读完硕士后，作者试图挣脱既有的生活轨迹，思考"我独一无二的人生究竟长得什么样子？""我的人生阈限在哪里？"，于是开始了自己的"间隔年"生活。三个多月跌宕起伏的打工经历结束之后，她背起背包，孤身一人走完了四个月的旅程。对于一个善于思考的女孩来说，收获的不仅是沿途的风景，还有那些好心的热心人以及同他们发生的故事，最重要的是，作者从一直被父母安排的生活中解放了出来，做了一回真正的自己。

7. 求知

求知是人们参与休闲活动的常见动机之一。个体感到经验的匮乏，对知识的渴求是选择休闲活动的重要原因。在西方曾流行学者游学的风气，这不仅是游山玩水，而是获得更多更好的知识，开拓视野，增长见闻。《文化苦旅》是著名作家余秋雨的代表作。他写《文化苦旅》就是因为受到了一位青春不老、童心难泯的美国老教授的激发。这位教授虽然年老但却冒险般地游历了我国西南许多少数民族地区，这件事使余秋雨萌发了重新认识祖国大地的愿望，并产生对中华文化的思索与追寻。他渴望在旅途中解放自己的心灵并对中国文化做出贡献。所以，余秋雨在不惑之年，毅然辞去官职走出书斋，开始了文化苦旅。知识经济时代，人们学习的动力和愿望更加迫切，自主性更强。

8. 社会交往

人际交往是个体心理正常发展的必要条件，在社会生活过程中，只有通过人际交往，个体心理才能得到正常的发展。交往动机强的人关注如何建立、保持和恢复良好人际关系，在人际交往中获得归属感和满足爱的需要，逃离恐惧、孤独。比如幼儿园亲子活动、家庭聚会，可以增进与亲友之间的关系；集邮、园艺、下棋、打球等活动可以发现共同的兴趣和志向，结交新朋友；读书会、讲座、培训活动等可以获得来自不同个体的信息和知识。

 **小案例**

老总爸爸趁五一恶补亲情

小长假期间，随处可见一家三口或老少五口一起逛街或出游的温馨身影。记者发现，这些人群中，很多是年轻夫妇因为平时工作忙，无暇照顾和关心孩子、老人，所以特意趁小长假来恶补亲情。

昨日在光谷天地步行街，记者巧遇武汉一家知名公司的董事长张先生，他正牵着一个小男孩的手逛街。"这不，老婆去买东西了，我趁这时间，带儿子去游乐场玩一会儿。"张先生笑着说。

张先生的儿子刚好4岁，却见他戴着一副小巧的近视眼镜。"孩子是不是先天性近视？"见记者疑惑，张先生叹口气解释说："这孩子满周岁以后，我和老婆就没怎么陪过他，公司发展得太快，事多，哪有时间呢？所以就由老人和保姆带孩子，孩子免不了整天玩手机，看电视。结果，前几天，孩子突然说看不清东西，去医院一检查，说是近视，要配400度近视镜。唉！"张先生满脸显出愧疚之情。如今，张先生尽量推掉一些应酬，争取早回家陪孩子，周末和小长假期间，更是要带孩子外出游玩。

（资料来源：http://epaper.cnhubei.com/html/ctjb/20120502/ctjb1724235.html.）

小贴士

在中国文化中，家庭是人们生活中一大重要部分，因为出于家庭考虑的休闲无疑也是北京居民休闲动机中的一个突出的因素，有56%的被调查者认同"为增强感情、加强交流而进行的家庭活动（包括朋友）"是或基本是他们休闲的动机。

（资料来源：许晓霞，柴彦威.北京居民日常休闲行为的性别差异［J］.人文地理，2012（1）.）

9. 地位和自我实现

个体渴望被尊重、被承认、被注意，希望施展才能、取得成就、实现抱负，这些需要会产生巨大的动力，驱使人们去表现、去实现。人们通过在闲暇时间里从事各种活动，可以提高自身工作、生活、处世等各个方面的技能，将自己的观点传播给其他人，在和他人的交往中影响他人，体验活动所赋予的地位、声望、和与众不同的感受。而且休闲是自主的选择与参与，提供了个体充分展示自我的机会，帮助个体实现人生价值、超越自我。比如在2015年中国中央电视台《出彩中国人》节目中，妇产科医生孔德利的腹语术、昆明狱警窦清的说唱因为才艺新颖引起了评委们的极大兴趣。他们从工作需要出发，在闲暇时间里发展自己的兴趣爱好，锻炼技能，在更大的舞台上实现了梦想，成为了"出彩中国人"。

小资料

随着中国城市社会迅速地进入老龄化时代，广场舞深受中老年群体的欢迎，是中老年人户外活动的重要选择。2014年6月14日，有网友在微博曝出：继中国大妈在巴黎卢浮宫跳起广场舞后，她们又在将舞跳到了莫斯科的红场（如图4-2）。

图4-2　莫斯科红场广场舞

大妈为何爱跳广场舞？专家："自娱自乐"是根本动机

为什么这么多人爱跳广场舞？经过调查，日本爱知大学国际交流学部教授、中国著名民俗学家周星发现，高达80%的参与广场舞的受访者表示"喜欢跳舞"，"舞蹈成为了生活的调味剂"。

周星说，自改革开放以后，各种舞蹈形式相继进入百姓的日常生活。当前，中国的各大、中、小城市，活跃着众多的舞蹈爱好者。他称，广场舞主要基于个人兴趣，以自由、自愿为前提，不需要太多设施，为舞蹈爱好者提供了很好的机会，"每一处广场舞，可以理解为是一个舞蹈社群在组织活动"。

周星表示，广场舞具有"大杂烩"属性，可以涵盖几乎所有舞种、舞步、舞姿、舞乐，可以最大限度地满足现阶段中国城乡大众对于"健美"身体的追求。

他指出，作为一类集体舞，尽管广场舞要求参加者的动作达到基本一致，但并不是一种既定的舞蹈形式，它没有统一的舞曲、舞步，对于同一支舞曲，也可以有不同跳法，人们可随着音乐随性手舞足蹈，"广场舞是一种颇具中国特色的'街头舞会'，是一种无特定意识形态背景的社会娱乐现象"。

（资料来源：http://www.chinanews.com/cul/2014/11-04/6751807.shtml.）

思考：你认为广场舞体现了哪些休闲动机呢？

任务二　休闲行为与制约

一、休闲行为

（一）休闲行为的产生

行为是由一定原因引起的，是为了实现一定目的而进行的一系列动作和过程。它是有机体的外显活动，是对内外环境因素刺激所作出的能动反映，也是人类适应环境变化的一种主要的手段和方式。例如，人类为了御寒有生火取暖、制衣、盖房等行为。为了观看演唱会，会有查询信息、购票、取票、采用一定交通工具到达演唱会场地、观看演出等一系列动作和过程。

当个体受到内外刺激影响产生不平衡或缺乏的感受，某种休闲需要没有满足时，个体就会心理紧张或不安，进而有了休闲动机（驱动力）。个体在休闲动机驱动下，做出休闲决策，接下去就会有相应的休闲行为，然后从参与的休闲活动中获得需要的满足，这样心理紧张就自然得以消除。个体进而会有新的休闲需要，又产生新的休闲动机，如此循环往复，如图4-3。不同的人因为休闲需要、休闲动机的不同表现出不同的休闲行为。

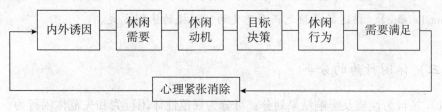

图4-3　休闲行为驱动模式

（二）休闲行为与方式

休闲行为，也可称为休闲活动，是指个体在一定社会条件下，利用闲暇时间，通过一定的方式自由参与，实现某种休闲目标的行动过程。休闲行为一般具有自主性、解脱感、趣味性和建设性等特点，通过休闲行为或休闲活动的进行，可帮助人们发泄压力、放松心情、增广见闻、满足好奇心等。

休闲行为具有轻松、愉悦与享受的品质，一项活动是否能成为休闲活动，区别在于主体是否在闲暇时间从事这些活动，是否获得休闲的品质。一旦这些活动具有了这些休闲的品质，它们便成为主体的休闲活动。

休闲方式是指休闲活动实施的时间、休闲频率、休闲花费、休闲目的、休闲场所等一系列与休闲活动相关的现象和关系的总称。现代社会随着闲暇时间的增加和收入水平的提高，休闲活动内容愈加丰富，行为方式也更趋多样，如体育、娱乐、旅游、游戏、学习、文艺等。2014 年国家统计局科学研究院提供了排序前 10 位的现代公众休闲方式，包括上网、看电视、看电影、阅读、观光游览、逛街购物、社交聚会、度假休闲、打游戏、球类运动。

 想一想

赌博往往与人们的休闲娱乐活动密切相关，西方学者对赌博进行研究，认为赌博具有大量的快乐因素，同时也能在竞争和冒险中展现人的价值，给人带来兴奋感。赌博现象在现实生活中是多种多样的，大多数的赌博是靠运气，但是，欺骗是赌博的重要组成部分，这种行为会让一些家庭妻离子散、家破人亡，也常常会引起违法乱纪的破坏行为。

同学们，请大家想一想休闲活动存在优劣之分吗？什么样的休闲行为有意义？

小贴士

休闲活动存在优劣之分，我们应倡导规范休闲，规避失范休闲。而所谓休闲规范（Leisure Norms），是指那些影响、约束休闲行为的社会伦理、道德。所谓的失范休闲（Deviant Leisure），描述的是缺乏正面意义的、消极的休闲方式。

（三）休闲行为的分类

（1）按行为性质及影响结果划分：可分为规范性休闲行为和失范休闲行为。例如，上网成瘾等行为属于失范休闲行为。

（2）按活动频率划分：可分为一次性休闲行为与反复性休闲行为。例如，赴某个景点旅游，有时候去一次就够了，这属于一次性休闲行为；到美容院美容则需要多次和反复去，这属于反复性休闲行为。

（3）按活动地点划分：可分为居家休闲和离家休闲。例如，旅游就属于离家休闲，而聚会逛街、锻炼身体、逛公园则是最常从事的三大离家休闲活动。

（4）按活动内容划分：可分为商品密集型的休闲行为和时间密集型行为。商品密集型行为是指需要消费大量商品的休闲活动；时间密集型的休闲行为是指休闲投入时间比例较高的活动。

（5）按活动过程划分：可分为休闲决策行为（事前）和休闲消费行为（事中、事后）。

（6）按活动方式划分：可分为主动休闲行为和被动休闲行为。前者如晒日光浴、休息，后者如购物、观光等。

（7）按活动载体划分：可分为实体休闲行为和网络休闲行为。

传统意义上的休闲，如外出旅游、体育健身、社会交往等都需要人们离开长期居住的环境到一个新的休闲环境中去寻求物质或精神上的愉悦。但是，网络时代的到来为人们带来了一个全新的休闲活动形式——网络休闲。人们不需要离开自己长期生活和工作的环境，只需要一台联网电脑，就可以体验休闲。以消遣旅游为例，人们在网络上就可以"游遍"祖国的锦绣山川和人文古迹。也可以通过网络平台全程参与奥运、世博等国际性盛事。虽然无法现场亲身体验和感受。却同样能够享受激情和愉悦。网络时代的到来，使日常休闲摆脱了空间距离的阻碍，实现了零距离休闲。

（资料来源：张维亚，汤澍. 休闲学概论［M］. 大连：东北财经大学出版社，2012.）

二、休闲制约

（一）休闲制约的内涵

休闲制约是指限制休闲偏好形成或阻碍人们参与并享受休闲的因素及内在机制。在很多地方，人们也将休闲制约因素称为休闲障碍：限制或妨碍个体参加休闲活动的质量、期限、强度、频率以及其他妨碍享受休闲的因素。

休闲行为具有自主性，但它也隐含着诸多限制因素：时间空间的约束、个人生理心理的差异、社会环境制约等。人们对休闲活动作出最终选择取决于众多因素，其中包括内在动机，即休闲偏好，也包括各项外在的积极因素，如休闲活动的吸引力、价值等。同时也不能忽略相关的消极因素，如没有充裕的闲暇时间和可自由支配的收入等，限制休闲动机形成，或阻碍人们参与并享受休闲活动。

 **小案例**

出行烦恼

记者昨从武汉铁路局获悉，从4月28日至5月1日，武昌火车站约有2.4万旅客因堵车而误点火车，不得不退票或改签。

五一小长假期间，天气阴晴不定，但并未阻止游客出行脚步。据统计，4月28日至5月1日，武汉铁路局共发送旅客158万人，同比增加13万人，增幅10%，其中武汉地区共发送旅客70万人，同比增加7万人，增幅11%。

武汉三大火车站中，武昌火车站发送旅客最多，承担的出行压力也最大。仅4月29日，武昌站单日发送旅客12.4万人，创历年小长假单日发送旅客最高纪录。由于小长假期间市内出行人数较多，许多旅客在前往车站的途中遭遇堵车而错过了火车。记者连日在武昌火车站售票大厅看到，前来退票、改签的旅客数量不断增加，武昌站将退票、改签窗口增至9个。据介绍，小长假头两日，武昌站退票、改签的旅客最多，每天达八九千人。

（资料来源：http://epaper.cnhubei.com/html/ctjb/20120502/ctjb1724234.html.）

思考：您在"五一"小长假期间是否选择出行呢？有哪些因素制约了您的出行呢？

（二）休闲制约的分类及模型

1. 休闲制约因素的分类

西方休闲制约（Leisure Constraints）研究始于20世纪80年代初期。克罗弗德和戈比（Crawford & Godbey，1987）的休闲制约分类得到学术界的公认，他们把休闲制约分为个人内在制约、人际间制约和结构性制约三类。

（1）个人内在制约（Intrapersonal Constraint）

个人内在制约指影响休闲偏好或参与的个人内在心理状态或态度的因素，如压力、沮丧、忧郁、信仰、焦虑、自我能力以及对适当休闲活动的主观评价等。曾谁芬（1988）的研究发现，青年参与休闲活动的内在阻碍因素为兴趣、个性等心理特质。Samdahl & Jekubovich（1997）指出，就个人心理特质而言，压力、焦虑、沮丧以及远离社交等是主要的个人心理特质。就身体状态而言，Henderson（1995）等学者针对身心存在障碍的女性进行定性研究，提出缺乏体力、时间不够用、缺乏选择机会、依赖他人、担忧身体和缺乏心理安全感等是主要的制约因素。Gilbert&Hudson（2000）在对观光滑雪活动的制约研究时发现，个人内在制约因素主要有担心花费、害怕受伤、怕冷、害羞、太危险、担心下楼梯、怕高、压力太大等。

（2）人际间的制约（Interpersonal Constraint）

人际间的制约指个体因没有适当或足够的休闲伙伴，而影响其休闲喜好或参与的因素，例如缺乏友伴、与其他参与者不合、夫妻的休闲偏好不同，因此减少参与休闲活动。Samdahl& Jekubovich（1997）运用定性研究的方法，指出2人以上的活动会产生制约与休闲参与的交互影响。例如自我身份不适宜、无人邀约、与其他参与者偏好不同、没有同伴、以及双方时间无法配合等，均为人际间的制约因素（Gilbertand Hudson，2000）。至于因个人特殊情况而产生的因素，主要有家庭责任与缺乏同伴2种，其中家庭责任方面主要有家庭角色定位、职责及配偶无法配合等因素。在对身心存在障碍人士的休闲参与进行研究时，研究者发现他们对他人依赖度相当高。特别是残疾人，不论单独活动或团体活动他们都乐于参与，但是更需要朋友或家人陪同。

（3）结构性制约（Structural Constraint）

结构性制约指影响个体休闲偏好或参与的外在因素，它是介于休闲偏好和休闲参与之间的中介制约因素，如时间、金钱、健康、缺乏机会、家庭等；以及来自社会环境的制约因素，如交通工具、信息、缺乏合适完备的休闲行程、人潮拥挤等因素。主要是针对人际间互动或个人特质的特殊情况产生的因素。

前文提到"出行烦恼"的案例中反映的是哪种制约因素？是最重要的制约因素吗？

2. 休闲制约等级模型

在对制约因素进行分类研究的基础上，克罗弗德（Crawford）等学者进一步指出，个人内在制约因素、人际间的制约因素、结构性制约因素三类不同的制约因素是以一定的等级（Hierarchical）关系进行运作并发挥制约作用的，如图4-4所示。该模型强调休闲制约层次的重要性，认为休闲制约的层次是从最初的个人内在制约、人际制约到最后的结构性制约阶段。个人在参与休闲的过程中，必须先克服"个人内在制约"（压力、忧虑、信念等），之后才能到达下一个阶段的"人际间的制约"。个人若能了解人际间制约发生的原因，加以调解后，才能面对下一个阶段的"结构性制约"。结构性制约是干扰休闲选择的外在因素，包括金钱来源、能够获得的时间和机会等。只有三种类型的制约因素都能被克服，个人才能顺利参与休闲活动。

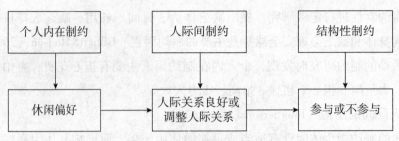

图4-4　休闲制约等级模型

在休闲制约阶层模型中，个人若想参与活动，可能需要经历其中一层或所有的制约，这种制约阶层是由最低层的个人内在制约到最高层的结构性制约，个人内在制约是最基础但影响力最大的制约，而结构性制约是影响力最小的制约。

3. 休闲等级/协商模型

休闲等级/协商模型是休闲制约等级模型的升级改良版，该模型引入协商机制，认为人们可以通过协商来解决有等级关系的制约因素。因此尽管遭遇制约，人们还是能设法参与并享受休闲，即使这种参与和享受与不受制约时的情况不同，如图4-5所示。

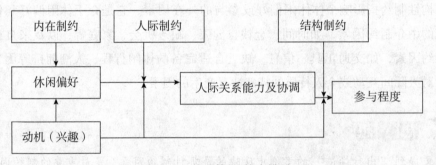

图4-5　休闲等级/协商模型

该模型的核心启示是人们参与休闲并非取决于制约因素的有无，而是取决于同这些制约因素进行的协商，这样的协商常常是修改而不是取消参与；协商过程的启动及其结果取决于制约参与一项活动因素的相对强度与参与活动动机之间的相互作用。因此，在遇到制约因素出现时，通过不同程度的协商会出现不同的参与反应，有的人继续参与，有的人则退出，有的人虽然参与但改变了参与的方式、次数，等等。

三、影响个体休闲行为的阻碍因素

根据国内外关于休闲制约的理论，结合邱扶东等对旅游决策行为的研究，影响个体在进行休闲行为决策（参与不参与，如何参与）时的阻碍因素主要有以下几个方面：

1. 时间阻碍

闲暇时间即自由时间或可随意支配时间，它是休闲行为形成的必要条件。据郑怡清等对上海市居民休闲行为情况调查显示，"工作太忙"被列为休闲活动的主要阻碍，认同这一原因的被访者占了24%。霍军亮等在武汉的调查中，"感觉时间紧迫和没有时间进行休闲"的同意度为58%。据魏翔（2014）对北京、上海、广州三地居民的休闲时间调查，三地均少于每天2.5小时，而美国人的有效休闲时间是每天5.6小时。

2. 经济阻碍

一个人能否成为休闲者，其在休闲时消费水平的高低和消费结构的状况以及对休闲目的地和休闲方式的选择等，均取决于其收入水平，尤其是可自由支配的收入水平。在郑怡清等对上海市居民休闲行为情况调查中，有7%的人认为休闲场所消费门槛过高。有些市民表示他们非常渴望能进行休闲活动，但一些场所休闲的消费门槛过高。比如工薪阶层的市民要参加某知名健身会所，所需交纳的年费往往是该市民两三个月的工资，所以只得作罢。另有3%的人表明自己没有能力在这方面花费。另一些研究则表明与经济条件相关的一些因素也间接制约了人们参与休闲活动。例如，汽车为个人提供了最大限度的流动性和更为广泛利用休闲的机会。在英国，大多数拥有汽车的家庭参与体育和休闲活动的倾向是没有汽车的家庭的两倍。

3. 心理阻碍

心理阻碍主要包括休闲意识、价值取向、性格特征、休闲态度、恐惧等个人内在的生理和心理因素。因为"没兴趣""没情绪""没安全感"等原因而不愿参加休闲的人也不少。他们觉得在家泡澡、听听音乐便是休闲。在我国，受中国传统观念影响，绝大部分人对休闲的内涵和意义并不了解，甚至有所误解。缺乏对休闲的内涵、价值及本质的自觉性认识，大众在休闲方式的选择上单调、贫乏、千篇一律，使得休闲个体很难在这些标准化的休闲单元中获得成就感和自我实现感。

4. 环境阻碍

环境阻碍因素主要是指人们所处的国家或地区的政治法律环境、经济环境、科学技术环境以及人文环境等。例如，由于受到了法律法规的限制无法休闲，博彩类活动在我国很多地方是被禁止的。虽然我国《劳动法》《劳动合同法》和《职工带薪休假条例》等法律中规定了公民享有休闲的权利，但在实际中没有很好的执行，这种情况在民营企业中尤为严重。

5. 人际阻碍

人际阻碍来自家庭、朋友等相关群体。有些休闲娱乐活动或在有些活动场所找不到合适的伙伴，因而选择休闲活动的范围减小，休闲的机会也随之降低。

6. 学习阻碍

学习阻碍指的是由于错误经验的积累所带来的个人行为的变化。据调查，人们平均每星期有 35 ~ 40 个小时消磨在消极休闲行为中。由于公共教育没有教学生如何更好地休闲，自由时间大都消费在诸如看电视、大众传媒和娱乐的消极休闲活动上。尤其是青少年，有时候只是从成年人的角度为他们举办活动来丰富其业余生活是不合理的。闲暇时间应减少在家中进行各种补习和辅导，要让青少年走向外界社会和世界，鼓励他们从多样化的尝试中培养自身的兴趣爱好，一旦他们能从自发性的休闲行为中体验到成就与满足，无聊感也会得到有效的缓解。

除了上述六种因素外，还有其他如身体能力状况、休闲设施、交通便捷、气候等对某些特殊情况产生影响。这些阻碍因素不是绝对的，当一个人休闲动机水平高且有恰当的休闲目标出现时，经济阻碍也会自然解除，如在年轻人中流行的"穷游"。

想一想

在实际生活中，如何克服休闲阻碍呢？

小贴士

从政府角度来说，第一，政府部门加强休闲政策的执行力度，保障居民的基本休闲权力；第二，加大休闲设施的供给力度，尤其是公共休闲空间的增加；第三，整个社会注重休闲产品的创新，创造更多健康、积极的休闲产品，满足广大居民的休闲需要；第四，关注弱势群体的休闲生活，倡导公平、共享的休闲方式。

任务三　休闲体验与消费

一、休闲体验

（一）休闲体验的内涵

1. 休闲体验是个体参与休闲活动的情绪情感反映

情绪情感是人的心理生活的一个重要方面，它伴随着认识过程产生，并影响着认识和活动的进行，是客观事物与人的需要之间关系的反映。当个体对作用于人的事物采取肯定的态度时，就会产生爱、满意、愉快、尊敬等内心体验，反之则是憎恨、厌恶、抵触、沮丧等内心体验。

休闲满足了人们追求健康、身心放松、爱与归属、自尊和自我实现的需要，人们在休闲过程中获得自由感、放松、愉快、幸福或者休闲觉悟、休闲厌倦、休闲挑战和休闲痛苦等多种复杂的内心体验。其中，高峰体验（Peak experience, Maslow, 1968）、畅爽（Flow, Csikszentmihalyi, 1990）和沉浸体验（Absorbing experience, Tellegen & Atkinson, 1974; Quarrick, 1989）被称为三种最优体验（Mannell, 1996）。因此，也有学者将休闲体验称为"情感体验"。

小贴士

高峰体验（Peak experience）：马斯洛将创造潜能的发挥或自我实现能给人带来最高度的喜悦称为高峰体验。它通常通过自然体验、审美感知、创造力趋势、知识顿悟、性高潮体验和运动追求等获得。一个人所处的情境（由阶层、种族、年龄、性别等定义）会影响到他家庭、工作、社交的场景，从而影响到他有什么样的空间来承载自己的休闲体验。

马斯洛的实验显示，高峰体验时有两种生理反应：一种是激动和高度紧张，如喜欢得跑上跑下，喜欢得高声呼叫，不能入睡，甚至没有食欲；第二种是放松，平静，甚至进入深度睡眠状态。

畅爽（Flow）：最早是由美国心理学家奇克森特米哈伊 Csikszentmihalyi 在 1975 年提出，畅爽的定义为："人们完全沉浸到某事情或活动中，且完全忽略周围环境的一种状态。人们非常的享受这种体验，以至于要花费巨大的代价也在所不惜。"其特征是控制的感觉、集中精力、技能和挑战的平衡。这是一种带有自身目的的体验（Atotelicexperience）。而且被访者在描述这种体验时，更倾向于用"畅爽"这个词来表现他们沉浸在活动中的状态。

沉浸体验（Absorbing experience）：沉浸是"一种特别的专注，一种完全不同于日常生活经验的意识状态"。处于沉浸时，自我意识和时间感完全丧失，个体与充满魔力的刺激物"融为一体"。Tellegen 相信它与催眠感受性有关联。Quarrick 指出沉浸体验是指个人融入到某一神奇的刺激中以至自我和时间感的消失，这种体验的获得不需要任何专门的训练。

2. 休闲体验是个体参与休闲活动的实践过程

人总是在实践过程中积极能动地反映客观世界，在完成各种行为、操纵各种事物的时候去反映客观事物。如拆装玩具和机器的同时认识这些物体的结构和性能。正是由于这种实践活动，才使人对某些客观事物产生一定的情感，表现出克服困难的意志行动或对它发生兴趣，并在这种相互作用中培养能力。

从词源上看，体验一词本身具有亲身经历、在实践中认识事物，体会与感悟，体察、考察等词义。正如《诗经》有云："朝吟风雅颂，暮唱赋比兴，秋看鱼虫乐，春观草木情"，个体有了休闲需要和休闲动机之后，并不能马上感到幸福。换言之，幸福感并不是凭空产生的，它需要个体去体验和品味，去听、去看、去思考、去行动。美国积极心理学之父马·塞利格曼（MartinE. P. Seligman）在《真实的幸福》书中指出："幸福感来自优势与美德，通过自己努力获得的幸福才会有真正的幸福感受。"

休闲体验是一个实践的过程，意味着休闲不是事先预设好的一套要实施的计划，不是走过场或作秀，也不仅是感官的愉悦，而是人们获得体验的历程，需要主体去理解、创造，在创造与释义的过程中，生成内容，产生意义，彰显人的个性，获得休闲价值。

3. 休闲体验是认知与行为、目的和手段相统一的生活状态

休闲是一个集心理体验、外在行为等多种因素于一体的生存状态和生活方式。休闲体验具有主观性，受认知影响，会产生不同的情绪体验，引起不同的行为反应。比如读书，对于有些人而言是一种文化休闲，是一种精神享受，而有些人却视为任务、负担，备感压力和烦躁。一个商人和一个诗人同时看到一朵可爱的小花，商人想着谋利，于是他计算着这朵花在市场上能卖出的价钱，并开始和园丁讨价还价，而对于诗人来说，一花一世界，他全神贯注地欣赏着而忘记了一切，那朵花好像被赋予了生命，让他陶醉。显然，个体和他人一起参加同一项休闲活动时，如何去体验这个过程，这完全取决于个体自身的感悟和领会。休闲体验与休闲主体的心态、爱好、兴趣和精神密切相关。同一休闲体验，不同的参与主体因为知识结构、教育水平、文化修养、家庭教养、社会阅历等因素不同，其主观感受也不尽相同，它不可转让、不可复制。

休闲体验在人们生活中和政策与规划中，既可以视为手段，也可以视为目的。若将休闲体验视为一种目的，从事休闲所花费的时间和活动可以是文化的深度表现，是生活中寻找放松，幸福和自我实现的最重要的一部分。若是作为手段，休闲体验可以成为个人在集体实现其他目标的工具，如身体和角色很健康，经济生存，福利和发展，环境质量等目标。

总之，休闲体验不同于常规意义上使用的"体验"一词。它不仅仅体现为一种经验、感觉或简单的反应。休闲体验的内涵是丰富、多向度、多阶段、动态的、有正向也有负向的本质（Iso - Ahola，1985；Lee，Dattilo & Howard，1994）。休闲体验是主观见之于客观的活动，是主客体的统一。它不是一种纯粹内省或主观式的随意表达，而是诗与思的统一；在休闲时间里，主体以充实的内心体验和积极地参与不断地走向自由创造；它是一种中介，通过休闲体验，将生命、生存、现实和未来紧紧关联，能够使世界的意义更加澄明，生存的本质更加彰显，从而建构起一个能为自己安身立命的意义世界。

 **小案例**

踏行在宁静时光中

图4-6 库村古民居的读书老人

在库村古民居中行走，获得的是无限的宁静时光，那种来自鹅卵石铺就的路，那些以鹅卵石砌成的墙，还有门楼里读书的老人都在这个夏天的午后（如图4-6），用宁静的大气之美抚慰着我们的心灵，我们谁都没大声喧嚷，因为我们知道，这是位于乡村一隅的古民居，我们不好打破它原有的沉寂，或许我们只有悄悄地踏行在寂寞的巷道和门楼间，悄悄地窥视着库村时光中的沧桑，才能原汁原味地感受到历史在光阴中的浅吟低唱。久居城市，这样的享受你难得体会。

（资料来源：http：//wzrb.66wz.com/html/2009-07/06/content_508383.htm.）

想一想

在现代社会，人们应该如何"体验"？

（二）休闲体验的类型

从休闲主体的心态和内在追求角度可以把休闲体验划分为宁静平和型、冲突刺激型和厚重典雅型。宁静平和型侧重追求和谐、安适和平静，强化生命的自足、安逸和整合，如看电视综艺节目、听流行音乐、读畅销小说等；冲突刺激型侧重追求冲突、碰撞、新奇、刺激、怪异、潮流、强化生命的张力、生存的活力、心灵的丰满，如探险漂流、竞技体育等；厚重典雅型侧重追求文化欣赏、文化创造和文化建构，强化生命的本真、自由和澄明，如琴棋书画、品茶论道、以文会友等。

从休闲主体与外部世界的关系角度，休闲体验分为外部容易和内部简单的"幼稚型体验"、外部困难和内部简单的"充实性体验"、内部复杂和外部容易的"价值体验型"，以及内部复杂和外部困难的"创造性体验"。

（三）休闲体验的层次

休闲体验具有多重结构，从时间上而言，休闲体验包括预期体验、现场体验和回忆体验，随着时间的流逝，休闲体验不断升华且演变为人们精神世界和生活经验的组成部分；从强度上而言，休闲体验可分为一般性的兴趣、兴奋、娱乐和随意休闲体验和高峰性的"畅"休闲体验。休闲体验的强度越强，就越能使休闲者感到休闲的价值；从深度而言，休闲体验呈现出一定的层次性，基本上分为感官体验、身体体验、情感体验、精神体验四个层次，越是深度的休闲体验，越能让休闲者体验到休闲的意义。

有学者使用了一系列量级来衡量休闲体验的各个层面，来挖掘其内在的意义。他们提出了一个拥有六个层次组成的框架，而这些都是人们从直接的休闲体验中抽象概括而成的，它们是：

（1）心理上的：自由感、享受、参与、挑战。

（2）教育性的：智力挑战及获取知识。

（3）社交性的：与他人的良好关系。

（4）放松：从压力及疲劳中解脱。

（5）生理性的：健康、健美、体重控制与康乐。

（6）审美性的：对优秀作品及自然景色的反应。

从这六个层次中，我们可以直观的感受到休闲体验的内在意义。它是过程，而不是完成的行动或最终产品，并且是我们实现休闲的最终目标——"存在"与"成为"的基础。

二、休闲消费

（一）什么是休闲消费

休闲消费有广义和狭义之分，广义上任何休闲活动都是一种休闲消费。狭义的休闲消费是指人们在闲暇时间里利用货币进行的以满足精神文化生活需要为主的消费活动的总称。随着休闲消费在世界范围之内的迅猛发展，它成了一个国家第三产业发展状态的明显表征，甚至成了一个社会文明程度的表征。

休闲消费作为一种现代生活方式，不仅体现在参加旅游、体育、娱乐等休闲活动，而且还体现在人们日常的消费行为中。它是一种时尚，一种能够体现人们个性、身份、地位、文化品位与生活态度的方式。

休闲消费不同于日常必需品的消费，它以精神消费为核心内容，具有自目的性、游戏性与娱乐性、时效性、社会性、可替代性等特征。

文化休闲消费迎来最好时代

中国人的消费内容和消费习惯，逐步由单纯生存性的物质消费，向娱乐型的文化娱乐消费过渡。

文化休闲消费迎来了黄金发展期。2013年11月，中国人民大学文化产业研究院发布的"中国文化消费指数（2013）"显示，我国文化消费潜在规模为47026.1亿元，占居民消费总支出的30.0%，而当前实际文化消费规模为10388.0亿元，仅占居民消费总支出6.6%。

文化休闲消费还有36638.1亿元的巨大市场空间尚待挖掘，潜在消费需求尚未得到有效的供给。

（资料来源：http://finance.eastmoney.com/news/1586，20140311367406955.html.）

（二）休闲体验与休闲消费的关系

1. 休闲消费是满足体验需要的主要形式

休闲体验与消费相伴而生。体验需要的满足具有不同的形式和手段，它既包括采取货币支出形式，也可以用非货币支出的形式，如休憩、散步等。当休闲需要是通过某些产品、设施和服务进行消费，即以货币支出的形式来得到满足时，休闲活动就变成休闲消费。作为需求的一种高级状态，人们对休闲的体验与追求在相当程度上要借助消费这种经济行为来实现。尤其在现代市场经济条件下，休闲产品与服务已经被极大地商品化，当从消费的角度来审视休闲时，"休闲"也就自然而然转化成为了"休闲消费"。不过，这种消费并不局限于个人是否发生货币支出，也包括对一部分个人没有直接发生费用支出，而是由政府、集体、单位和其他个人发生支出或提供的休闲产品（或服务）的消费。

2. 休闲消费与休闲体验目的契合

由于社会经济的发展，人们在休闲消费过程中需要的不仅仅是一种物质上的享受，更追求一种精神上的满足。在买方市场条件下，消费者走过了数量满足时代和质量满足时代，进入到情感满足时代，购买休闲产品更多的是为了一种情感的需要。消费者对休闲产品的总体认识不仅包括质量、价格等理性层面的理解，而且越来越强调以文化、知识、个性、品位为主要内容的感情思考，并得到一种快乐的心理体验。

3. 休闲消费是"体验性"消费

休闲当仁不让地成为了体验经济的典型，这是因为体验是休闲产品的核心属性。有学者明确指出"休闲产品就是基于顾客主观评价的体验"（Komppula，2006）。王绪刚认为，消费者通过观察和直接参与具有符号价值的消费行为，并从中获得一系列个性化、难忘的经历，这种经历来源于消费者对自我概念、生活方式、消费文化的追求，厂商的发掘和适时的引导，使得消费者在需求满足的同时，得到进一步的升华。

⚒ 小案例

我为什么喜欢星巴克？咖啡好喝？没错。无论是清早叫醒肠胃的一杯 Double Mocha 还是我最爱的 Caramel Macchiato，都让人难忘。星巴克咖啡的共同特点是香醇浓郁，芳香四溢，毫无疑问这是我喜爱星巴克咖啡的首要理由，但除了这点，让我印象深刻的还有星巴克别致有趣的咖啡杯，年轻好脾气的咖啡吧员，各种样式的小糕点，以及总是洋溢着樱红松树绿的圣诞氛围一样的店内陈设……在星巴克，咖啡可以站着喝，也可以坐着喝；你不用在意咖啡勺是向内还是向外搅，也不用担心在跟别人聊天时候你的搅拌棒有没有从杯子中拿出来，喝星巴克咖啡，你只要带着零钱和一张嘴就够了——没有步骤，更不用讲礼仪，率性而为，毫无禁忌。

如果你也爱喝星巴克咖啡，相信你跟我一样有以上愉快的消费体验，而这些，都源自星巴克品牌 DNA 里的五大商业法则：彰显个性，关注细节，奉上惊喜、送去满意，顺阻力而行，留下你的印记。这五大原则代表了一种星巴克式的管理精神：新颖特别、可靠适用。

（资料来源：约瑟夫·米歇利. 星巴克体验［M］. 北京：中信出版社，2012.）

📝 小贴士

星巴克管理经验都很好地证明了用户体验在提升产品业绩上的重要意义，以及如何做有效的员工培训，怎样通过内部沟通了解企业问题，怎样肩负社区责任，等等。相信正如书中所说言：铁要趁热打，咖啡要趁热喝。无论遵循何种管理原则，加强服务体验的理念永远都要牢记于心并付诸实践，要让你的服务更特别、产品更出色，这些方法一定是每个企业自身发展不可或缺的坚实基础。

三、不同休闲消费群体的行为差异

（一）不同休闲目的消费者行为差异

根据休闲者的目的，将休闲消费者划分为四类：

1. 观光型休闲者

观光型休闲者以游览观赏异国他乡的名胜古迹、风土人情等为主要目的，是最普通、最常见的休闲者类型，通常同时与购物、娱乐、考察、业务等相结合。其特点是：希望通过游览观赏自然景观和人文景观增长见识、开阔视野、陶冶情操，获得新、奇、异、美、特的感受；在休闲地逗留时间较短、花费较少，对休闲景点特色和价格比较敏感。

2. 娱乐消遣型休闲者

娱乐消遣型休闲者以松弛精神、享受临时变换环境所带来的欢娱为主要目的。在发达国家的所有休闲者中，该类休闲者所占比重最大。其特点是：追求娱乐、消遣和享受；对休闲产品的质量、休闲安全和价格比较敏感；外出季节性强，几乎都选择休闲景点地区最好的季节，利用带薪假期外出休闲。

3. 文化知识型休闲者

文化知识型休闲者以观察社会、体验民族风俗、丰富历史文化积累、增长知识为主要目的。其特点是：具有较高的文化素养，较强的求知欲；具有某种专长或特殊兴趣，乐于与人切磋交流；对日常安排的周密性和休闲线路的科学性比较敏感。

4. 康体健身型休闲者

康体健身型休闲者以参加有益于身心健康的休闲活动，达到消除疲劳、放松心情的目的。休闲形式主要有疗养休闲、温泉休闲、森林休闲、体育保健休闲等。其特点是：有较多的闲暇时间；保持健康的欲望较强；对休闲项目中保健、康体、医疗等功能比较敏感；中老年比重较大。

（二）不同性别消费群体的行为差异

性别对于休闲消费行为的影响是明显的，男女之间在休闲行为方面具有差异。从活动类型来看，通常男性更多地参加室外、高强度的活动，如体育锻炼；而女性更多地参加室内的、低强度的活动，如看电视连续剧。从休闲时间上看，女性休闲时间显著少于男性，并要花费更多时间在家务活动上。

覃杏菊（2006）的调查显示老年人中女性相对于男性承担更多的家务，休闲质量更需要提高，而且女性在休闲行为方式上有别于男性，比如更倾向于两人结伴或者群体的活动，更高的安全性要求等。罗杰斯证明了欧洲女性与男性在参与休闲体育方面的差异，即女性的参与频率远低于男性。各国女性与男性参与休闲体育活动的比例如下，英国100：188，西班牙100：76，法国100：159；比利时100：127；荷兰100：116。

女性休闲生活质量和状态被认为反映了一个国家或社会的文明程度。在男权制社会中，女性一般地位低下，社会对她们的角色存在着期待与限制，如社会中关于女性气质的观念、女性缺乏经济独立性、社会为女性规定了做母亲的责任等，都影响了女性的休闲参与度和参与方式，且这种影响往往是负面的。不论是过去还是现在，男女在休闲空间、时间、参与机会、参与频率、参与的影响因素、休闲消费等方面均存在差异。

请分别调查你周围的10位男、女同学，记录他们在日常生活中的休闲方式？你会得到什么结果？

（三）不同年龄消费群体的行为差异

年龄不同，各年龄层的人群经济状况、家庭状况等方面也各有不同，因而表现出来的行为也有差异。一般来说，年龄越大，其休闲活动的总体水平越低，户外的、高强度的活动随着年龄的增大而减少，而低强度的活动则随着年龄的增加而增加。

据北京零点指标数据公司在2011年调查显示，年龄在36～55岁的群体比其他群体更爱看电视，这一群体的家庭负担较重，"上有老，下有小"更倾向于看电视这一既省钱又省事的娱乐情有可原；最喜欢旅游的年龄段在城市中是26～35岁，农村则年轻一些，是18～25岁，这一群体体力最好，经济已经独立，而且尚未承担很多家庭责任；最喜欢玩麻将的群体是26～45岁，麻将以其互动性、竞争性和社交功能吸引着这一群体；最喜欢和孩子玩的年龄段是26～35岁和56～65岁，这通常是儿童的父母和爷爷奶奶。

偏好程度和年龄成正比的闲暇活动是在家待着睡觉、串门聊天；偏好程度与年龄成反比的闲暇活动是逛街购物、球类运动、上网、玩电子游戏、看电影和看录象/VCD/DVD，可见，年轻人更喜欢新兴的、节奏较快的以及消费性质的娱乐和一些户外运动。

随着社会的进步以及人们现代养生观念的转变，越来越多的中老年参与到户外运动甚至极限运动中，据沈阳市自行车协会2014年数据，已有2000人加入协会，80%以上会员都在60岁以上。

小案例

成都 6 名老人骑行去拉萨 激励永远追寻梦想

图 4－7 骑行老人

9 月 15 日，来自成都老年骑游队的 6 位平均年龄达 72 岁的老人，组成一只"追梦骑士队"，从成都三生万寿养老院出发，往西藏骑行。昨日，他们已翻过了折多山、宗拉山等山头，骑行约 1000 千米抵达芒康。老人们计划用 25 天左右的时间骑到拉萨，以此倡导环保，激励更多人永远"追寻阳光，成就梦想"。同时，他们将考察沿途的部分贫困学校，并将信息反馈给爱心企业，为其中一些贫困学校建设"梦想操场"。

此次骑行去西藏的 6 位老人，都是成都老年骑游队的成员，其中年龄最小的都有 66 岁，他们几乎每周都会参加各种骑行活动。骑行川藏线，是叶青洪和其他几位老人一直以来的梦想。沿 318 国道从成都骑行至拉萨全程 2100 多千米，共需翻越海拔 4000 米以上的高山 10 余座，老人们计划全程骑行 25 天，几乎平均每两天就要翻一座高山！"体力不是问题！"已经翻过海拔 4170 米的宗拉山的叶青洪老人信心满满地说，他从 1993 年开始参加骑行活动，2006 年开始各类长途骑行，来参加这次骑行前，才刚结束一场海南环岛骑行活动。

"6 位老人骑行最大的挑战还是高原反应！"此次随行的中国自行车协会理事唐潇告诉记者，为此，活动组织方准备了充足的抗高原反应的药物，并组织了两支后勤保障队，助老人们实现梦想。

（资料来源：http://news.qq.com/a/20140922/034521.htm.）

思考：随着老龄化社会的到来，你认为应该为老年消费者提供哪些休闲便利和帮助？

（四）不同阶层群体的休闲行为差异

社会阶层是享有相似的稀缺价值的社会集团或受到类似社会评价的人群。每个社会都根据各个阶层所享受的特殊权利、财富状况和心理满足程度等，建立相应的制度秩序。各个阶层的意识和利益追求，导致了其生活方式的区别，通过消费进行分层展现出来。不同阶层在休闲偏好、休闲方式与休闲时空选择等方面存在差异。

据李杨等对城市不同阶层居民的调查看，"放松身心"和"锻炼身体"两项动机，各个阶层都认为是最主要的休闲动机，具体来说，中、上阶层的人，尤为关注这两项动机，而下层和底层的居民选择比例最大的是"消磨时间"，说明下层居民的休闲目的比较消极。何圣桐等则发现高收入群体追求刺激时尚的休闲方式，如射箭、骑马、马丁赛车、高尔夫等，而中低收入群体多选择在家看电视、看报、上网、短途旅游等花费较少的方式。

韩国学者孙海植等将不同收入群体的行为偏好差异做了归纳，如表4-2所示。

表4-2 不同社会阶层喜爱的休闲活动

偏好排序	中上收入阶层	低收入层
1	读书	电视/收音机
2	参加体育	社交/聚会
3	电视/收音机	参加体育
4	野外娱乐	读书
5	社交/聚会	休息
6	欣赏音乐	野外娱乐
7	针线活	欣赏音乐
8	休息	针线活
9	收拾庭院	游戏
10	实习	收拾庭院

资料来源：孙海植，安永冕，曹明焕，等. 休闲学［M］. 东北财经大学出版社，2005：17.

另一项对上海、天津、哈尔滨三城市居民休闲生活状况的研究表明，不同群体、阶层对休闲资源（时间、利用条件等）的占有并不完全平等。如下岗事业群体表现出"时间闲置"的问题，进城务工农民表现出"时间空耗"问题。

现实生活中，多数人把中产阶层看作是培育与支撑休闲产业的最大消费群体。城市中产阶层的休闲消费对人们的日常生活结构、社会结构、产业结构以及人的行为方式和社会建制将会产生深刻的影响。

小贴士

中产阶级（中产阶层）：大多从事脑力劳动或技术基础的体力劳动，主要靠工资及薪金谋生，一般受过良好教育，具有专业知识和较强的职业能力及相应的家庭消费能力；有一定的闲暇，追求生活质量，对其劳动、工作对象一般也拥有一定的管理权和支配权。同时，他们大多具有良好的公民、公德意识及相应修养。换言之，从经济地位、政治地位和社会文化地位上看，他们均居于现阶段社会的中间水平。

复 习 题

一、单项选择题

1. "需要层次理论"提出者是（   ）。

A. 马斯洛　　　　B. 亚当斯　　　　C. 罗杰斯　　　　D. 约翰·凯利

2. （   ）是最基础但影响力最大的制约。

A. 结构性制约　　　　　　　　B. 人际间制约

C. 个人内在制约　　　　　　　D. 休闲制约

3. 休闲是随着社会发展，经济收入和闲暇时间增多而逐渐成为大众化需要的，这体现了休闲需要的（   ）特征。

A. 对象性　　　　B. 社会性　　　　C. 统合性　　　　D. 差异性

4. 休闲消费是以（   ）为核心内容的消费。

A. 物质消费　　　　B. 精神消费　　　　C. 生理消费　　　　D. 心理消费

二、多项选择题

1. 关于需求的类型，英国学者布赖德肖（Bradshaw）归纳出的类型有（   ）。

A. 标准化需要　　　B. 感觉需要　　　C. 表达需要

D. 比较需要　　　　E. 基础性需要

2. 休闲动机产生的条件是（   ）。

A. 内在需要　　　　B. 诱因　　　　C. 收入水平　　　　D. 教育程度

3. 休闲体验六个层次分别是（   ）。

A. 心理上　　　　B. 教育性　　　　C. 社交上

D. 放松　　　　　E. 生理上　　　　F. 审美性

4. 根据休闲者的目的，可以将休闲消费者划分为哪几类？（　　　）。

A. 观光型休闲者　　　　　　　　B. 娱乐消遣型休闲者

C. 文化知识型休闲者　　　　　　D. 康体健身型休闲者

三、简答题

1. 什么是休闲需要？休闲需要的特征是什么？

2. 如何评价马斯洛的需要层次理论？

3. 列举休闲动机的主要类型。

4. 主要的休闲制约模型有哪些？他们是如何解释人们是否参与休闲活动的？

5. 影响个体休闲行为的阻碍因素有哪些？

四、案例分析题

记承天寺夜游

苏　轼

元丰六年十月十二日夜，解衣欲睡，月色入户，欣然起行。念无与为乐者，遂至承天寺寻张怀民。怀民亦未寝，相与步于中庭。庭下如积水空明，水中藻、荇交横，盖竹柏影也。何夜无月？何处无竹柏？但少闲人如吾两人者耳。

根据以上案例，回答：

1. 你从苏轼这篇游记中读出哪些意境？

2. 分析本案例中苏轼的休闲动机和休闲体验。

五、实训题

【实训名称】

爷爷的休闲时光

【实训内容】

请以你所在的城市为例，了解身边的老年人休闲时光如何度过。

【实训步骤】

先选取城市和调查对象，然后搜集有关方面内容，归类整理。

【实训点评】

学生通过调查梳理城市里老年人休闲时间如何度过，可以了解老年人休闲活动的发展现状，为老龄事业提供合理建议，同时也可对比反思自己的休闲活动，从而促进学生课外休闲活动更有意义地开展。

项目五 休闲产品

任务导入

中国剪纸是一种用剪刀或刻刀在纸上剪刻花纹，用于装点生活或配合其他民俗活动的民间艺术。在中国，剪纸具有广泛的群众基础，交融于各族人民的社会生活，是各种民俗活动的重要组成部分。其传承赓续的视觉形象和造型格式，蕴含了丰富的文化历史信息，表达了广大民众的社会认知、道德观念、实践经验、生活理想和审美情趣，具有认知、教化、表意、抒情、娱乐、交往等多重社会价值。

2006年5月20日，剪纸艺术遗产经国务院批准列入第一批国家级非物质文化遗产名录。2009年9月28日至10月2日举行的联合国教科文组织保护非物质文化遗产政府间委员会第四次会议上，中国申报的中国剪纸项目入选"人类非物质文化遗产代表作名录"。

同学们，你们会制作剪纸一类的休闲产品吗？

学习目标

1. 知识目标

了解休闲产品定义。

熟悉休闲产品主要形式。

2. 能力目标

能够运用相关知识初步进行休闲活动产品开发与管理。

休闲产品即生产经营者提供的、用于满足休闲消费者需要的各种产品和劳务的总和，既包括各种直接用于休闲消费的物质产品，也包括各种满足休闲消费者休闲需要的休闲项目、休闲设施与休闲活动。对种类繁多的休闲产品进行开发与管理，是一门技术更是一门艺术。本章阐释了康体休闲、娱乐休闲、旅游休闲、文化休闲的含义及如何对这四种休闲产品进行开发与管理。

任务一　康体休闲产品

一、康体休闲概述

（一）康体休闲概念

国内外学者关于康体休闲概念的定义很多，主要有两种：

第一，不管什么休闲运动，只要能达到舒缓身心、愉悦心情、消除疲劳等目的，都可称之为康体休闲。

第二，人们遵循人体的生长发育规律和身体活动的规律，以锻炼身体为手段，并结合日光、空气、水等自然因素和卫生措施，达到增强体质的作用，这些活动都可视为康体休闲。

第一种定义未能完整体现出康体休闲中"康体"的休闲目标，也没有明确指出什么样的休闲方式才是康体休闲，定义过于宽泛；第二种定义虽明确指出了康体休闲的目标以及休闲环境，但是并没有指出休闲的关键"闲暇"这一时间范畴，容易引起误解，如职业运动明显不属于康体休闲范畴，同时康体休闲不应局限于锻炼身体的目标，现代生活节奏快，社会压力大，康体休闲活动在锻炼身体的同时理应对休闲者心理起到调节作用。此种定义依然存在定义不够明确，范围划分混淆的缺点。

综合国内外研究成果，本书将康体休闲定义为：康体休闲就是人们利用闲暇时间参加多种多样的户内或户外活动，达到锻炼身体、释放心理压力、促进身心健康的休闲活动形式。

（二）康体休闲特性

1. 普遍性

传统观念认为康体休闲主要针对"亚健康人群"或老年人群，但实际上，康体休闲包括了所有追求健康快乐生活的人群，他们不是"病人"，又不同于普通的游客，而是具有较强的养生目的。因此对其进行的康复保养不宜在医院或养老院进行，而应根据不同的心理需要进行目的地的选择。

2. 综合性

康体休闲将我国传统休闲养生，理疗保健与现代生活有益于人体健康的休闲方式结合起来，即注重康体功能，也注重过程的休闲性和体验性，将康体这一过程休闲化。

多学科的综合促进了康体休闲的发展。

3. 科学性

康体休闲以中医、西方现代康疗方法为理论基础，强调人与自然的和谐，所有康体休闲产品从产品设计到产品组合再到产品使用都有科学的规范，具有较强的科学性。

4. 教育性

通过康体休闲活动的参与，提高人们的"认知水平"，达到增强体质，愉悦身心，提高工作效率和生活满意度，能促进人们改变不良生活习惯，提升生活质量。

（三）康体休闲分类

康体休闲的形式多种多样，按休闲主体的行为可将康体休闲分为以下三类：

1. 体育康体休闲

如登山、武术、跑步、散步、游泳、台球等体育休闲活动。体育康体休闲不同于职业体育运动，体育康体休闲是在紧张的学习、工作之后的闲暇时间内进行的以锻炼身体，调节身心为目的的体育活动，整个活动过程是身心畅快的。

2. 消遣康体休闲

如桑拿浴、温泉浴、SPA、健美、棋类、纸牌、麻将、电子游戏等消遣活动。

3. 特殊康体休闲

主要针对一些特殊需求的消费者设计的康体休闲产品，例如潜水、探险、野外生活等一系列提供给心态低落、生理负荷过大的人的康体休闲项目。

 小资料

康体休闲产品之温泉养生

温泉文化究竟起源于何处，这个答案也许已年代久远得不可考了。据说人类一开始并不知道温泉具有治疗疾病的功能，后来是因为看到一只受伤的小动物在泡过温泉之后奇迹般地迅速复原，这才使他们开始认真地研究起温泉的功能。现代人渐渐把泡温泉作为休闲养生、解压甚至治疗的方法。

温泉的保健功效主要有三个原因，一是依靠地热水的温度；二是温泉流动时产生的机械冲击作用；三是温泉中所含的矿物质成分。

汩汩流动的泉水柱本身就对人体有按摩作用，在一些专门修建的"按摩池"中，泉水集束泻下，利用落差产生的冲击力，"按摩"人肩部、背部、腰部、腿部的肌肉，

对平常久坐电脑前的肩背僵硬、腰酸腿疼有明显的改善作用，赢得许多上班族的赞叹。有健康专家认为，泡温泉还对现在脑力劳动者的"亚健康"状态（即慢性疲劳综合症）有较为明显的疗效，并将泡温泉与劳逸结合、进行有氧运动并列为消除、预防"亚健康"状态的三大良好生活习惯。有资料显示，泡温泉不仅能够松弛神经、缓解压力，还有排除毒素、增强体质等"实质性"的功用。

温泉的养生作用虽然得到大家公认，但由于其泉口出水温度相差较大，矿化度不同，泉水内含有的各种化学离子、微量放射性元素的数量也有很大差异，因此，不同温泉的养生作用也不同。现在温泉研究界已经在推广一种更新的温泉养生方式，开始向"差异化""个性化"方向发展，即由专业医师对泡温泉者进行健康检查，然后为其制定适宜的温泉养生方案，这种服务，应该是热爱养生者的福音。

由此，逐渐形成一系列产品：

温泉医疗产品：充分借助医师的医学临床经验对慕名而来的游客科学地进行温泉医疗。主要产品形式有：天然温泉医疗，温泉饮疗、中医针灸、温泉蒸箱浴，中草药分池药浴等。

温泉美容产品：开发温泉美容系列保健品。主要有：温泉美容针灸、按摩等。

温泉水疗：水和气为主的亲水式运动，利用水冲击的不同力度和温度，针对人体的不同部位和穴道进行一定时间的有效按摩，达到消除疲劳，轻松愉快的目的。如：休闲漂浮，水中有氧运动（如舞蹈），冷热温泉瀑布冲洗浴、温泉气泡浴、水中健康步道、部分穴道按摩保养泉、旋涡池、冰水池、动力涌泉浴、热水打击按摩池、冲击保养泉等项目。小汤山温泉如图5-1所示。

图5-1 小汤山温泉

二、康体休闲产品开发与管理

（一）康体休闲产品开发与管理的概念

康体休闲产品不同于一般有形产品，隶属休闲产品的一个门类，既具有一般休闲产品的普遍特性，又具有一定的特殊性。主要体现在康体休闲产品开发具有明确的"康体"目的，产品定位更为精确，要重点突出休闲产品使用后调节身体技能，释放心理压力，促进身心健康的产品目标。

康体休闲产品开发与管理是指依托对身体健康有益的环境，建设以康体为主要功能的服务设施，并对休闲设施、人力资源、服务项目等进行规划、设计、开发、产品组合和综合管理的活动。

康体休闲产品开发与管理要成功，除了出色的康体功能自然资源外（如森林的负氧离子密度、温泉的矿物质含量等），最重要的是产品的设计与组合。同样的产品，同样的质量通过不同的产品组合和设计包装呈现的效果有明显的高下之分。

（二）康体休闲产品开发流程

康体休闲产品的开发与流程如图 5-2 所示。

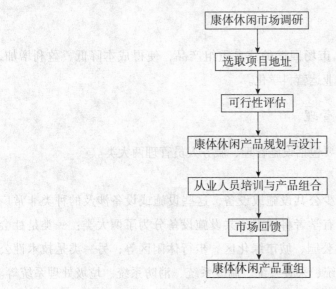

图 5-2　康体休闲产品的开发流程

康体休闲产品的开发流程主要包括市场调研、项目地址选取、可行性评估、产品规划与设计、从业人员培训与产品组合、市场回馈、产品重组七个步骤。

1. 康体休闲市场调研

了解所要开发的产品市场情况，包括消费者喜好、消费者行为、消费者需求、同类产品竞争市场等，以做到知己知彼。

2. 选取项目地址

由于康体休闲产品对自然禀赋有较强的依附性，不同地方、不同景区的资源富有程度通常不同，对人体的健康有益程度也就不同，同时产品开发的潜力也就不同，所以项目地址在很大程度上决定了康体休闲产品的档次。

3. 可行性评估

包括评估产品开发费用，评估收益等。

4. 康体休闲产品规划与设计

整合资源，对产品进行顶层设计，比如，依托温泉设计温泉疗养、温泉 SPA 等康体休闲产品等。

5. 从业人员培训与产品组合

引入专业人才，招收服务人员，对他们进行专业训练，以提高服务水平。同时视产品组合情况合理分配从业人员，使产品合理运营。

6. 市场回馈

及时收集产品使用信息，调查消费者满意度，征求意见和建议以对产品作进一步开发。

7. 康体休闲产品重组

根据市场变化情况和产品市场回馈的信息重组产品，使得成本降低、盈利增加，使消费者满意度明显提高，企业运营科学化。

（三）康体休闲产品的管理

康体休闲产品的管理，主要包括设施管理、服务人员管理两大类。

1. 设备设施管理

康体休闲通常会使用到不少公共设施或设备，这些设施或设备涉及的种类非常广泛，其管理方式也多种多样。有学者将城市公共设施设备分为了两大类：一类是社会性公共设施，如风景区、各类公园、城市绿化区、步行休闲区等；另一类是技术性公共设施，如供水系统、供电系统、采暖系统、制冷系统、消防系统、垃圾处理系统等。特别是一些康体理疗设备的日常维护与管理非常重要。

做好设施设备管理工作具有重要意义，主要表现为以下几方面：

（1）有助于提高产品质量。

（2）有助于降低运营成本。

（3）有助于保证安全。

2. 服务人员管理

康体休闲对服务人员专业要求特别高，要做好服务人员的培训工作，将服务人员工作科学细分，各司其职，倡导微笑服务、内涵服务，好的服务能有效提高消费者满意度，增加产品附加价值。

（四）康体休闲产品开发与管理指导思想

1. 特色是根本

就目前的情况而言，市场上的康体休闲产品种类繁多，市场竞争日益激烈，而产品竞争力的强弱则与特色有直接相关，所以要打破康体休闲产品同质化发展困境，结合环境资源，与各个休闲要素有机结合起来，突出休闲产品中"人无我有"的独特成分，打造出独具特色的康体休闲产品。

2. "康体"主题形象明确

休闲目的地在休闲产品的开发过程中要注重对产品主题的提炼和总结，通过对目的地康体休闲资源特色的充分挖掘，并针对目标市场的需求特征，概括出康体休闲产品最本质的核心卖点——"康体"，使得康体休闲产品主题形象明确。

3. 产品有内涵

康体休闲产品开发与管理主要针对的是渴望进一步提高生活质量的人群，而这群人往往有较高的教育背景、较高的修养。所以康体休闲产品要适当顺应时尚，产品内涵要深。在产品开发过程中可结合特色文化营造出舒适、温馨的氛围，避免向同质化、低俗化发展。

 小资料

道家以气养身

中国人重视养生，但喜静不喜动，受道家思想影响，重视静养存神，"以气养身"。道家思想中，"清静无为""返璞归真""顺应自然""贵柔"等主张，对中医养生保健有很大影响和促进。

1. 清静无为

清静主要指心神宁静，无为则是不轻举妄动。具体地说，就是《道德经》所说的"少思寡欲"。这种清静无为以养神长寿的思想，一直为历代养生家所重视，浸透到养生学中养精神、调情志、气功导引、健身功法等各方面。

2. 贵柔、返璞归真

老子在实际生活中观察到，新生的东西是柔弱的，但却富有生命力；事物强大了，就会引起衰老。他在《道德经》中指出："坚强者，死之徒；柔弱者，生之徒。"如果经常处在柔弱的地位，就可以避免过早地衰老。所以，老子主张无欲、无知、无为，回复到人生最初的单纯状态，即所谓"返璞归真"。

3. 形神兼养

庄子养生倡导去物欲致虚静以养神，但也不否认有一定的养形作用。《庄子·刻意》说："吐故纳新，熊经鸟申，为寿而已。此道引之士、养形之人，彭祖寿考者所好也。"由此可见，我国古代的导引术是道家所倡导的，从其产生开始就是用于健身、治病、防病的。

🛠 小案例

青城雅舍——打造养生休闲社区的新模式

青城雅舍国际休闲精品养生社区背依青城山前山，总占地面积42.37亩，绿化面积高达51.2%，气候适宜、环境优美，是以"幽、雅、清、静"为环境主题，以"健康休闲、文化养生"为文化主题，集旅游、休闲、养生、养老为一体的一流养生、养老社区。

和国内的度假村和农家乐比较起来，青城雅舍所能提供的养生、养老条件都是一流的，在环境、设施、营造的文化、提供的服务上都堪称完美。这里适于养生的居住环境，天人合一的道教文化氛围，使它成为不可多得的养生福地。这里有为养生养老提供的先进的设施、专业的服务人员（有心理辅导保持积极良好心态，有营养师给予科学合理的膳食搭配，有教练指导适量科学的运动）、亲情化的服务和丰富多彩的主题活动，有书画院、养生论坛、茶艺、医务保健、特色教学、心理咨询、网吧等26项契合社区文化主题的精品配套项目，构成了一个较为完整的养生休闲环境，将休闲、养生、养老融为一体。

案例评析：

青城雅舍国际休闲精品养生社区，是集旅游、度假、休闲、养生、养老、娱乐、商务为一体的产业链，形成了新型的旅游地产经济模式，这无疑为社会老龄化加剧与老年服务机构发展滞后的现状寻找了一条市场经济体制下的养老事业创新运作模式，它的诞生也标志着以休闲、养生、养老为特点的高品质休闲方式正在成为一种潮流。

（资料来源：何纪虹. 青城山下凸现养生休闲新模式. 华西都市报.）

任务二　娱乐休闲产品

一、娱乐休闲概述

（一）娱乐休闲概念

由于现代生活节奏加快，日常生活单调而紧张，人们在工作日里的生活越来越程式化，终日奔忙于工作及基本生活需求之间，许多哪怕是极简单的额外活动对大多数人来说都难得为之。因此，各种各样看似平常的事都变成了十分有趣的娱乐活动。在当代社会，娱乐活动的范围越来越广，它涉及歌、舞、游戏，还涉及保健、医疗、形体、美化，甚至一些过去的劳作活动也成了娱乐。

目前，国内外研究主要集中在广义的休闲领域，关于娱乐休闲的界定尚不明确，专门研究也未成系统。许多国家，如美国，一般将娱乐休闲划分到文化产业。沃格（Voge，1994）从产业经济学的角度，对美国的娱乐产业进行财务统计分析指导。在这个庞大的产业构成中，沃格着重于八个核心部分：电影、音乐、电视、玩具、赌博、体育、演艺和文化、游乐公园。

我们认为，娱乐休闲是广义休闲活动的一种。我们先从娱乐二字的定义入手，娱乐可以被看作是一种通过表现喜怒哀乐或自己和他人的技巧而使与受者喜悦，并带有一定启发性的活动，它包含了各种比赛和游戏、音乐舞蹈表演和欣赏等。由此可将娱乐休闲定义为：人们利用闲暇时间参加的带有浓厚趣味性，以获得自身喜悦感和满足感的一种休闲。

传统游戏玩出健康

跳皮筋：灵活腰腿。经常做跳皮筋这种以跑、跳为主的传统游戏，不仅有效地增强内脏和血液循环系统的功能，而且能够增强腿部和腰部的灵活性。

滚铁环：练就平衡感。滚铁环是将眼观、手推、慢跑融为一体的全身运动，有利于身体定向的准确性、稳定性和平衡感。

打陀螺：坚实臂膀。打陀螺可让臂腕部关节灵活，使整个臂膀更加坚实有力，在观察陀螺旋转时也可锻炼眼神敏锐。

丢沙包：培养敏捷反应。在游戏中不仅可以锻炼身体敏捷，更能使眼手更加协调。此外，还可以提高上肢的力量。

跳山羊：锻炼爆发力。游戏以跑、跳动作为主，结合了蹬腿、收腹等动作。跳山羊，从冲刺跑到腾空而起的瞬间都是对爆发力和胆量的锻炼。

（二）娱乐休闲特性

1. 社会性

有些娱乐休闲可以一个人单独进行或只要求很少的参与者，一些简单的游戏活动则不需要复杂的专门设备，方便娱乐者在家里进行。大多数娱乐者期望从娱乐休闲中获得的并不仅仅是娱乐行为得以实施的本身，更重要的是希望在娱乐活动过程中寻求到一种与工作时完全不同的气氛，一种能够使自己暂时忘却日常生活中的自我那样一种境界，即在活动中不由自主地放松精神，从而得到精神上的休息。这种效果的取得往往需要一种社会环境，一种竞争的气氛，特别是分享快乐的朋友。有时，快乐的分享比快乐本身更重要。

2. 享乐性

当一项普通的运动或活动演变成一项真正的娱乐活动时，我们会发现其活动方式及活动规则都会发生或多或少的变化，即对设备设施要求更为考究，更为舒适甚至豪华，而活动方式和规则上趋于降低难度和运动强度，更具随意性和广泛的适应性。这就是我们在研究和经营娱乐活动时不能忽视的娱乐活动的又一特点，即享乐性的特点。作为娱乐活动，保健不再是单纯的锻炼和保养，疗效娱乐活动也不是单纯的治病，劳作更不是原来作为生存手段那种意义的劳作，它们都无一例外地进行了加入享乐性质的改良，使娱乐者从中得到的首先是乐趣，其次才是功效。

 小资料

麻将的由来

麻将在清朝基本定型，它是以纸牌为基础，吸收了骰子与宣和牌的成分，交汇融合，所形成的一种新牌戏。

由来一：麻将本名应是"抹将"，抹的是水浒传的108个好汉。相传元末明初有个名叫万秉迢的人，非常推崇施耐庵笔下的梁山好汉，将水浒英雄融入这个游戏中。麻将分为万、饼、条三类则是取其本人姓名的谐音。每类从一到九各有四张牌，刚好108

张，隐喻108条好汉。如牌中九条喻为"九条龙"史进，二条喻为"双鞭"呼延灼。108好汉从四面八方汇聚梁山，所以加上东、西、南、北、中各添四张牌计20张。"发""白"隐喻好汉们的富有或穷白，加上八张牌，整副牌共计136张。后来又加上各种花牌，整副牌共计144张。

由来二：在江苏太仓县曾有皇家的大粮仓，每年因雀患而损失了不少粮食。管理粮仓的官吏奖励捕雀护粮，并以竹制的筹牌记捕雀数目，凭此发放酬金，这就是太仓的"护粮牌"。这种筹牌上刻着各种符号和数字，既可观赏，又可游戏。发，即得赏发财。"碰"，即"砰"，枪声。成牌之"胡"，实为"鹘"，属鹰的一种，有高强的捕鸟本领，故每局牌胜皆曰"鹘"。除此之外，麻将中的"吃""杠"等术语几乎都要与捕捉麻雀联系起来。太仓方言的"鸟雀"就叫作"麻将"，"打鸟"或者"打麻雀"统称"打麻将"，故麻雀牌也叫"麻将牌"。

由来三：明朝的三保太监郑和率数万将士七次下西洋。郑和利用船上现有的毛竹做成竹牌，刻上文字图案，再制定游戏规则，放在吃饭的方桌上供将士们娱乐，以解思乡之苦。红"中"代表中原大地，"发"则迎合大家的发财心理，"饼"是将士们的日常主食烙制的圆形大饼，"条"表示捕食的鱼，"白皮"即白茫茫的沧海。竹牌刻置"东""南""西""北"风是航海最关心的风向。"春桃""秋菊""夏荷""冬梅"四朵花来代表一年四季，尽管后来竹牌上的图案发生了变化，但"花"的叫法仍然没变。

3. 专门性

娱乐休闲中的大多数活动是经过精心设计的。几乎每一项娱乐活动都需要特殊的不可替代的设备，一定规格的场地和用具，社会公认的比赛或游戏规则，甚至专门的理论、技术和技巧，这就决定了大多数娱乐项目需要专门的设置与专门的管理。这种管理不仅仅是为公众提供适用的设施、设备，保证这些设施、设备得到正确的充分的利用，更包括为使用这些设施、设备，向参加这些娱乐活动的人提供有关的专业理论咨询、专业技术指导和专业示范及教练。

4. 时代性

随着时代的进步，人们的审美情趣和价值取向都会不断发生变化，娱乐活动的方式也随之不断变化，一种好的、行之有效并且符合现代人情趣的娱乐方式会很快地被大众接受并传播，成为某一时期大多数人都喜欢的娱乐活动。

5. 随意性

娱乐活动形式多样，娱乐设施大多设在城市中方便到达的地区。与旅游活动相比，到娱乐场所中去消除工作中的精神疲劳不需要大块完整的闲暇时间，而可在一周或者一天中零散的闲暇时间里随时进行。

（三）常见的娱乐休闲

（1）棋类娱乐。如：象棋、围棋、国际象棋。

（2）牌类娱乐。如：麻将、扑克、筒子、牌九、骰子，麻将机、扑克机，全自动遥控程序麻将机。

（3）表演性节目。如：相声、二人转、杂技等。

（4）媒介娱乐。如：卡通、动漫等。

（5）趣味竞技。如：射击比赛、趣味竞技活动等。

（6）互联网娱乐。如：游戏、网购、网上聊天等。

蹦 极

图 5-3 蹦极

蹦极（Bungee Jumping），是近几年来新兴的一项非常刺激的户外休闲活动。跳跃者站在约40米以上（相当于10层楼）高度的桥梁、塔顶、高楼、吊车甚至热气球上，把一端固定的一根长长的橡皮条绑在踝关节处然后两臂伸开，双腿并拢，头朝下跳下去（如图5-3）。绑在跳跃者踝部的橡皮条很长，足以使跳跃者在空中享受几秒钟的"自由落体"。当人体落到离地面一定距离时，橡皮绳被拉开、绷紧、阻止人体继续下落，当到达最低点时橡皮绳再次弹起，人被拉起，随后，又落下，这样反复多次直到橡皮绳的弹性消失为止，这就是蹦极的全过程。

二、娱乐休闲产品开发与管理

（一）娱乐休闲产品开发与管理的概念

娱乐休闲产品不同于一般有形产品，同样隶属休闲产品的一个门类，既具有一般休闲产品的普遍特性又具有一定的特殊性。主要体现在娱乐休闲产品开发具有明确的"娱乐"目的，产品定位更为精确，要重点突出休闲产品的趣味性、可参与性和新奇性等。

娱乐休闲产品开发与管理是指借助专业设备或设计具有趣味的人员参与互动活动，并对娱乐设施、人力资源、安全保障等综合管理的行为。

 小案例

潍坊国际风筝节

山东潍坊市被各国推崇为"世界风筝之都"，1989年国际风筝联合会正式成立，总部设于山东潍坊。潍坊是我国著名风筝产地，制作历史悠久，明代就已在民间出现扎制风筝的艺人，属中国三大风筝派系之一，与京、津风筝齐名鼎立，享誉中外。

潍坊风筝题材多样，具有浓郁的乡土风味和民间生活气息。潍坊国际风筝节于每年4月20日至25日举行，每年都有来自30个国家和地区的代表团参赛。

节庆的活动内容包括：举办开幕式，放飞仪式，国际风筝比赛，国内风筝大奖赛，评选风筝十绝，参观风筝博物馆，观看杨家埠民间艺术表演，参观民俗旅游村，与农民同吃、同住、同娱乐等。

将娱乐融入当地特色文化中是娱乐休闲成功的关键因素之一。

（二）娱乐休闲产品开发流程

1. 调查研究阶段

开发娱乐休闲产品的目的，是满足社会和用户追求享乐的需要。用户的要求是新产品开发选择决策的主要依据。为此必须认真作好调查计划工作。这个阶段主要是提出娱乐产品构思以及娱乐产品的主要功能、形式、功能、保障等的开发设想和总体方案。

2. 产品开发的构思创意阶段

产品创意是开发娱乐休闲产品的关键，在这一阶段，要根据社会调查掌握的市场

需求情况以及企业本身条件，充分考虑用户的使用要求和竞争对手的动向，有针对性地提出开发新产品的设想和构思。产品创意对娱乐休闲产品能否开发成功有至关重要的意义和作用。娱乐休闲产品开发构思创意主要来自三个方面：产品构思、构思筛选和产品概念的形成。

（1）产品构思。产品构思是在消费者行为分析的基础上，提出娱乐产品的构想。

（2）构思筛选。并非所有的构思都能发展成为产品。有的产品构思可能很好，但与企业的发展目标不符合，也缺乏相应的资源条件；有的产品构思可能本身就不切实际，缺乏开发的可能性。因此，必须对产品构思进行筛选。

（3）产品概念的形成。经过筛选后的构思仅仅是设计人员或管理者头脑中的概念，离产品还有相当的距离。还需要形成能够为消费者接受的、具体的产品概念。产品概念的形成过程实际上就是构思创意与消费者需求相结合的过程。

3. 娱乐休闲产品设计阶段

产品设计是指从确定产品设计任务书起到确定产品结构为止的一系列技术工作的准备和管理，是产品开发的重要环节。

开发流程如图 5 – 4 所示。

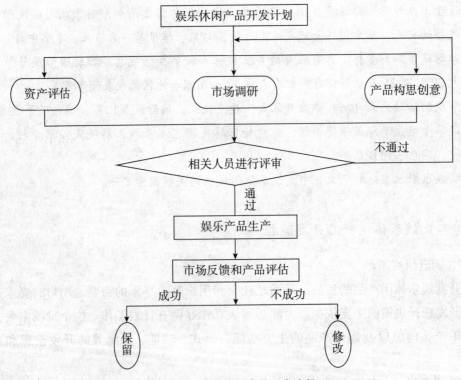

图 5 – 4　娱乐休闲产品开发流程

（三）娱乐休闲产品的管理

娱乐休闲产品管理主要包括设备设施管理、安全管理、服务管理等。

1. 设备设施管理

有的娱乐休闲本身就是设备设施，所以对这些设备设施进行科学管理非常重要，是保障消费者个人安全的重要手段。

（1）保证所有设备正常运转

设施设备管理的重要内容之一，就是要通过建立科学的管理体系，聘用技术过硬的人才，保证所有设备在营业的时间内能正常运转，对出现的故障要及时清除，因为任何的设备故障或运转不正常都会直接引起营业收入的减少和旅游景区形象的损坏。

（2）制定科学的设备保养计划和维修制度

设施设备的维修和保养关系到设施设备的使用寿命，设施设备管理人员必须了解所有设施设备的性能和使用要求，制定科学的设备使用方法、操作规程、各级保养计划和及时维修制度，尽量延长设施设备的使用寿命，从而降低企业的经营成本，提高经营效益。

（3）对设施设备进行更新改造

为了保证旅游景区对目标市场的吸引力，旅游景区必须不断地追求设施设备的先进性，因此，旅游景区应根据市场竞争状况，对设施设备进行更新改造。

2. 服务人员管理

要做好服务人员的培训工作，将服务人员工作科学细分，各司其职，倡导微笑服务、内涵服务，能有效提高消费者满意度，增加产品附加价值。

3. 安全管理

对娱乐休闲产品运行各个环节不安全因素进行有效管理，以降低使用产品过程中安全事故的发生。例如，主题公园或户外消遣作为"风险环境"或产生运动刺激已成为一种吸引力，但是顾客对安全感的预期仍然存在。近年来，在白色链式座椅、滑水道和滑水、太阳床、户外消遣和足球场馆等领域，设计过程更注重安保的细节和程序。

（1）事前阶段的提前准备

休闲活动举办前应就相关安全环节进行必要的检查和准备，主要包括：第一，对活动场所内的所有建筑进行安全评估，对存在疏漏或缺陷的地方及时地进行改进以消除安全隐患；第二，制定人群分流引导预案，包括预测人流集中度、规划人群分流路径、确定及发布对人群行为具有引导性的信息；第三，制定人群疏散救援预案，包括疏散人群范围的确定、作为疏散目的地的安全场所的选择、疏散路线的选择等。

（2）事中阶段的监督预警

在活动进行过程中必须保持对人流和各类自然或人为灾害的监督与控制，以做到防患于未然。对人群的时间和地区分布做好实时的预警，便于对人群集中地区及早做好分流和加强相关的管理工作；对各类突发灾害和事故也能做到及早发现、及时处理，防止事故危害面的扩大和蔓延。其主要预警系统包括人流分布实时预警系统和突发事故实时监控系统。

（3）事后阶段的应急管理

发生突发事件后，应急管理工作主要集中在两个方面：疏散人群和控制灾害。疏散人群是防止突发事件转化为拥挤踩踏事故的关键所在，面对慌乱的人群，必须快速启动事前阶段制定的人群疏散救援预案，并按照事前的布署有条不紊地进行，尽可能地确保所有人的人身安全；在有灾害如火灾等发生的情况下，除了疏散人群，控制灾害面同等重要，必须在最短时间内建立一个统一的应急指挥系统，把相关部门如公安、消防、环保、卫生等部门组织起来协同作战，迅速有效地对灾害实施紧急救援。

任务三　旅游休闲产品

一、旅游休闲概述

（一）旅游休闲概念

旅游休闲主要以休闲为目的，它是旅游产业高级阶段发展形态，更注重旅游者的精神享受，通过人共有的行为、思想、感情创造文化氛围、传递文化信息、构筑文化意境，促进人的身心和意志的全面发展。

旅游休闲也可以定义为：以旅游资源为依托，以休闲为主要目的，以旅游设施为条件，以特定的文化景观和服务项目为内容，利用闲暇时间，为离开定居地而到异地逗留一定时期的游览、娱乐、观光和休息。

旅游休闲在旅游的同时，还能让心灵得到放松。它是在旅游者占据了较多的闲暇时间和可自由支配的经济收入，旅游地有了一定服务设施条件下逐渐形成的，是旅游得以丰富发展的产物。

旅游休闲产业作为旅游业的新兴业态，就是为满足人们旅游休闲需要而形成并发展起来的，是以旅游业、娱乐业、服务业、体育产业、文化产业为龙头形成的经济形态与产业系统，具有资源消耗少、环境污染低、产业联动性强、就业容量大等特征。

《国民旅游休闲纲要》

《国民旅游休闲纲要》的实施对旅游休闲发展有了更强的人本指向和人文关怀，提出了以人为本、服务民生、安全第一、绿色消费，健康文明环保的旅游休闲发展理念，通过保障国民旅游休闲时间、改善国民旅游休闲环境等具体举措，促进旅游休闲的健康发展和提升国民的生活质量、幸福感！

显然，国民旅游休闲的发展既是优化产业结构，加快经济发展方式转变的重要经济战略，又是一项国民健康工程、国民幸福工程、国民就业工程、国民消费工程，对提高国民身心健康水平、国民素质、人力资本质量，增加国民收入，增强国民分享改革开放成果公平性，优化社会资本，化解社会矛盾，调整经济结构，扩大内需，促进居民消费，打造可持续发展模式，创造幸福等具有积极的促进和带动作用。国民旅游休闲不再是纯粹的旅游产业发展问题，而是经济与人的双度发展的一种制度优化和战略选择，是实现经济与人的协调发展的有益探索和生动实践。

（二）旅游休闲特性

1. 普遍性

随着人们出游频率的增加和出游经验的积累以及信息化的普及，自驾游、自助游、房车游等各种新兴的、休闲性质的出游方式层出不穷。这种随意、放松的旅游需求，是国民休闲意识在旅游市场的最佳体现。人们在旅游中越来越多地接受不同方式的休闲，人们对自由、随意的休闲旅游越来越喜爱。

2. 随意性

旅游休闲就是要在一种"无所事事"的境界中达到积极的休息。因此，在紧张工作后到心仪的度假地度假，或游泳，或阅读，或徜徉于海滨，或踯躅于森林草原，或置身于温煦的光下，使身心完全放松。这种放松，完全有别于日常的工作节奏，是一个身心的调整。

3. 高层次性

旅游休闲游客群体的产生是在观光客群体中逐渐成熟转变的，旅游消费的进一步成熟会产生更高的文化需求，这是因为游客的体验已经不仅是到森林度假区呼吸新鲜空气，或者去温泉度假区洗温泉浴，而是更加追求度假地的文化氛围和内涵。

4. 自助性

和观光旅游的组团出行不同，旅游休闲更偏好于自助式旅游或半自助式旅游（仅通过旅行社安排机票、酒店）。在出游单位上，家庭朋友出游的比例明显增高。在国际上，散客与家庭式的旅游是从 20 世纪 70 年代末 80 年代初开始兴起的，目前在中国也逐步成为一个重要方式，这就对现有旅游企业的经营提出了更高的要求。

✕ 小案例

乡村休闲旅游的主题策划

我们可以把乡村旅游资源概括为色、形、传、俗四个方面，并以此去把握乡村旅游的主题。色，是指直接以乡村景致的色调为主题，或提炼色彩的深层含义去演示乡村旅游的个性主题。形，即外形，就是乡村旅游资源的组成实体，以形为主题依据。传、俗即农村当地的神话传说和风俗习惯，在开发时可以追寻当地的历史脉络，以此为主题，让城市人领略别样的风情。

1. 色的四季风景

自然景观的美态虽然不完全一样，但具有一个共同特点，那就是在一定的地形范围内，利用并改造自然地形地貌或者人为开辟和美化地形地貌，综合植物栽植或艺术加工，从而构成一个供人们观赏、游憩的具有一定特定主题的环境。

重庆市九龙坡区海兰云天景区采用抽象手法，通过农作物的大面积种植来构图"大地艺术海洋"。充分利用乡村景致色调的四季变化，通过人工设计开辟出独树一帜的主题景观，引导游客欣赏自然、发现自然、感受自然，达到人与自然高层面的和谐。这样一来，自然资源的初级吸引力就会转变为更高的吸引力，产品的特色逐渐凸显出来。而九凤山寨子坡千亩梨园和李园则以春花、夏果、秋叶、冬枝为主题，春赏花漫山野，夏品果熟田间，秋观红叶枝头，冬思枝横影疏，四季皆成美景。

2. 形的意义升华

主题创造不能只依据其表象，这样很容易使旅游产品缺乏区分度，特色不明显，降低主题景区的吸引力。主题的塑造不仅要立足于景观实体，还要通过充实深化、添加附会、联想延伸、剪裁组合等方法，提炼景观内涵深层的理念。

重庆市江津笋溪河景区桃李村，因遍植桃树、李树而得名。春季花开，桃红李白然是好看。夏季果熟，桃李满园着实喜人。观花赏果是浅表层面的旅游主题，我们把桃李芬芳和桃李无言，下自成蹊这两句成语的象征意义逐层展开，设计了以学子谢师和教师度假为主题的乡村旅游产品。学业有成，学子难忘恩师情怀。中考、高考之后，倡导学子谢师来旅游的新风尚，住桃李村，谢老师情，品农家状元饭。平时吸引文教系统前来进行休闲度假游。

笋溪河另有荷塘村，村口河道右岸有一支流长约两里，因为遍植荷花，形成了掩映在竹林深处的荷花走廊。笋溪河历年护士节都有医护人员前来度假休闲。医护人员被称为"白衣天使"，荷花，亭亭玉立，濯而不妖，喻示医护人员品质高洁，以此为主题开展"白衣天使游"。同时荷花又称莲花，利用莲与廉的同音，以周敦颐的《爱莲说》为文化主题，针对公务人员开展"爱莲（廉）之旅"。其实一种事物的延伸底线是不可估量的，关键看开发者的挖掘度、想象力，只要合情合理，别具一格，受人欢迎即为一个好的主题。

3. 传说的现代演绎

乡村流传着许多动人的传说故事，由于历史久远，真伪难辨。乡民们过度的渲染和鬼神的庸俗附会，让人以为是乡言野语，荒唐又荒谬。不论真假，有一点是肯定的，这些神话传说寄托着当地百姓美好理想和追求，饱含对家乡山水的赞誉。点染或借用这些传说故事，以此为主题，旅游项目具有更为原生的地域文化特色。

在江津笋溪河两岔古镇太公沱大路边有圣旨碑，相传苹启贵之妻刘氏因夫早死，含辛茹苦抚养孤子，终身未嫁，受到皇帝的赞赏，立碑表彰其贞洁和操行。和全国各地水乡一样，每年两岔古镇都要举行端午龙舟赛，源于纪念伟大的爱国诗人屈原，现已成为乡间的群众性文体活动。两个原来看上去毫不相干的事物，因主题策划而成为笋溪河极具特色的名牌旅游产品。以圣旨碑命名的龙舟赛，每周都会举行小规模比赛，主要是游客参与，组队比赛。同时，每年还会举行一次大规模的龙舟赛，邀请附近村社和市镇组队参加。在比赛时，人们唱山歌，吼号子，盛况空前。比赛结束，在圣旨碑举行仿古发奖仪式，赛会组织者着清朝官服颁奖，奖状为仿古圣旨，可作为旅游纪念品收藏。

二、旅游休闲产品开发与管理

（一）旅游休闲产品开发与管理的概念

从世界旅游发展规律来看，当人们在拥有满足生存需要的收入和足够的闲暇时间后，就会考虑旅游消费，观光旅游便应运而生。随着收入水平提高、闲暇时间增多、文化品味提升，休闲度假旅游在一些发达地区的一些高收入人群中逐渐兴起，这种情形决定了休闲度假旅游者的消费能级的增高，且相对于观光旅游而言，在目的地停留的时间比较长，而且会产生重复消费，是很值得开发的市场。

旅游休闲产品开发与管理就是对旅游目的地中的休闲产品进行开发和管理的过程，使得旅游休闲产品更容易获得消费者喜爱，并提升旅游品味，加强游客旅游体验的过程。

⚒ 小案例

乡村森林休闲旅游

重庆市九龙坡区金凤镇森林资源丰富，景区内白塔坪森林公园林地663.0公顷，北部的九凤山也有5000多亩林地。由于地域的广阔，以及景区内历史文化遗迹的丰富，我们把白塔坪森林公园划分为养心天、无穷天、自在天三个部分，分别以文化、生态、养生为主题进行森林旅游开发，产品项目各具特色互为补充，体现绿色休闲、健康度假的旅游理念。其旅游产品设计如表5－1所示。

表5－1　　　　　　　　　重庆九龙坡金凤镇森林旅游产品设计

区域	二级分区	旅游产品	主题理念	线路及景点
白塔坪森林公园	无穷天	森林观光（生态＋文化）	探古思幽	海兰湖→龙潭沟→龚二老爷神仙茶馆（原龚二老爷庙）→宝善门古寨→白塔→知青岁月（知青点遗址）→云台山→飞流瀑
	养心天	森林浴（养生休闲）	天道怡然	海兰湖→通天路九千九百九→平步青云路（足浴区）→吐纳服气台（洗肺区）→上天谷（醒脑区）→人空巷（养心区）
	自在天	森林专项旅游（DIY产品）	闲云野鹤	白塔坪森林公园其他区域
九凤山	风声水起	森林生态休闲	行到水穷处坐看云起时	九凤山山地区域

1. 养心天："森林浴"

森林里空气清新，林荫下气候宜人，树木分泌的芬芳物质使人心情舒畅，森林里高浓度的负离子具有降尘杀菌。"森林浴"就是指利用森林中优美的环境，清新的空气，通过适宜的旅游活动，使人的身心得到彻底放松和恢复，达到"修身养性"目的。山清水秀、草木丰茂的森林正是气旺的风水宝地，是天然的大"氧吧"。在养心天"森林浴"设计中，我们引入中国传统医学"以气养身"之道，选择负离子含量高的森林区域，进行森林氧吧的开发，实现天人合一的养生境界。

项目1：平步青云路（健足区）

在路旁小径铺设"健足步道"，由山溪鹅卵石砌成，约数百米长，终点有自然流水可供游客沐足上路。脚底被称为人体的第二心脏，游客赤脚行走于平步青云路上，通过鹅卵石与人体的亲密接触，反复刺激人体足部穴位及足部反射区，可以释放身体的静电，协调脏腑，促进气血流畅，使身体更加苗条健康。

健足步道命名平步青云，借用其中所蕴含的吉祥意义，提升了休闲健身的文化境界。

项目2：吐纳服气台（洗肺区）

选择负离子含量极高区域，设吐纳服气台，供游客在此"吹嘘呼吸，吐故纳新"。吐纳服气台应配有道教吐纳、服气方法的文字或图示说明。如"六字气吐纳法"，以呵、嘘、呼、哂、吹、嘻六字的吐音，对治人体内脏的疾病。

项目3：上山谷（醒脑区）

设石凳、茶座供游客休憩，背景音乐引导游客进入冥思境界。配专业医护人员，为游客提供按摩等服务。石壁上刻画五禽戏、导引图等，游客可打太极、练瑜伽，舒筋活血。

项目4：入空巷（养心区）

设若干土石矮台，游客可在上打坐，氧吸丹田，禅定修持。指引牌上标出负离子含量，并与主城区对照。

2. 无穷天：森林文化观光

考察发现在海兰云天景域内遗留有众多的历史遗址和遗物。在白塔坪区域有宝善门古寨、龚二老爷庙（龙居寺）、龙王庙、钟峰寺、白塔遗址、知青点遗址等，这些古建筑及庙宇遗址如粒粒珍珠，撒落在林间、小溪、峭壁、岩洞，与山水交融、相映成辉，在无穷天，我们以森林为背景，用文化串联起森林观光，用人文弥补森林的单调。

项目1：龚二老爷庙、宝善门古寨"废墟文化"（遗址文化）展示

遗产加上一些现代化的符号，就会成为一件赝品，那是焚琴煮鹤之举。所谓"废墟文化"强调的就是原汁原味。文化遗产的建设不能大兴土木、大搞建筑，主要是保护性的环境和文化建设，即文化内涵的挖掘、提升和展示。"废墟文化"的概念体现了人们对文化的尊重，体现了一种新的文化品味、文化理念和文化潮流。

龚二老爷神仙茶馆（原龚二老爷庙、龙居寺），建于清咸丰年间，寺门尚存，上书"洞天"二字，寺内文物埋于地下，散落林间及民间。不搞原貌修复，保留天井和四合院布局，现有状况稍加修整改造成为茶馆，作为游客休憩、品茶和闲话聊斋的场所。龚二老爷及诸位神仙像原貌散布于庭院，或分别放置各茶室，作为茶馆的文化主题。茶馆取名龚二老爷神仙茶馆，一指其历史由来，二来引申为游客自在山中游，快乐如

神仙。在此又沉浸在神仙怪异传说中，大话聊斋。

项目2：知青岁月（原知青居住点旧址）关注足下文化

足下文化所要体现的是脚下的文化——日常的文化、作为生活和作为城市记忆、昨天的、记忆的历史文化。通过对足下文化的关照传达出对人性的深刻理解和关心。知青生活给每个经历过那个火红年代的人们留下不灭的记忆，给没有经历过的人们留下丰富的想象空间。通过保留和利用原有场地，引入新的设计形式，比如知青生活和场景的再现，打谷、碾谷、（风车）吹谷、筛米、做饭等参与性强的主题旅游活动，屋外空地，用植物或花卉勾画"广阔天地，大有作为"等来显示场地精神。那一代人的汗水和青春，使原址有了一种需要吟唱出来的东西，使旅游设计摆脱形式的"悬浮"，充满"意蕴"。

3. 自在天：森林旅游"DIY"

旅游也是一种时尚和流行，要保留并强化未来的发展空间和机会。"DIY"即英文"Do it by yourself"的缩写，"DIY"代表了一种生活模式，旅游的"DIY"开发模式的核心，就是在开发者和游客之间形成一种互动，给他们一个自由的旅游空间，任他们去"DIY"，去创造个性化的旅游项目。

海兰云天毗邻重庆大学城，可特别为大学城师生提供场所和必要的设施，邀请大学生们在周末或元旦、教师节、生日等一些特别的日子，有组织地设计并参与专项"DIY"产品。如"森林里的情人节""到森林去，听新年的钟声""十年树木，百年树人，教师节我和老师种下一棵树""大地见证我的成长，今年的生日不一样"，等等，很有创意，不落俗套，也显得另类、前卫，在特立独行的大学生中很有市场。

（二）旅游休闲产品开发与管理流程

1. 调查研究阶段

开发旅游休闲产品的目的，是为了满足用户调节身心，追寻美与心灵提升的需要。用户的要求是新产品开发选择决策的主要依据。为此必须认真作好调查计划工作。这个阶段主要是提出娱乐产品构思以及娱乐产品的主要功能、形式、功能、保障等的开发设想和总体方案。

2. 产品开发的构思创意阶段

产品创意是开发旅游休闲产品的关键，在这一阶段，要根据社会调查掌握的市场需求情况以及企业本身条件，充分考虑用户的使用要求和竞争对手的动向，有针对性地提出开发新产品的设想和构思。

3. 旅游休闲产品设计阶段

产品设计是指从确定产品设计任务书起到确定产品结构为止的一系列技术工作的

准备和管理，是产品开发的重要环节。

4. 产品运营管理

通过实时的市场信息反馈，及时调整产品，包括产品的形式、类别等，以满足顾客的不同需要，并根据市场细分，对不同的产品组合采取不同的营销方式。

任务四　文化休闲产品

一、文化休闲概述

（一）文化休闲概念

休闲的最大特点是它的人文性、文化性、社会性、创造性，它对提高人们的生活质量和生命质量，对人的全面发展都具有十分重要的意义，所谓休闲文化就是指人在完成社会必要劳动时间之后，为不断满足人类多方面需要而处于一种文化创造、文化欣赏、文化建构的生命状态和行为方式，休闲的价值既在于实用，更在于文化。

休闲文化首先是一种文化，因此，它具有文化的基本特征，例如民族性、地域性、历史继承性等。这就决定了休闲文化不可避免地具有民族特色和地区特色。在我国，要大力发展的是具有中国特色的休闲文化，这样的文化本质上是为我国社会主义建设事业服务的，同样，在一个地区，要发展的是推动本地区社会政治经济进步的休闲文化。

可见，文化休闲就是以文化为载体的休闲活动。文化休闲是指借助文化载体，诸如戏剧、诗词、书画等形式，处于一种相对自由的生活状态，使个体能够以自己喜爱的方式，在内心之爱的驱动之下进行文化活动的行为方式。

（二）文化休闲种类

1. 节日休闲

中西方节日包含着一定的风俗活动和某种纪念意义，具有很强的内聚力和广泛的包容性，每逢过节，举国同庆。每一个节日都有它的历史渊源、美妙传说、独特情趣和深广的群众基础，它们反映了世界各民族的传统习惯、道德风尚和宗教观念，寄托着整个民族的憧憬，是千百年来岁月长途中欢乐的盛会。

节日休闲的功能主要有以下几点：

（1）文化功能

中国的传统节日形式多样，内容丰富，凝聚着中华民族的智慧，是中华文明的重要组成部分。第一批 518 个国家非物质文化遗产已经国务院批准。其中，包括春节、清明节、端午节、中秋节在内的中国传统节日都被列入了国家级非物质文化遗产保护名录。不少流传至今的节日风俗，蕴含着深厚的历史文化内涵，也为全民族所共同享有，共同遵循。它的传播与传承，使民族文化遗产不断获得广泛、持久与必要的社会支持，有力推动了传统文化的有效运行与健康发展。

从休闲的实践过程看，休闲不仅承载着文化，传播着文化，而且更重要的是创造着文化。在中华民族的历史发展进程中，传统节日以其丰富的文化内涵和周期性、民族性、群众性的特点，深深融入人们的日常生活和精神世界，滋养着民族的生命力、创造力和凝聚力，推动着中华文化历久弥新，不断发展壮大。

（2）社会功能

节日是文化认同的主要象征。中国文联副主席冯骥才说，中华民族五千年文明之所以生生不息，在于我们民族心理最深层的一种东西，即民族的亲和力和凝聚力。这种亲和力很大程度上是靠节日等民俗维持下来的，它虽是潜在、无形的，却是一种自发的情感，一种真正的文化的力量。中国传统节日，凝结着中华民族的民族精神和民族情感，承载着中华民族的文化血脉和思想精华，是维系国家统一、民族团结和社会和谐的重要精神纽带，是建设社会主义先进文化的宝贵资源。

（3）休闲功能

近年来，随着物质生活水平的提高，人们对精神文化生活的需求迅速增长，传统节日越来越受到社会各界的重视和关注，传统节庆活动在各地广泛开展，人们的节日生活日益丰富多彩，传统节日"复兴"为现代中国人提供了休闲新时机。传统节日以节庆活动为载体，以丰富多彩的形式彰显民族文化的优秀传统，营造了浓郁的节日氛围，吸引群众广泛参与，从节日文化的角度看休闲文化，一个共性的东西，那就是祥和安逸、喜庆团圆、和谐共荣，人们在休闲的时刻深深地沉浸在这种浓浓的情谊中。

春节休闲活动

传统意义上的春节是指从腊月初八的腊祭或腊月二十三的祭灶，一直到正月十五，以除夕和正月初一为高潮。千百年来，人们使年俗庆祝活动变得异常丰富多彩，带有浓郁的民族特色。节日的热烈气氛不仅洋溢在各家各户，也充满各地的大街小巷，一些地方的街市上还有舞狮子、耍龙灯、演社火、游花市、逛庙会等习俗。

（1）扫尘。每年从农历腊月二十三日起到年三十，民间把这段时间叫作"迎春日"，也叫"扫尘日"。"腊月二十四，掸尘扫房子。"按民间的说法，因"尘"与"陈"谐音，新春扫尘有"除陈布新"的含义，其用意是要把一切穷运、晦气统统扫出门，寄托着人们破旧立新的愿望和辞旧迎新的祈求。

（2）备年货。节前十天左右，家家户户就开始忙于采购物品，准备年货。年货包括鸡鸭鱼肉、茶酒油酱、南北炒货、糖饵果品，都要采买充足，还要准备一些过年走亲访友时赠送的礼品，小孩子要添置新衣新帽，准备过年时穿。

（3）贴春联和门神。贴春联的习俗大约始于后蜀时期，最早为避邪防害的"桃符"。到了宋代，人们在象征喜气吉祥的红纸上写对联，新春之际贴在门窗两边，用以表达人们祈求来年福运的美好心愿。在民间，门神是正气和武力的象征。大门上贴上神荼、郁垒或秦叔宝、尉迟恭两位门神，祈求一家的福寿康宁。另外，贴窗花、挂大红灯笼或贴福字及财神等，都为节日增添足够的喜庆气氛。

（4）年夜饭。旧年的腊月三十夜，也叫除夕，又叫团圆夜，除夕的晚饭，俗称年夜饭，或团圆饭。它非常丰盛，要求全体家庭成员都在场，即团圆。中国北方在除夕有吃饺子的习俗。饺子的做法是先和面，"和"字就是"合"；饺子的"饺"和"交"谐音，"合"和"交"有相聚之意，象征团聚合欢，又取更岁交子之意，非常吉利。此外，饺子形似元宝，过年时吃饺子，也带有"招财进宝"的吉祥含义。在南方有过年吃年糕的习惯，甜甜的黏黏的年糕，象征新一年生活甜蜜蜜，步步高。

（5）守岁。除夕之夜，全家团聚在一起，吃过年夜饭，围坐炉旁闲聊，终夜不眠，等着辞旧迎新的时刻，称曰"守岁"。"一夜连双岁，五更分二天"，守岁象征着把一切邪瘟病疫赶跑驱走，期待着新的一年吉祥如意。

图 5-5 春节

（6）爆竹。爆竹是中国特产，亦称"爆仗""炮仗""鞭炮"。爆竹的原始目的是驱逐鬼怪，或迎神。后来以其强烈的喜庆色彩发展为辞旧迎新的象征符号，成为最能代表新年到来时刻的民俗标志（如图5-5）。中国民间有"开门爆竹"一说，即在新的一年到来之际，家家户户开门的第一件事就是燃放爆竹，以哔哔叭叭的爆竹声除旧迎新。

（7）拜年。新年初一，人们都早早起来，穿上节日盛装，先给家族中的长者拜年祝寿，然后出门去走亲访友，相互拜年，恭祝来年大吉大利。某个范围或团体圈子之内，在同一时间和地点，作有组织的集体互拜即"团拜"。春节拜年时，长辈要给晚辈压岁钱，"岁"与"祟"谐音，压岁钱可以压住邪祟，保平安。

澳大利亚的圣诞节

澳大利亚在南半球，十二月底，正当西欧各国在寒风呼啸中欢度圣诞节时，澳大利亚正是热不可耐的仲夏时节。

因此在澳大利亚过圣诞节，到处可以看见光着上身汗水涔涔的小伙子和穿超短裙的姑娘，与商店橱窗里精心布置的冬日雪景、挂满雪花的圣诞树和穿红棉袄的圣诞老人，构成澳大利亚特有的节日图景。这种酷暑和严冬景象的强烈对比，恐怕在西方国家是独一无二的。

父母给子女最好的圣诞礼物，莫过于一副小水划，圣诞节弄潮是澳大利亚的特色。节日晚上，带着饮料到森林里举行"巴别居"野餐。吃饱喝足后，就跳起"迪斯科"或"袋鼠舞"，一直闹到深夜才结束。喝醉了的，便往草地上一躺，在如雷的鼾声中迎接圣诞老人。

2. 艺术休闲

"关乎人文以化天下"，文学艺术不仅是传统文化瑰宝，因其具有的民族性、文学性、艺术性和实用性等特点，更是中国人喜欢的休闲方式。"是艺术在召唤处于长途跋涉中的人们，卸下俗务的重担，到艺术的殿堂里徜徉，给人性以光芒。"在中国，最有代表性的艺术休闲方式是弹琴、弈棋、书法、绘画四艺，合称琴棋书画，是文人骚客、大家闺秀修身养性，陶冶情操所必须掌握的技能。

 小资料

琴棋书画

"琴、棋、书、画"是中国传统士人们的一种生活状态，一种将生活方式艺术化，

艺术行为生活场景化的真实写照。其实，古人们的弹琴、吟诗、下棋、作画等，既出于一种雅兴，更是一种典型的"寓教于乐"的方式。引导大众的文化趣味走向一个更为健康的方向，将传统文化中的某些"雅趣"融入到他们的生活和生存方式之中，并通过感同身受的玩味，来达到一种对主流价值观念的无意识认同，进而意识到生命的意义。人们常说，生活要有诗意，就是要把某种"诗意"的人文精神移入到我们的日常生活中去。提倡艺术与生活的统一，绝不意味着泯灭或消解二者之间的界限，恰恰是要从艺术的审美活动那超现实、超利害、超越官能欲望的精神意绪中汲取意义，从而展示出一种高级的人生境界，一种高于物质利欲生活的情感世界。

1. 书法与休闲

书法是以汉字为基础，用毛笔书写的、具有四维特征的抽象符号艺术，它体现了万事万物"对立统一"的基本规律，又反映了人作为主体的精神、气质、学识和修养。书圣王羲之在《书论》这样定义书法："夫书者，玄妙之伎也。"

书法是一门揭示自然、表现自然的艺术，追求天地人和的境界。率真自然是艺术的灵魂。苏轼说："书出无意于佳乃佳尔。"书法和文学一样，是借用书法的形式，去表现书家学问、追求和内心的感受，反映作者的内心世界。书法有三种境界：心摹手追之境界、得心应手之境界、心手两忘之境界。其中心手两忘境界是最高境界。如欣赏苏东坡的书法，美不仅是独特的"扁型"字，美更是"大江东去，浪涛尽，千古风流人物"的气魄；"横看成岭侧成峰，远近高低各不同"的变化；"卷地风来忽吹散，望湖楼下水如天"的境界。

2. 绘画与休闲

绘画是依赖于视觉来创造、感受和欣赏的艺术。除了具有造型艺术"应物象形"的造型性，以及瞬间性、静止性、永固性的一般特征外，绘画还以概括化、个性化的外在造型抒写内心世界。

绘画不是纯客观地描摹现实，而是融注了画家和审美感受、审美情感和审美理想，即使是最写实的绘画，也区别于摄影艺术，因为画家在摹写客观现实时，不是单纯地摄取和反映，而是通过自己的意志和技巧加以主观的表现，是主观与客观的统一。

画家在对客观世界的观察、感受、理解和评价中，势必融入个人的修养、气质、性格、情思、才能等主观因素，按照美的规律进行艺术再创造。即使是现代超现实主义和照相写实主义的绘画作品，仍具有绘画的素质，绝非照相所能替代。

3. 琴乐与休闲

琴棋书画中的琴，乃指我国古代广为流传的瑶琴，是一种七弦无品的古老的拨弦乐器。现在所指的琴还包括钢琴、电子琴、手风琴等。

琴既是一种娱乐身心的休闲工具，同时还有着更为内在的文化意韵，具有一种

"无用之大用"的特点。2003 年 11 月 7 日"中国古琴艺术"被列入世界遗产代表作名录。

琴中滋味，与儒家思想的"中庸之道"不谋而合，又和道家的修身养性观点殊途同归。孔子提倡琴乐："君子乐不去身，君子和琴比德，唯君子能乐。"

操琴通乐是君子修养的最高层次，人与乐合一共同显现出一种平和敦厚的风范。琴道讲求"琴韵"，心正才能意正，意正才能声正。自古以来，人们醉心于琴弦之间，借琴以完美自我的人格，修养身心，体悟大道。琴没有肆意的宣泄，只在含蓄中流露出平和超脱的气度，讲求韵味，虚实相生，讲求弦外之音，从中创造出一种空灵的意境。

4. 围棋与休闲

棋者，奕也。下棋者，艺也。

博弈不同于一般的消遣游戏，方寸棋盘，可以锻炼人的智力，磨炼人的意志，陶冶人的情操，振奋民族精神。"弈"中的恬淡、豁达、风雅、机智和军事、哲学、诗词、艺术共聚一堂。黑白之间，楚河汉界内外，棋艺带来的启悟和内涵被无限拓展，棋盘之外的天地被融合为一。

围棋形式简单，只有黑白两种棋子，规则也很简单，但是围棋之奥妙、精深，令人叹为观止，它是一种艺术，在很大程度上反应了中国传统思想文化的精髓。

中国围棋大致包含"技""戏""艺""道"四个方面。"技"即"技艺"，"戏"即"游戏"，"艺"即"艺术"，"道"即棋道，指人生、宇宙之道。文人们以棋为一种爱好，就像他们好在绢、纸上随意挥洒、笔走龙蛇一样，便成了一种雅尚，一种赏心乐事。棋迷，他们是真正纯正的游戏者。沉迷其中，乐而忘返，"忘寝与食"，唯一所求的，便是一份精神的快乐。他们可以在工余，在田间，在极端困苦的日子里，空虚的心灵有了寄托，枯燥平淡的生活有了色彩。

5. 戏剧与休闲

中国戏剧无论是京剧还是地方剧种，都是文学、音乐、舞剧、美术、武术及人物扮演等各种因素的综合艺术，是长期以来劳动人民和戏剧作者的伟大创造。

戏曲作为一种古老的传统文化，经过了 800 多年的发展演变，已经形成了 300 多个剧种，每个剧种都代表一方地域特色，有着深厚的地方文化积淀，是一方文化的一面旗帜。戏曲有一个相当大的爱好群体，戏曲文化以人性化的方式吸引了更多的观者，从城市到农村，从剧院到荧屏，从家庭到公园，每个角落都有戏曲爱好者的参与。

戏曲可以娱乐观众，并在娱乐的同时使观众得到某种教育。戏曲艺术向人们展示社会的各个层面，教人为善、为忠、为义、为孝，教人追求美好的爱情，是为社会教育作用之大者。

在中国，广大民众以观赏戏曲艺术为休闲文化活动，是他们获取文化知识，了解历史传统，培养、陶冶内在性情的一个根本途径，更是他们休闲生活的一个重要部分。

3. 民俗休闲

民族风俗习惯是一个民族在其长期历史发展过程中逐渐形成的共同的喜好、习惯和禁忌，它表现在饮食、服饰、居住、婚姻、生育、丧葬、节庆、娱乐、礼节和生产等诸方面。自然环境、生产力水平、生产方式、重大历史事件和重要人物都是影响民族风俗习惯形成的因素。下面列举两种常见的民俗休闲产品。

（1）剪纸

剪纸，又叫刻纸、窗花或剪画，是中国古老的民间传统工艺。

剪纸作为中国本源哲学的体现，在表现形式上有着全面、美化、吉祥的特征，同时民间剪纸用自己特定的表现语言，传达出传统文化的内涵和本质，表现了群众的审美爱好，蕴含着民族的社会深层心理，反映百姓的审美意识和生活方式，有浓郁的民间气息和地方特色。

早在汉、唐时代，民间妇女即有使用金银箔和彩帛剪成方胜、花鸟贴上鬓角为饰的风尚。剪纸艺术一般都有象征意义，曾被用作祭祀祖先和神仙所用供品的装饰物。现在，剪纸更多地用于装饰，在节日中，用各色彩纸剪成各种花草、动物或人物故事，贴在窗户上（叫"窗花"）、门楣上（叫"门签"）作为装饰，也有作为礼品装饰或刺绣花样之用的。

剪纸不是用机器而是由手工做成的，常用的方法有两种：剪刀剪和刀剪。顾名思义，剪刀剪是借助于剪刀，剪完后再把几张（一般不超过8张）剪纸粘贴起来，最后再用锋利的剪刀对图案进行加工。刀剪则是先把纸张折成数叠，放在由灰和动物脂肪组成的松软的混和体上，然后用小刀慢慢刻划。剪纸艺人一般是竖直握刀，根据一定的模型将纸加工成所要的图案。和剪刀剪相比，刀剪的一个优势就是一次可以加工成多个剪纸图案。

剪纸制作简单，往往就地取材，适合妇女闲暇时制作，既可作实用物，又可美化生活。

女红是我国传统女性完美的一个重要标志，作为女红的必修技巧——剪纸，也就成了女孩子从小就要学习的手工艺。无论是民间剪纸艺人或广大妇女，他们随时随地拿出剪刀和几张纸片，即时就能发挥他们内心蕴藏着的艺术创作才能，度过一段闲适的美好时光。

（2）刺绣

刺绣，古称针绣，是用绣针引彩线，按设计的花纹在布面上以针代笔，以绣迹构成花纹图案，以线晕色的一种工艺，讲究色彩和针法。江苏的苏绣，湖南的湘绣，四川的蜀绣，广东的粤绣，被公认为中国四大名绣。

民间刺绣渗透了无数妇女的聪明智慧和美好的愿望，十指春风，充满了炽热的生命力和美好的情感。技艺高超的绣女，手中的针线犹如画家手中的笔墨丹青，可以绣出璀璨精美的图画，并能表达绣女的个性，显示出不同时代的文化风貌和艺术成就。

早期刺绣重在实用，直到纺织品出现之后，刺绣艺术才得到长足发展，民间刺绣也就更加活跃起来。为了适应刺绣艺术发展的需要，各种刺绣针法应运而生，不断完善丰富，形成了刺绣艺术品类万千、百花争艳的崭新局面。

二、文化休闲产品开发与管理

（一）文化休闲产品的特征

1. 移动传播性

休闲文化系统移动性特征的形成，首先是由该系统中居主导力量的休闲主体的本质特征决定的。

休闲主体的休闲活动是动态的这种动态本质，使休闲文化系统的各个环节也因其移动呈现出移动特征。休闲主体的移动使休闲出发地、休闲客体、休闲中介体乃至休闲目的地的文化连在一起，同时把出发地文化和目的地文化，经由主体的媒介作用而相互传递，形成传播性特征，休闲文化也就成为一种传播的文化。

不同地域的文化，随着休闲主体的运动而移动和扩散。

2. 渗透性与综合性

休闲文化的渗透性主要发生在休闲主体之间的文化渗透，这在由临时组建的休闲团体中表现得尤为明显。

特别是来自不同地区、不同国家、不同阶层和不同文化背景的人，他们在组合过程中往往被结合成一个多样背景的社会群体。在这个群体中，各种文化和文明混杂交织，并相互影响；同时该群体的旅行和运动，又使这些混合的文化在移动中发生混合、渗透和扩散。

同样，对于某一休闲客体（场所）的不同休闲主体的参与者也是如此。休闲文化的综合性表现在休闲文化系统的各个方面，比如，休闲文化系统五个环节的综合，每个环节中，又是各个文化要素的综合。另外，重要的是休闲文化涵盖着从物质到精神各个层面的文化现象。

3. 时代性与地域性时代性特征

休闲主体文化子系统具有时代性特点，不同时代的休闲主体的休闲文化观念和行为方式是有差别的。

如从休闲主体的休闲性格来看，古代中国人表现为拘谨和内向性格，而现代的休闲主体则表现出开放和外向性格。

从休闲主体的构成来看，古代多为上层贵族，而当今的休闲主体则以劳动大众为主。就休闲主体的审美观念的变化来说，古今也是不同的。地域性特征主要是指不同地域的休闲主体所表现的休闲行为、休闲理念、文化氛围、语言及审美观念的差异。

4. 阶层性和民族性阶层性特征

是指休闲主体文化子系统所具有的阶层性差异，不同阶层的休闲主体的休闲文化观念和行为方式各有其特色。

对同一社会中不同阶层的休闲者来说，由于经济收入、受教育程度、职业性质、休闲工具、居住环境和闲暇时间的不同，休闲者形成了不同的休闲爱好、休闲观念和休闲性格，其审美标准也不尽相同。同一阶段而年龄段不同，也会对休闲有着不同的理解和实践。

民族性特征是指休闲主体文化子系统具有民族特色，不同的民族其主体的休闲文化观念和行为模式是不同的。如中国大多数休闲者比较内敛、稳健，注重内心的默默感受，倾心于休闲道德的塑造，且富于人文情怀。而西方大多数休闲者则比较外向和具有冒险精神，钟情于外部世界的观察，着重休闲的求知价值并充满科学精神。

（二）文化休闲产品开发与管理方法

文化休闲业囊括了人们日常生活的大多数文化休闲生活内容，时间上贯穿人们日常生活的绝大多数闲暇，空间上覆盖了从现实生活到虚拟生活的各个领域，其形式丰富多样，内容广泛复杂。其产品开发与管理方法灵活多变，最主要是要紧抓文化特性，将娱乐性、文化趣味融入到产品中，创造消费者喜爱的文化休闲产品。

1. 文化休闲产品要有文化担当

文化休闲业是整个社会文化发展的重要途径，无论如何，难以摆脱其固有的文化责任，其形式新奇，对人们颇有吸引力，其内容宽泛，适应最大人群的需求，"它要把人们引向哪里？是否在推动人成为人？是否在促进人的自由全面发展，抑或相反？这岂能是可以不管不问的小问题？因而它所承载的道义责任、政治使命和历史担当也更加严肃而沉重"。

2. 不能过度娱乐化

文化休闲产品要体现出文化内涵，若过度商业化、娱乐化，那么其意境便荡然无存，文化休闲业也便失去了其存在和发展的合法性。

"保持传统娱乐的应有位置，不使之僭越，这是保持文化休闲业健康持续发展的重要原则。近年来反复出现且顽固不化的'三俗'之风,正是这种过度娱乐化、商业化的恶果。如果这个问题处理不好,由它所带来的拜金主义、享乐主义,也将最终葬送文化休闲业的前程。"

3. 门槛不宜太高

我国文化休闲业的某些产业部分或环节由于片面强调资本化,一味追逐利润,而把受众定位在中高收入阶层,无形中为绝大多数中低收入的居民群众设置了过高的门槛,一些极具教育意义的高雅文化作品,因此而不能使最大多数人群真正受益。"集中体现在电影反映和典雅文化的文艺演出市场,票价过高,超出普通百姓的经济承受能力。"

4. 复合型文化创意人才的培养

目前,从文艺演出、文化出版,到影视、游戏、动漫等都还没有出现能够和外国文化品牌相抗衡的精品,其根本原因还是相关方面战略性和通识性人才的严重短缺。不拘一格降人才,凝聚智慧出精品,这是我国文化休闲业发展繁荣并走向世界的关键,也是根本的核心竞争力。

复 习 题

一、填空题

1. 康体休闲就是人们利用闲暇时间参加多种多样的户内或户外活动,达到_____、_____、促进身心健康的休闲活动形式。

2. 旅游休闲是以_____为依托,以_____为主要目的,以旅游设施为条件,以特定的文化景观和服务项目为内容,利用闲暇时间,为离开定居地而到异地逗留一定时期的游览、娱乐、观光和休息。

3. 文化休闲包括节日休闲、_____、_____等。

4. 娱乐休闲具有社会性、_____、专门性、_____、随意性。

二、简答题

1. 现在的年轻人热衷于过洋节,请分析其中的原因,并谈谈你对此的看法。

2. 你如何看待包括春节、清明节、端午节、中秋节等在内的中国传统节日被列入了国家级非物质文化遗产保护名录,我们该如何保持传统节日文化休闲习俗?请举例说明。

三、实训题

【实训名称】

剪纸

【实训内容】

学生独立完成一个剪纸作品

【实训步骤】

1. 材料准备；

2. 教师示范；

3. 学生操作；

4. 学生展示和教师点评。

【实训点评】

通过学习制作一个传统的旅游休闲商品，锻炼学生动手能力，增强对休闲旅游产品制作和管理的认识。

项目六　休闲项目

任务导入

三圣花乡位于四川省成都市锦江区。按照城乡统筹发展的要求，三圣花乡先后打造了"花乡农居""幸福梅林""江家菜地""荷塘月色""东篱菊园"五个主题景点，即"五朵金花"。"五朵金花"幅员面积12km²，是一个集商务、休闲度假、文化创意、乡村旅游为一体的旅游休闲胜地，先后被国家旅游局、建设部、文化部等部门授予"国家AAAA级旅游景区""首批全国农业旅游示范点""中国人居环境范例奖""国家文化产业示范基地"和"市级森林公园"的称号。

这里四季花开不断、蝶舞蜂飞，景区基础设施完备、文化氛围浓郁，有"梅花知识长廊""吟荷廊"等人文景观；有"许燎源现代设计艺术博物馆""蓝顶艺术中心"等艺术创意产业基地；有"高威体育公园""绿道"等运动休闲设施；有"成都传化""中国兰花博览园"等高档花卉生产示范基地。在三圣花乡，人们不仅可以感受到传统的乡村文化，还可以欣赏到优美的乡村景色，体验回归田园、拥抱自然的别样情趣。

三圣花乡旅游资源丰富，人文资源与自然资源相互交融，品位高雅。主要表现为三大特色：

1. 社会主义新农村示范地，全国都市近郊大规模的乡村旅游区

三圣花乡是全国社会主义新农村示范点，社区特色鲜明，包括5个景区，是全国社会主义新农村建设与旅游产业结合典范，是全国都市近郊大规模的乡村旅游区。

2. 景观组合性好，各有特色

花乡农居以花卉产业为特色，"幸福梅林"是全国四大梅花基地之一，"荷塘月色"观赏荷花，"东篱菊园"观赏菊花，"江家菜地"以认种、代种蔬菜的生态农业体验为特色，景观组合性好，特色鲜明。

3. 乡村风情浓郁，文化底蕴深厚，形成特色主题，有一定独创性

旅游区内有特色鲜明的川西民居建筑、特色花卉、人工湖泊和堰塘、缓坡起伏的山际线和乡村特色餐饮，乡村风情浓郁。

旅游区建设注入了相应的文化因素，源自陶渊明的"东篱菊园"，来自朱自清的"荷塘月色"，有中国传统的"梅文化"和历代诗人的咏梅诗，江家菜地有"农业文明

记忆馆"和民间农事谚语，文化底蕴深厚。旅游区已形成"乡村休闲·花卉观光·社会主义新农村"的特色主题，有一定独创性。

图6-1 三圣花乡

（资料来源：http://www.haisan.cn/archives/view-86-1.html.）

同学们，你的家乡有没有类似的乡村旅游项目，里面有什么特色项目呢？

学习目标

1. 知识目标

熟悉休闲项目的概念、特征、选择的原则。

理解休闲项目开发的要素。

2. 能力目标

能够按开发流程策划休闲项目。

任务一 休闲项目的选择

人类历史与社会发展依赖的是项目，项目管理有悠久的实践历史。传统项目管理的理念起源于建筑领域，科学项目管理方法开始于国防工业，当代项目与项目管理具有广义的概念。

项目策划是一个制定航海图的过程，理念是罗盘，创意则是休闲活动的核心理念之一。好的休闲活动项目需要创意设计，并通过具体的休闲活动项目得以实现。对于选中的项目需要进行可行性研究与论证，并研究如何将休闲活动的价值进行资本化，予以量化评估，从而使资源可以作为资本，发挥其撬动融资的功效。

正确地选择项目往往比正确地策划和实施项目更具有战略意义。在选择项目时，应综合考虑各项目（建议）的收益与风险、项目间的联系、活动的战略目标和可利用资源等多种因素，选择最适合的项目组合，使项目组合的整体绩效和价值最大化。

一、项目的概念

所谓项目，简单地说，就是在既定的资源和要求的约束下，为实现某种目的而相互联系的一次性工作任务。

组织或策划人需要对各种项目机会做出比较与选择，将有限的资源以最低的代价投入到收益（社会、经济、文化）最高的项目中，以确保休闲活动达成目标，这就是休闲活动策划的项目选择。

根据美国项目管理协会（PMI）的统计，全球国民生产总值的四分之一以上是以项目的形式运作的，同时，很多非项目主导的组织也是以项目的形式进行动作。项目选择是项目管理的重要内容，成功的项目管理离不开正确的项目选择，项目选择对休闲活动能否成功起着至关重要的作用。

二、休闲项目的概念和特征

休闲项目指人们在日常闲暇的时间里所进行的，可以放松身心的各项活动。休闲项目是社会生活的一种表现，是相对于正常工作的一种自由生活体验。

（一）项目的特征

美国项目管理专业资质认证委员会主席 Paul Grace 认为，在当今社会中，一切都是项目，一切也将成为项目。

一般来说，项目具有如下的基本特征。

1. 明确的目标

项目的结果可能是一种期望的产品，也可能是一种所希望得到的服务。

2. 独特的性质

每一个项目都是唯一的；项目实施的一次性；前所未有的尝试；产品或服务特征明显；具有不同的设计、技术、地点、所有者、承包商。

3. 资源成本的约束性

每一项目都需要运用各种资源来实施，而资源是有限的。

4. 暂时性

有明确的开始时间和结束时间；明确的实施结果（成功、失败、终止）；通常针对短暂的市场机会不能重复；组织机构和人员的暂时性。

5. 项目的不确定性

在项目的具体实施中，外部和内部因素总是会发生一些变化，因此项目也会出现不确定性。

（二）休闲项目的特征

由于休闲项目是为了放松身心而产生和存在的，所以它除了具有一般项目的特征，还有一些独特的特征：

1. 怡情

让身心放松是休闲项目的基本要求。在紧张工作后到心仪的地方，体验完全有别于日常的工作节奏，使身心完全放松。

2. 消费层次高

从世界旅游发展规律来看，当人们在拥有满足生存需要的收入和足够的闲暇时间后，就会考虑旅游消费，各种休闲项目也应运而生。随着收入水平提高、闲暇时间增多、文化品位提升，休闲度假旅游在一些发达地区一些高收入人群中逐渐兴起，这种情形决定了休闲度假旅游者的消费能力的增高。

3. 层次丰富

度假游客群体的产生是在观光客群体中逐渐成熟转变的，度假游客旅游消费的进一步成熟会产生更高的文化需求。如果旅游目的地的休闲项目能够在文化层次上满足游客的多方要求，就会成为巩固旅游者对目的地忠诚度的驱动力。

三、休闲项目的分类

休闲项目是多种多样的，按照不同的分类标准，我们可以将之进行分类。

（一）按方式分类（见表 6 - 1）

表 6 - 1　　　　　　　　　　　按休闲方式对休闲项目分类

一级分类	二级分类	项目
消遣娱乐类	文化娱乐	歌、舞、影、视、听广播、上网、电脑游戏等
	吧式消费	酒吧、陶吧、书吧、迪吧、水吧、氧吧、咖啡屋、茶馆等
	闲逛闲聊	散步、逛街、逛商场、当面闲聊、短信闲聊、电话闲聊等

一级分类	二级分类	项目
怡情养身类	养花草、宠物	花、草、树、虫鱼、鸟、兽及其他宠物等
	业余爱好	琴、棋、书、画，茶、酒、牌、摄影、收藏、写作、设计、发明等
	美容装饰	美发、美容、化妆、裁剪制衣等；家庭环境或个人居住环境的精细装修、装饰等
休育健身类	一般健身	太极、跳操、游泳、溜冰、桌球、保龄球、高尔夫球以及各种健身运动等
	时尚刺激型	跳伞、瑞极、攀岩、漂流、潜水、滑草、航模、动力伞、水中狩猎、探险等
旅游观光类	远足旅游	欣赏和休会异地自然风光名胜古迹历史文化遗产、民族风情等
	近郊度假	城市绿地、公园、广场、动物园、植物园、古镇、岛屿、度假村、农家乐、郊野游玩等
社会活动类	私人社交	私人聚会、婚礼、生日、毕业、开业、升职、乔迁、获奖等
	公共节庆	民族传统的各种节日、纪念日庆典、旅游节、特色文化节、宗教活动等
	社会公益	社会工作、公益活动、志愿者服务等
教育发展类	参观访问	博物馆纪念馆、展览馆科技馆、烈士陵园、宗教场所、特色街道、工业园区等
	休闲教育	学习乐器、声乐、舞蹈、书法、绘画、插花等

资料来源：王雅林. 城市休闲——上海、天津、哈尔滨城市居民时间分配的考察 ［M］. 北京：社会科学文献出版社，2003.

（二）按休闲项目的投资性质（见表6－2）

表6－2	按投资性质对休闲项目分类
专门投资建设类	疗养院、度假村、宾馆、酒吧、茶艺馆、咖啡厅、啤酒屋、夜总会、歌舞厅、影剧院、游乐场、俱乐部、健身房、球技馆、游泳馆、美容院、按摩室、书画斋、博彩城、民俗园、博物馆、高尔夫球场、城市公园、城市广场、旅游景区、自然保护区、海滨浴场、森林公园、农业观光园、植物园、游泳场、滑雪场等
非专门投资建设类	城市街道、特色街区、大型购物商场、大型图书市场等

有一些专门建设类的休闲项目需要大量的资金投入，规划时所需的流程也比较复杂，比如博物馆、旅游景区，等等。

（三）按休闲项目的消费门槛（见表6-3）

表6-3　按消费门槛对休闲项目分类

高消费类	疗养院、度假村、宾馆、酒吧、咖啡厅、啤酒屋、夜总会、歌舞厅、影剧院、俱乐部、美容院、按摩室、博彩城、高尔夫球场等
低消费类	旅游景区、自然保护区、海滨浴场、森林公园、农业观光园、植物园、茶艺馆、游乐场、健身房、球技馆、游泳馆、书画斋、滑雪场、民俗园、博物馆等
无消费类	城市街道、特色街区、大型购物商场、大型图书市场、城市公园、城市广场等

在休闲项目的规划的过程中，很多时候同一个项目糅合了多个高、低、无消费类的休闲项目，以满足不同消费层次的消费者的需求。

（四）按休闲项目的活动空间（见表6-4）

表6-4　按活动空间对休闲项目分类

户内休闲	疗养院、度假村、宾馆、酒吧、茶艺馆、咖啡厅、啤酒屋、夜总会、歌舞厅、影剧院、游乐场、俱乐部、健身房、球技馆、游泳馆、美容院、按摩室、书画斋、博彩城、民俗园、博物馆、大型购物商场、大型图书市场等
户外休闲	风景区、自然保护区、海滨浴场、森林公园、农业观光园、植物园、游泳场、滑雪场、高尔夫球场、城市公园、城市街道、特色街区、城市广场等

（五）按休闲项目的经营特点（见表6-5）

表6-5　按经营特点对休闲项目分类

商业经营类	疗养院、度假村、宾馆、酒吧、茶艺馆、咖啡厅、啤酒屋、夜总会、歌舞厅、影剧院、游乐场、俱乐部、健身房、球技馆、游泳馆、美容院、按摩室、书画斋、博彩城、民俗园、博物馆、风景区、自然保护区、海滨浴场、森林公园、农业观光园、植物园、游泳场、滑雪场、高尔夫球场等
非商业经营类	大型购物商场、大型图书市场、城市公园、城市街道、特色街区、城市广场等

资料来源：李跃军，孙虎. 休闲项目对城市休闲适宜性的价值评价 [J]. 社会科学家，2007 (3)：119-121.

四、项目选择的原则

项目的选择不是随意为之的，它有着一系列的原则。

（一）符合项目发展战略

战略是通过项目来实施的，每一个项目都应和组织的发展战略有明确的联系，将所有项目和组织的战略方向联系起来是活动成功的关键。

1. 选择合适的项目

俗话说"隔行如隔山"，在休闲活动项目选择中也是如此。在进行休闲活动的项目选择时，必须选择适合不同群体的不同项目来进行策划，尽量选择与不同群体的特征能够挂得上钩的项目。

2. 要看准所选项目的市场前景

所发展的休闲活动项目要有直观的利润。有些活动项目的需求很大，但是成本高，利润低，在对这一类的活动项目进行选择时，就必须谨慎考虑，仔细核算投资与收益的比值，小心行事。

3. 要尽量选择潜力较大的项目来进行发展

活动项目的流行有时段性，选择时候不能人云亦云，只挑选目前最流行最赚钱的行业，没有经过任何评估就一头栽入。

4. 要周密考察和科学取舍

对获取的各种信息要善于分析调查，对想要选择的项目进行多方面的观察和了解，选取前景好且能带来较大收益的项目。

（二）项目资金来源有保障

在选择项目时，必须考虑分析该项目可行性报告是否真实可靠，前景及运作如何，因此资金的需求及短缺直接影响工程项目的建设发展。

（三）项目组合最优化

项目选择是对一个复杂的系统进行综合分析与判断的决策过程，其影响因素有很多。在选择项目时，应综合考虑各项目建议的收益与风险、项目间的联系、组织的战略目标和可利用资源等多种因素，选择最适合的项目组合，使项目组合发挥最大效益。

任务二　休闲项目的开发

一、休闲项目的筛选

策划者与组织者需要决定哪种成效和行动是达到休闲项目的目的所必需的。休闲项目筛选策略就是在各种休闲项目集合中选择最适合项目的过程。

（一）休闲项目选择标准

在对诸多休闲项目方案进行分析评估时，应掌握策划方案的价值标准、满意程度和最优标准。

休闲项目策划方案的价值标准指一个方案的作用、意义和收效，完全取决于策划的需要以及客观条件的限制，具有一定主观选择的因素。

休闲项目的满意程度和最优标准的条件应包括策划目标的最优性、策划备选方案的完全性、策划方案执行结果的预测性和具有较高的择优标准。

（二）休闲项目初选

策划者与组织者应通过数学分析、运筹学分析、模型分析、功能模拟分析等方法，对提出的各种备选方案进行比较和评估，用 SWOT 分析法分析，以找出各自的优缺点，进行开发项目的初步决策分析。

1. 评价方法

评价项目常用的方法有经验判断方法、数量化方法、模拟方法和矩阵法。

经验判断方法，如淘汰法、排队法、归类法等，适用于策划目标多、方案多、变量多、标准不一的情况。

数量化方法也称为运筹学方法，对可供选择的多个方案进行定量的分析和测算，提出数据结果，供策划者加以权衡和选择。

模拟方法则通过设立模型来揭示原型的性质、特点和功能，通过结构或功能的模拟寻找出最佳的方案。

活动组织者和策划者也可借助于休闲项目外部与内部因素评价矩阵来对休闲项目进行初步的筛选。构建休闲项目外部（或内部）因素评价矩阵的步骤如下：

（1）列出休闲项目的主要机会与威胁（或优势与劣势），在实际应用中，以列出 5~15 个因素为宜。

（2）为每个因素确定一个权重，权重在 0~0.1。每个因素的权重说明这个因素对项目的重要性，各个因素的权重之和为 1。

（3）按 4 分制为每个因素评分，用评分值 1、2、3、4 分别代表相应因素对项目来说是主要威胁、一般威胁、一般机会、主要机会。

（4）将每个因素的权重与评分值相乘，得到每一个因素的加权评分值。

（5）将每个因素的加权评分值相加，得到一个项目的综合加权评分值，休闲项目的综合加权评分值为 1~4 分，平均为 2.5 分，如果针对某休闲项目的外部因素的综合加权评分值大于 2.5 分，则说明实施该休闲项目的内部条件较好；如果小于 2.5 分，则说明实施该休闲项目的内部条件较差。只有对某一休闲项目的外部因素综合加权评分值之和不小于 5 时，才能够继续对该休闲项目进行技术、经济、财务、社会和环境等方面的可行性论证。

2. 某些项目的必须性

在很特殊的条件下，有些项目"必须"被选中，否则活动就会失败或遭受严重的后果。例如，政府规定必须实施的环保项目，消除重大隐患的安全项目，等等。

如果 99% 左右的休闲项目评价者认为某一项目必须被实施，则将该项目置于"必须"的类别，对"必须"类项目也需要研究，提出若干种可选择的方案，再从中选择最优方案。

休闲项目选择是对一个复杂的系统进行综合分析与判断的决策过程，其影响因素有很多，活动目的是休闲项目选择的关键因素。没有目的，一切策划和活动项目便失去意义。活动目的是通过休闲项目来实施的，休闲项目的选择必须围绕活动目的实现而开展。

3. 目标的综合处理

由于现实的科技、经济、社会因素复杂，策划目标往往不只一个而是有多个，同时并存。各目标之间相互联系，若不妥善处理，可能会主次不分或顾此失彼。因此，要求从整体上对多目标进行综合处理。

综合处理目标的办法：一是精简目标，对各项目标进行全面分析，对相互对立、无法协调的目标进行权衡后，去除那些实际情况下无法达到的目标，或者从具有从属关系的目标中去除其子目标；二是合并目标，包括合并意义相近的目标和将若干个目标组成一个综合目标。

二、休闲项目的确定

活动中总是存在可行性研究合格的多个项目建议，因此，需要一种结构化的项目选择过程，科学可行的项目优先级评价标准，精选具有最大附加值的项目。

同时，很多决策所面对的是多元化局势：多元的目标，多元的影响因素、多元的价值标准，多元的利害承受者。休闲项目决策需要做出妥协、折中、调和、权衡，寻求多元之中的平衡。

（一）评定项目的优先级

评价项目优先级的常用方法有期望商业价值法、动态定制等级列表法、项目组对比矩阵和加权多重要素评价矩阵等。

加权多重要素评价矩阵是目前应用的较好的方法。具体步骤为：

（1）在构建加权多重要素评价矩阵时，先采用头脑风暴法（如图6-2所示）或德菲尔法等挑选取出若干个关键成功要素。

图6-2 头脑风暴讨论

（2）由活动组织者和策划者根据各成功要素对活动目标和战略计划的重要性，为每个关键成功要素赋以权重（最低为0，最高为3）。

（3）针对每个项目，在每个关键成功要素上赋予评价值（从0至10），该值表示项目对特定关键成功要素的适宜程度，将权重应用到上述关键成功要素，就可以导出每个项目对各关键成功要素的综合加权平均和。

项目对各关键成功要素的综合加权平均和越大，则其优先级就越高，反之亦然。

 小贴士

项目关键成功要素

项目关键成功要素一般应包括（但不限于）Hoechst提出的下列主要评价因素：对企业的回报（对公司利润的贡献、技术上的回报、商业启动时间），战略杠杆作用（项目所有者位置、项目发展的平台、项目的持续性及项目与企业其他资源、技能的协同作用），商业成功的可能性（现在的市场需求、市场成熟度、竞争的激烈程度、现在的商业应用发展情况、商务设想、法规的/社会的/政治的影响），技术成功的可能性（技术差距，程序的复杂性、现存的技术技能基础、人才与设施的可利用性）。

（二）项目排除

将众多的备选条件、备选方案按照一定的顺序排列起来，对比各个条件、方案存

在的缺点并将其排除序列外，从而达到选择最优方案的目的。

1. 方案排列

要将各个备选条件、方案按照一定的层次、顺序所排列。满足不同层次策划目标的方案和条件要在相应的层次条件上进行比较和排除，不能越级、越层比较。

2. 确定科学的排除标准

缺点与优点总是相对的，在一定条件下是缺点的东西，在另一条件下可能是优点，所以要合理地分析各个方案所要求的全面条件和会带来的所有后果，用科学的标准将不合适的排除出去。

3. 创新

凡是被排除出去的，肯定是其本身含有这样或那样的缺点或问题。排除不是最终的目的，排除是为了避免问题，防患于未然，同时也可以更好地进行创新。通过对各个条件、方案的缺点和不足的考察，避免相关问题的产生，并通过对这些问题的克服和完善方案，使方案达至创新。

（三）项目决策的平衡

英国学者穆尔（Corol – lyrne Moore）说，决策就像走钢丝，关键是平衡。越是复杂的决策，多元现象越是严重，越是需要在多元之间求得平衡。把策划中追求平衡放在重要地位的指导意向称为平衡方略（Balancing Strategy），或称折中方略（Compromise Strategy），在许多情况下，它是可行的决策方略。

1. 多目标或多价值标准的策划问题

决策者是指直接或者间接地影响休闲活动项目的人或者团体。项目决策者通常包括项目伙伴、目标组成员（比如那些期望从该项目中直接获益的人，或者那些意识会被项目行为所改变的人）、项目投资人和项目的反对者。对于任何有着成功实现的机会的项目，决策人的目标、利益和期望值都要被计算在内。不同的决策者有着不同的观点，也享有不同的优先权。这是一个需要协调的问题。

因为目标或价值标准的多元化，以致无法用单一明确的价值尺度去比较不同的备择方案，而且很少有一个在所有目标或价值上都达到"绝对最优解"的方案，总有那么一批"各有千秋"的备择方案存在。此时，在多目标决策中选择最优方案实际上都是按平衡方略来办的，一个合格的策划必将导致各个决策人的意见的折中。

2. 解决收益与风险之间的矛盾

决策者总是希望风险小而收益大，但在现实世界中这两者又常常成正比。虽然规范性策划论中用主观效用期望值最优作为规范的决策准则，但是这一准则并非绝对理想的办法，也并不完全合乎于现实生活中决策者的行为准绳。而在投资决策中更为常用的"双标准互补标准"，则更明确地建立在风险与收益两者权衡的基础之上。

决策当然是为了实现目标，项目要兼顾实现目标和减少负面影响的目标。由于客观事物的相互联系性，策划方案执行结果除了可能达到期望目标以外，往往会对其他方面产生一些影响，其中有些是不希望有的影响，也就是负作用。策划的目的必然是试图得到某些好处，取有所得；但并非全部的所得与所耗均可折价计算，而且所得与所耗也经常是多元的。项目需平衡所做决策带来的好处和付出的代价。

3. 在动态变化中兼顾眼前利益与长远利益

项目决策面对的是不确定性很大的世界，随着时间的流逝，策划必须留有回旋变化的余地，与环境同步变化，以便适应新的变化，即策划的可调性（Alignabilit）。如果不留回旋余地，一旦发现有估计不到的情况出现，就会束手无策。

决策的后果不是以一次再现为终结，而往往会延伸到长远的未来；因此，决策后果往往就有眼前效应与长远效应之分，而且两者同时存在。长期效应与眼前效应的关系比较复杂，有时两者基本上是一致的，眼前效应好也意味着长远效应应该有保证；但更多情况下两者是矛盾的，太多追求眼前效益会损害长远效益。解决办法往往只能求得两者的兼顾与折中，这就要求必须求助于平衡方略。

三、休闲项目的可行性研究

可行性研究（Feasibility Study）又可称为可行性分析，是在项目决策之前对项目进行充分的分析、研究、讨论、评价的过程。预测风险并计划防范性措施能减少项目管理中的不利因素，只有当休闲活动项目得到清晰可行的肯定后，才能规划实施。

可行性研究是通过对项目的主要内容和配套条件，如市场需求、资源供应、建设规模、工艺路线、设备选型、环境影响、资金筹措、盈利能力等，从技术、经济、工程等方面进行调查研究和分析比较，并对项目实施以后可能取得的财务、经济效益及社会环境影响进行预测，从而提出该项目是否值得投资和如何进行建设的咨询意见，为项目决策提供依据的一种综合性的系统分析方法。

项目可行性研究要对投资前的市场、环境研究，确定经济、技术上是否可行进行研究。并且具有预见性、公正性、可靠性、科学性的特点。

（一）休闲项目可行性研究内容

可行性研究包括了对项目的市场需求和潜力的调查及对未来发展前景的预测，也是从经济、技术角度对项目的进行全面的综合技术经济论证，提出项目可行或不可行的结论，为决策者的最终判断提供科学的依据。

1. 市场环境分析

（1）内容

宏观市场环境和微观市场环境是市场环境评价的主要内容。前者包括经济环境、政治法律环境、社会文化环境等。随着世界经济全球化、一体化过程的加快，全球信息网络的建立和消费需求的多样化，休闲活动面临的环境更为开放和复杂。宏观环境变化几乎对所有活动都产生了深刻的影响。

微观市场环境包括策划机构内部环境、目标客户、竞争者、媒体、服务商、社会公众等。现实市场需求调查涉及市场需求量、购买人数和购买量调查、消费行为调查（如活动参与者构成，消费动机，购买习惯等）。潜在市场需求调查则便于了解市场需求的发展趋势和潜力大小。

策划者要根据活动规模大小，选择不同的环境分析。对于简单的项目，一些关键的情报提供者就足够了。这些情报提供者应该是那些对于当地情况非常了解的人，比如乡村的村长、当地政府工作人员、主管部门工作人员、当地宗教领袖和行业专家等。更大一些的项目通常需要更多的、更详尽的、专门的调查研究，以更加全面地了解项目的社会经济环境。

（2）评价方法

SWOT 分析法（如图 6 - 3 所示）是比较常用的市场环境评价方法。

SWOT 四个英文字母分别代表：优势（Strength）、劣势（Weakness）、机会（Opportunity）、威胁（Threat）。所谓 SWOT 态势分析，及时对企业内外部条件各方面内容进行综合和概括，进而分析组织的优劣势、面临的机会和威胁的一种方法。通过 SWOT 分析，可以帮助休闲活动的组织者和策划者把资源和行动聚集在优势项目。

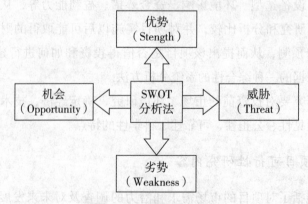

图 6 - 3　SWOT 分析法

将调查得出的各种因素根据轻重缓急或影响程度等排序方式，构造 SWOT 矩阵。把识别出的所有优势分成两组，分的时候要注意它们是与行业中潜在的机会有关，还是与潜在的威胁有关。用同样的办法把所有的劣势分成两组，一组与机会有关，另一组与威胁有关。将结果在 SWOT 分析图上定位，或者用 SWOT 分析表，将刚才的优势和劣势按机会和威胁分别填入表格。运用系统分析的综合分析方法，将已排列的与所考虑的各种环境、能力因素相互匹配起来加以组合，得出一系列活动未来发展的可选择对策。

2. 项目生命力分析

休闲产业已经由传统狭义的娱乐行业，演化为具有经济、社会、文化和环境等多种功能的"大休闲"产业格局，覆盖面宽，影响力大，综合效益和关联效益非常突出。项目生命力分析是从计划实施的休闲活动项目的本身出发，分析该活动是否有举办的意义，以及未来持续发展的可能。其中项目发展空间分析举办该活动所依托的行业空间、市场空间、地域空间、政策空间等是否具备。项目竞争力则包括活动定位的号召力、策划机构的品牌影响力和人员构成、活动服务等。

3. 活动执行方案分析

活动执行方案分析是考察休闲活动项目立项计划准备实施的各种执行方案是否可行，是否完备，是否能保证该活动计划目标的实现。

（1）活动的基本框架评估

活动名称和活动的范围、活动主题之间是否有冲突；活动时间是否符合时政敏感期；活动的展开地点是否适合实施该类活动；市场上有无类似规模和定位的休闲活动；活动定位与活动规模之间是否有冲突。

（2）活动招商和宣传推广计划评估

每一个策划的执行者，都有着明确的商业目的和效益要求。休闲活动的策划也不例外。因此，要把"投资—收益"理念和"投资—收益"结构贯穿于全部策划，贯穿于执行计划，这是休闲活动策划的思路灵魂。"投资—收益"，需要由一个完整的结构，就是要设计商业模式，为投资企业找到盈利的途径。

4. 项目财务分析

项目财务分析是从休闲活动主办机构财务的角度出发，分析测算举办该活动的费用支出和收益。其目的是确定计划实施的活动是否在经济方面可行，并为即将实施的活动指定资金使用规划。

（1）成本预测

①场地费用。即活动进行需要租借或者建造的场地以及由此而产生的各种费用。例如，租借或建造场地的费用、空调费、其他特殊安排、加班费等。

②宣传推广费。包括广告宣传费、活动资料设计和印刷费、资料邮寄费、新闻发布会的费用等。

③招商费用。

④相关活动的费用。包括交流会、研讨会、嘉宾接待、酒会、展会现场布置、礼品、请展会临时工作人员的费用等。

⑤办公费用和人员费用。包括办公用品购置费用、劳务费用等。

⑥税收。

⑦其他不可预测的费用。

（2）收入预测

包括门票收入、广告和企业赞助收入、旅游产品收入、活动项目区域内店铺租金和其他相关收入。

（3）盈亏平衡分析

（4）现金流量分析

包括净现值分析、净现值率分析、获利指数和内部收益率。

5. 风险预测

休闲项目风险是指休闲项目在策划、实施以及评估等各个阶段可能遭受的风险，可将其定义为：在休闲项目目标规定的情况下，该目标不能实现的可能性。

所有的活动策划组织都面临潜在的意外损失，因此其经营会自然产生风险费用。可行性研究就是要对休闲项目策划中一些难以预料和无法控制的因素进行预测，使活动策划者和组织者能够识别风险、评估风险，并采取措施规避风险，从而减少经济损失、声誉损失的可能性。

休闲项目风险一般包括市场风险、经营风险、财务风险、合作风险。对休闲项目策划者来讲，风险预测带来的好处表现在两个方面：一是减少其现有活动的风险成本；二是减少规避行动的后果。也就是说，它使活动承办组织能够以有效的成本去进行它原本认为不值得冒险的活动。

（二）可行性研究分阶段实施方案

可行性研究的过程是一个逐步深入的过程，研究范围包括社会环境和目标公众的适应性，财力适应性、效益的可行性等众多内容（如图6-4所示）。

1. 开始阶段

这一阶段的主要工作是要明确休闲活动项目中的问题，包括该可行性研究的范围、游客的目标等，仔细界定研究内容和可行性研究要达到的目标。

2. 搜集资料

进一步实地调查分析，包括资料分析、调查并预测市场需求。在此基础上进行技术经济研究，包括项目的主要内容、需求、价格、当地文化修养水平、市场竞争情况

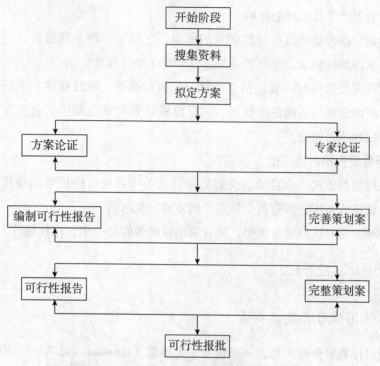

图6-4 休闲活动项目的可行性研究的流程

等，这些因素决定了市场机会；同时要调查已有的资源情况和可获得的资源情况，包括场地、声誉、人、资源等情况，影响到休闲活动项目的规模和方式。

3. 拟定各种可行方案

针对项目建议书和项目策划案中的初步计划，结合上一步资料分析，提出可以实现目标的被选择方案。项目可行性研究的重点就是从多种可供实施的方案中择优，因此拟定方案就是项目可行性研究中关键的一步，也是体现策划人员能力的重要一环。

4. 方案论证阶段

这个阶段包括分析各个可行方案在技术上、经济上的优缺点和方案的各项技术经济指标，比如项目启动资金、投资成本、经营费用、投资收益率等指标的计算和确定；方案的综合评价，比如敏感性分析；初步确定一个最优的方案。

5. 专家论证阶段

组织专家对结果进行分析论证，并出具意见书，根据其意见修正最优方案的选择。注意这个过程可能在方案论证阶段就开始。

6. 修改项目策划案并编制可行性研究报告

根据确定的最优方案完善项目策划案，并进行可行性研究报告的编制。在这些方案中要对基本的进度、费用、质量要求做出决定，分析客观情况发生变化时，可能对项目的经营效益产生什么样的影响。

可行性研究报告是项目可行性研究的成果，它属于一种专项报告，一般由报告框架和报告目录两部分组成，每一部分都需要非常详细的阐述。

可行性研究报告框架一般包括9个部分：执行摘要、项目概述、市场分析与需求预测、项目组织管理与实施进度计划、项目投资估算与资金筹措、财务评价、社会评价、风险评估和项目结论。

7. 可行性研究报告的报批

项目从构想到正式实施启动，关键的环节就是项目可行性报告的报批，如果获得通过，项目就正式实施，否则就会推迟、搁置或完全取消。

每一个环节都对项目至关重要，要认真细致地做好每一步，稳扎稳打。

四、休闲项目的开发

（一）休闲项目开发三要素

休闲项目作为服务性产品，一般包含三大要素（Lovelock and Wirtz, 2004）。

1. 项目卖点

客人所体验到的核心服务和利益。例如，艺术表演、体育赛事。

2. 项目特色

附加的特性或增加的额外服务以使其区别于竞争对手。例如，表演艺术家，服务质量，参与者的类型，不同的交通方式以及商品等。

3. 传递过程

客人在体验过程中所扮演的角色，活动的持续时间、水平和风格等。

活动"产品"的策划者必须对这三种要素心中有数。休闲项目开发很重要的特征就是：活动中的人是产品的一部分。换句话说，许多顾客满意度来自于他们同其他参与者之间的互动。这就意味着活动项目开发人员需要保证不同的客人群体间可以融洽相处，现场的参与者们容易产生互动。

（二）休闲项目开发过程

休闲项目开发是设计一种休闲活动产品，它将无形的休闲体验和有形产品的糅合在一起以满足目标市场的需要。休闲活动开发可以很容易地模式化为休闲服务的策划、创造和传递的过程（如图6-5所示）。

产品生命循环周期的概念认为大部分的活动项目都会经历开始、生长、成熟直到逐渐衰退或以新的形式重生这样几个阶段。尽管对于大部分的休闲产品和服务而言，

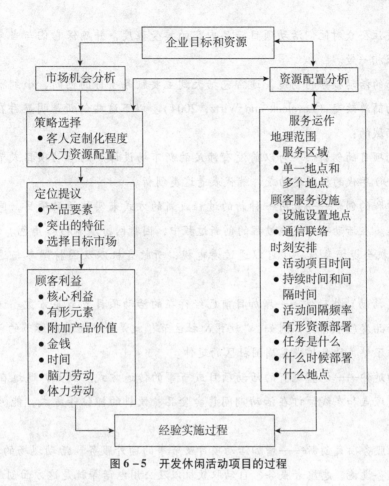

图 6 - 5　开发休闲活动项目的过程

其生命循环周期的转变没有可预知的版式，但是我们仍然发现大量活动项目历经整个生命循环周期的全部阶段的实例。

英国诺丁山狂欢节

　　英国诺丁山狂欢节是欧洲规模最大的街头文化艺术节，每年 8 月的最后一个周末在英国伦敦西区诺丁山地区举行，以非洲和加勒比地区文化为主题。因为诺丁山区的黑人居民多半来自加勒比海或拉美其他地区。正是诺丁山的移民文化孕育了诺丁山狂欢节。

　　以英国诺丁山狂欢节的参加人数为例，在最近几年里，诺丁山狂欢节的参加人数最高峰出现在 2000 年，为 140 万人次，然后降至 2001 年的 50 万人次。

　　为了避免参加人数的下降，活动项目经理需要知道目标受众群体兴趣点的变化，并且密切关注公众对他们活动项目产品内容的接受程度，并确保它们与当今社会人们的休闲需求相一致。

一种新的活动服务的创造，通常包括大到主要服务项目的创新、小到服务实施过程中风格的简单改变（Lovelock and Wirtz，2004）。以下这些创新是明显存在于活动项目和节事领域的：

主活动项目的创新——为以前没有涉足的新市场设计新的活动项目或节事。出现于 20 世纪 90 年代的极限运动或许就代表着这类创新。

主要过程的创新——采用一种新的过程或新的方式来实施活动项目，同时伴随附加顾客利益。在活动项目实施过程的创新过程中，因特网扮演着核心角色。例如，Live 8 让人们有机会现场参与，也可以通过看电视，听收音机以及因特网参与这世界级的活动。

产品（活动）线延伸——增加目前已经存在的活动项目或节事方案。这种形式的活动项目产品发展很普遍。例如，"教育＆社区节"就是哈罗盖特国际节的前身，它将活动项目作了整年的且扩张至周围社区的延伸。

过程的延伸——调整现有的活动项目或节事的传递方式。例如，通过在因特网上设置售票代理点和在线预订在活动期间售卖食品、饮料的摊位等方式，能够确保活动的顺利进行。

补充性服务项目创新——增加活动项目及节事的额外服务。活动现场的托儿设施、残障人士服务设施、志愿者服务、自动取款机以及公用电话等就是这方面创新的实例。

服务质量的提高——适度地改变以提升活动实施及传递过程。这方面的例子是时装艺术节吸纳广泛的各种各样的服装设计师的作品，并且采取多渠道进行门票售卖。

风格的改变——活动产品发展的简单形式。例如，活动现场座位安排的推进，采用一种新的活动标识以及活动中的表演服装的改善等。

经过一系列的改良与创新，最近几年参加人数又有所反弹。2013 年 8 月 26 日第 49 届诺丁山狂欢节，吸引了大约 100 万人次参加，为主办方带来了丰厚的利润。

对于休闲项目而言，任何从事休闲项目开发策略的决定都必须以市场调研为依据。尽管不可能像预测市场上供应的货物一样预测整个活动项目，但是一些新的理念或风格的改变（例如新的节事标识）可以通过定性研究技术（如焦点群体）进行测试，休闲活动理念、形式在休闲项目作出重大改变之前进行测试是可能的。

五、休闲项目里的活动策划

在一个大的休闲项目确定以后，常常还会在此大项目里穿插一些吸引人的小活动，在实践中，多半是一些表演活动。这些表演活动最好能体现休闲项目的任务、符合艺术和市场标准的质量水平，同时能有利于该休闲项目的收入或利润目标。

通常，活动组织者需要平衡活动导演的"个人的"，或者说"艺术的"观点与现实生活中目标顾客群的"成功标准"以及所牵涉的成本。同时，活动项目也需要反映媒体宣传的需求，能找到受欢迎的演员，以及活动理念能否在实践中得以展示。

此外，公司经理也必须考虑竞争对手的活动策划，活动项目所处生命循环周期的阶段以及活动的持续时间，也要考虑活动过程中潜在的危险和应对的措施。

（一）休闲活动开发四要素

能够反映较好的休闲活动策划经验的"都柏林论坛"（都柏林，即爱尔兰首都）的组织者们指出，一个成功的休闲活动开发至少包含以下四个关键要素。

1. 核心理念

本活动项目策划区别于其他项目的中心思想。即你所表现的东西对于观众而言真正意味着什么。

2. 环境选择

将活动项目策划和举办地的有形环境相结合，哪种类型的表演能真正和项目所在地环境相得益彰、熠熠生辉？在该环境下可以进行什么种类的表演以及选择什么样的舞台结构？

3. 艺术导演或制作人所扮演的角色和工作章程

活动表演的制作人既是策划方案的把关人（从演员们提交的自荐表中选择参加活动的表演者），也是偷猎者（如一些体育俱乐部派出的优秀的探子一样），他们在周围游荡以发现最好的演员）。

4. 活动标准

标准应包括演员对节事市场的兼容性，该类型的表演在其他活动项目中出现的历史记录，以及某项表演的技术质量。而一些大型节事活动的举办方还对以下方面有相应要求：

（1）某项海外表演项目在其本国已经表演过多少次？

（2）传统项目和新兴项目在活动组合中的期望比例是多少？

（二）休闲项目的打包

打包应该算是活动项目最低度开发的方法之一。打包的途径包括将不同类型的娱乐活动、食物以及饮料打包，合并成为一个单独的市场提供物；或者将活动项目和附近区域的食宿、交通以及其他一些吸引物打包在一起。

许多活动项目没有能够好好地利用打包的优势，打包是一种能在现有市场更好定位并吸引客人的有效方式。例如，将航班、旅馆住宿、看台门票、VIP 停车位、友好款待等打包在一起，当然活动项目打包多少很大程度上取决于客户愿意支付多少钱。

 小贴士

"套餐"——国际奥委会的捆绑销售原则

产品组定价法，也可理解为"套餐"式捆绑销售，通过促销可以让消费者一次性以优惠的价格买到更多的东西（如图 6-6）。这种方法曾为国际奥委会所用。

图 6-6　捆绑销售

为改变过去历届奥运会电视转播零售所带来的弊端，国际奥委会于 1995 年决定，以 2000—2008 年为一个周期，把这期间所有冬、夏两季奥运会的电视转播权放在一起进行一揽子销售，签订长期合同。

任务三　休闲项目的管理

一、休闲项目管理的概念

休闲项目管理是项目管理者为实现项目目标而执行的管理职能，包括计划、组织、控制、沟通、激励。

项目管理是一种对项目从论证、立项、筹资、计划、组织、实施、控制到运营的一套系统管理方法（如图 6-7 所示）。它通过一个临时性的专门组织，对项目进行有效的计划、组织、指导和控制，以实现对项目全过程的动态管理和项目目标的综合协调和优化。

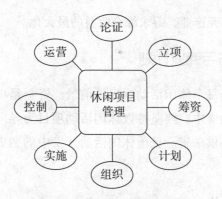

图 6 - 7 休闲项目管理系统

项目管理的核心特征是"优化组合、动态管理";成功项目管理的目标是"利益相关者的满意"。

二、休闲项目管理三要素

(一) 管理主体

投资主体分为投资者、经营者。投资者指的是项目的出资方;经营者指的是项目运营过程中的主持者。需要注意的是很多时候项目的投资者并不直接经营项目,而是将经营权委托给专业的项目运营团队。

(二) 管理客体

休闲项目从开始到推进,甚至到后期运行是一项庞大的工程,里面的内容相当庞杂。主要包括项目启动、搜集资料、拟定可行性方案、方案的论证、项目方案修改、项目通过与立项、项目营运、后期修改等。

(三) 管理目的

休闲项目周期所需的时间,品质的高低,以及如何才能做到尽可能地节约成本的同时产出最大效益都是必须重视的。

任务四 休闲项目的融资

休闲产业链的延伸,与城市景观、房地产、小城镇、文化娱乐等深度结合,产生了一个整体的、互动的结构,一个大的构造,我们称之为"泛休闲产业"。休闲项目投资,已经脱离单一项目投资的时代,越来越多的投资商,着眼于区域整体投资,力求整合休闲产业链，整合多元产业，寻求综合收益的最大化。

一、投资项目评估与商业计划

休闲行业前景不等于每个休闲活动项目的前景。资金是项目启动和顺利完成的必备条件，在休闲活动投融资中，要坚持以休闲活动项目为导向，为超过项目投资者自身筹资能力的活动项目提供融资。目前休闲活动开发中的融资运作，仍处于十分原始的阶段。

（一）投资项目评估

休闲活动项目的投资评估指标体系由 7 个方面组成（如图 6 - 8 所示），主要包括市场评估、产品与技术评估、投资项目规模评估、项目管理评估、财务评估、风险及退出方式评估、环保评估。

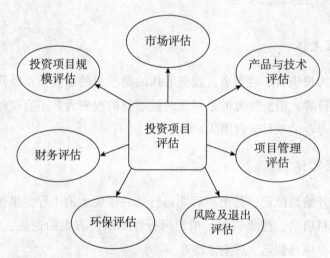

图 6 - 8　休闲活动项目的投资评估指标体系

1. 市场评估

休闲活动项目的市场评估包括现有休闲活动市场的评价（竞争产品和更新换代产品）及对未来的市场预测，相对侧重后者。这一类指标评估的目的在于通过考察现有的市场和竞争状况，判断项目是否具有可观的市场前景。由于市场本身的复杂性，在对项目进行市场分析预测时，应着重考虑以下一些因素，休闲项目的消费对象、项目的价格水平与潜在消费者收入状况、替代产品的发展趋势。

2. 产品与技术评估

投资项目的产品与技术评估主要包括现有产品与技术的纵向、横向延伸空间和创新开发能力。着重考察产品与技术的独特性、技术含量、边际利润、竞争保护及持续创新的可能性等。具体来说，要分析主要产品的技术特征、技术水平、技术壁垒及知识产权保护情况；产品的竞争优势、更新周期、技术发展的方向和重点；产品的研究开发能力、生产能力及其各种支撑条件等。

3. 投资项目规模评估

投资项目规模评估主要包括规模经济、供求状况、筹资能力、生产要素的持续供给等方面的评估。

4. 项目管理评估

项目的团队素质评估有以下几个方面：

第一，项目的高层管理者是否具有高度的责任感、极强的必胜信念、高超的领导艺术和强烈的创新意识，是否具有足够的威望和号召力，能够运用权力来实现自己的理想。

第二，项目的核心管理层对目标市场、行业是否熟悉；是否了解产品、掌握核心技术、是否具备融资与调拨能力、组织管理能力等。

第三，团队成员的技术状况、知识结构（专业、学历、经验）。

第四，团队的工作理念及企业文化等。

5. 财务评估

项目投资财务评估指标体系包括休闲活动未来 5 年的财务预测及投资回报的预测。预测现金流量表，重点考察投资资本需求、资本支出维持水平、计划资本支出、计划折旧与摊销时间表、账面和课税资产寿命、融资需求、净现金生产能力等；预测资产负债表，考察各科目的变动情况及其合理性、销售和损益的对照。投资回报的预测主要是根据投资项目的特点，选择和确定能够正确反映项目风险的贴现率，建立合理的现金流量模型，并用这一贴现率计算项目的投资收益、净现值和投资回收期、投资回报率等。

6. 风险及退出方式评估

休闲活动项目投资的风险评估是指在项目动工之前对该项目的各个方面的不确定性进行预先估计，比如该项目的市场风险、技术风险、财务和融资风险、管理风险、退出风险，等等。

7. 环保评估

休闲活动项目投资的环保评估主要是指对该休闲活动的展开和实施是否对周边环境产生影响，是产生好的影响还是坏的影响这一方面做出评估。

（二）商业计划书

商业计划书（Business Plan），是创业者或经营者准备的一份书面计划，用以描述当运营一个企业或举办某项活动时相关所有内外部要素。一份好的商业计划书将会使投资者更快、更好地了解投资项目，使投资者对项目有信心，有热情，促成投资者参与该项目，最终达到为项目筹集资金的作用。

1. 休闲项目商业计划书

《休闲项目商业计划书》在经过前期对项目科学地调研、分析、搜集与整理有关资料的基础上，向投资人全面地展示公司和项目目前状况、未来发展潜力，可以达到招商融资的作用。其主要内容包括经营者的理念、市场、客户、比较优势、管理团队、财务预测、风险因素等。商业计划书对市场的分析由大入小，从宏观到微观，以数据为基础，深刻地描述公司、项目在市场中将争取的定位。在比较优势方面，对企业本身强弱情况及竞争对手的战略而做出详尽的分析；在管理团队方面，从各人的背景及经验分析其对公司（或项目）中不同岗位的作用；在最关键的财务预测上，报告将对绝大部分的财务假设及其所引致的财务影响彻底地描述及分析。

2. 商业计划书与可行性研究

资源再好，不转化为产品也没用；产品再好，不包装也无法融资。无论是政府进行招商引资，还是企业融资，对休闲活动的包装都具有特别重要的意义。俗话说，三分长相，七分打扮。所以问题在于如何"打扮"休闲活动。

《休闲项目商业计划书》实际上就是休闲活动项目的一种包装方式。通过《休闲项目商业计划书》，经营者会更了解生意的整体情况及业务模型，也能让投资者判断该生意的可盈利性，是项目市场融资的一个关键而有效的工具。商业计划书作为一种投资决策科学工具，它具备相对完善的投资决策思考判断程序。

商业计划书与可行性研究不同，可行性研究报告主要对项目的经济和技术做研究分析，但却没有研究和分析这个项目是谁来做、怎样做，做这个项目会遇到什么障碍和风险，怎样解决，而这正是投资一个项目能否成功的关键。商业计划书的任务就是解决这个问题，而这正是投资项目策划运筹的目的。

二、休闲项目的资金运作与招商引资

现代社会，独立完成综合性休闲项目，既不经济，也不现实。一个成功的项目，应该是一个善于借助投资人及银行，搭建融资平台。通过优秀的策划，引入其他投资人及银行，而自己控制或委托专业机构实施有效开发，将自己的风险降到最低，控制长期盈利。

（一）休闲项目融资渠道

一般而言，休闲活动项目建设资金不能全部靠企业自有资金，应积极进行融资和招商引资，用少量种子资金起动项目，利用项目融入建设资金。开发商可以从以下八个方面进行融资。

1. 银行信贷

银行信贷是开发商主要的融资渠道。对旅游资源开发项目，可以采用项目信贷的方式借款。项目信贷要求自有资本投入 25% 以上，可向银行贷 75%。开发商可使用土地使用权、相关建筑物的所有权、开发经营权、未来门票或其他收费权等资产作为抵押或质押。

（1）商业银行。包括质押、抵押等方式。

（2）政策银行。我国主要有国家开发银行、农业发展银行、中国农业银行、中国银行等银行。

（3）卖方信贷。如设备进口。

（4）担保公司。个人或企业在向银行借款的时候，银行为了降低风险，不直接放款给个人，而是要求借款人找到第三方（担保公司或资质好的个人）为其做信用担保。

（5）世界银行贷款。由世界银行提供给发展中国家的政府，由政府担保的公私机构的优惠贷款。包括国际复兴开发银行贷款和国际开发协会信贷（IDA credit）。

（6）国家间支持性贷款。包括外国政府贷款、国际金融组织贷款和国际商业组织贷款等。

2. 私募资本融资

开发商对自身的资本结构进行重组改制，设立股份有限公司。开发商以股份有限公司的主发起人身份，向社会定向招募投资人入股，共同作为发起人，形成资本融资。开发商也可以先成立自己绝对控股的有限责任公司或股份有限公司，再向社会定向募股，以增资扩股的方式引入资本金。

（1）战略投资人。指符合国家法律法规和规定要求的，与发行人具有合作关系或合作意向和潜力并愿意按照发行人配售要求与发行人签署战略投资配售协议的法人，是与发行公司业务联系紧密且欲长期持有发行公司股票的法人。

（2）搭车投资人。抢搭车是指投资人于股价稍微上涨时立即买进的行为。在这里"搭车投资人"即指那些项目处于上升期时加入的投资人。

（3）资产整合。资产整合在并购中占有重要地位。通过资产整合，可以剥离非核心业务，处理不良资产，重组优质资产，提高资产的运营质量和效率。

3. 整体项目融资

开发商在开发中，设立为若干个项目，并制作单个项目的商业计划书，按照投资界规范的要求准备招商材料。依据招商材料，开发商可以向境内外的社会资金进行招商，其中可以采用 BOT 等多种模式，也可以采用合成开发、合资开发、转让项目开发经营权等多种方式。

4. 政策支持性融资

充分利用国家鼓励政策，进行政策支持性的信贷融资。在休闲旅游方面的信贷融资包括旅游国债项目、扶贫基金支持、生态保护项目、文物保护项目、世界旅游组织规划支持、国家及省市旅游产业结构调整基金等。

5. 商业信用融资

若开发规划有足够的吸引力，开发商有一定信用，开发中的工程建设可以通过垫资方式进行。一般情况下，工程垫资可以达到30%～40%，若有相应的垫资融资的财务安排，垫资100%也有可能。

商业信用可以表现在很多方面，若开发能与开放游览同步进行，则可在旅游商品、广告宣传、道路建设、景观建设等多方面进行商业信用融资。

6. 海外融资

海外融资方式非常多，包括一般债券、股票、高利风险债券、产业投资基金、信托贷款，等等。海外融资目前受到一些政策限制，但仍有很多办法可以开展。这需要一家海外投资银行作为承销商，全面进行安排和设计。

7. 信托投资

自2001年10月1日《信托法》出台以来，信托投资公司已经拥有了很大的运作空间，并创造了一些新的金融工具。其中，以项目和专题方式发行信托投资凭证的方式，引起了各方面的兴趣。例如，可以策划发行西部旅游信托凭证，把西部旅游项目打包，通过信托凭证，向社会集资。

8. 国内上市融资

由于存在"门票收入不能计入上市公司主营业务收入"的限制，目前资源开发类旅游企业较难直接上市。但通过将收入转移到索道等交通工具上的方式，或者是以宾馆、餐饮、纪念品等项目包装为基础的企业，仍可走上市的道路，也可以吸引上市公司作为配股、增发项目进行投资。

(二) 休闲活动项目的招商引资模式设计

休闲活动项目投资，因项目的综合性、复杂性与服务性，结合资本投入力度、回报率要求等投资商自身因素，就形成了商业模式上的巨大差异。针对休闲活动项目设计恰当的招商引资运行模式，可以充分挖掘每个项目的潜在价值，最大程度地降低项目的风险。

1. 寻找合作伙伴

休闲活动项目建设投资之前，应该确定合作伙伴，落实投资种子资金。一般而言，项目建设资金不能全部靠企业自有资金，应积极进行融资和招商引资，用少量种子资金起动项目，利用项目融入建设资金。

信贷资金是建设资金最重要的筹措来源。根据投入前期资金与建设需要资金的缺口，应该积极进行银行融资。在不失控制权的基础上，投资商可根据对项目的安排，把项目主体设计为有限责任公司，并争取引入战略投资人，以扩大公司资本金。对于项目的附属工程，如景区的接待设施和服务设施，应拿出一部分项目进行招商引资，引入相关的专业投资人，针对索道、设施游乐、酒店等子项目，进行合作或独立投资。

2. 打造招商引资的项目平台

休闲行业具有综合性特征，因此每个休闲活动项目下会有多个子项目。又因为各个行业投资商所拥有资本资源、信息资源等不同，其投资战略、投资回报要求不同，同一个项目对于不同的投资商会有不同的投资回报，所以招商引资的前提是根据休闲活动项目评估系统提供一个详尽、规范的项目库，为投资商对有意向的目标项目投资评估提供资料，也为项目提供者挑选合适的投资商提供资料。这个平台涉及了国内国际的资本平台，同时为资本的进入和退出提供了通道，为投资商的不同时段的投资要求提供了多种选择，为投资商和项目提供者降低了投融资的风险，从而降低了整个项目的风险。同时，这个平台也应该配备了行业专家服务的资本平台，能够为不同的资本找到一个最适合他们的风险最小的介入点。

3. 设计良好的投资环境

现在一些项目的招商引资一味地在优惠政策上让步，并不一定能吸引投资商，而且还造成了恶性竞争。良好的投资环境，一方面要有优惠政策，一方面要考虑到项目提供者本身的利益。我们要把项目设计，看成为休闲专业设计与商业运作策划的全新整合，把"投资—收益"理念和"投资—收益"结构贯穿全部的策划，贯穿执行计划，这样，"投资—收益"就从一个完整的运作计划落地到具体的运作步骤中来了。

优惠政策应该是针对降低投资者在关键环节的风险，针对项目具体资源匮乏或丰富程度，在不同时段，设计相应的优惠政策。在各项资源的产权保护和相关的法律法规上为投资商提供利益的保护，坚持规范的市场化运作，这才是投资环境建立的根本。

4. 从降低风险的角度，紧密结合营销策划活动设计融资结构

在项目的融资结构设计上，本着保证资金筹集全部到位和资金成本最小化的原则，从降低项目风险的角度，从各个融资市场上融资，通过转让、抵押、拍卖项目经营权、项目收费权的等各种形式引入资本，确定各个融资方式的比例和序列，配合项目的投资模式达到最好的现金流模式。

小贴士

不同的投资模式会有不同的投资回报，应该按市场需求制定投资项目，丰富投资项目的内容。不同投资模式的特点如下：

（1）滚动开发模式：持续小资金。

（2）分期开发模式：阶段性。

（3）一次性完全开发模式：先开发完成再开放。

由于开发投资的方式不一样，受资金情况的限制都采取滚动开发的模式，设计投资各个子项目的时间序列安排，采取"滚动式"投资经营策略，边经营，边扩建，针对不同阶段设计不同的收益项目，缩短建设周期，尽快回收投资。分期开发则注重其中的结构安排问题。

5. 整合整个招商引资的流程

以投融资市场化操作为理念，以最大化项目价值、最大程度降低项目风险为原则，整合整个招商引资的流程，使得项目都能在合适的时机引入适量的资本，为投资者带来其最优收益，为当地的经济带来可观的社会经济效益。

采用标准流程包装融资方案，在项目的融资方案的设计上，聘请旅游行业的投资银行对项目进行包装。改变传统招商引资的做法，采用公开融资的流程进行操作，对项目进行各个方面的包装，制作规范的商业计划书，组织有资格的中介机构（如会计师事务所、律师事务所、评估事务所等）在尽职调查的基础上，提供相应的履行诚信义务的财务报告、评估报告、法律意见书、投资分析报告等。经过这些具有可信度的资料包装之后，就可以吸引海内外的投资商，从而寻求项目价值最大化和项目风险最小化。

6. 多种方式结合推介融资方案

采用媒体推介、活动推介的方式对项目的融资方案进行推介。在媒体推介方面可利用报纸、网站、电视、朋友圈等手段，包括建立自己的网站、发行自己的刊物和在大型有影响的网站上、报纸上、电视频道上发布项目等。活动推介包括路演和招商会的方式。通过各种形式，一方面推介项目，让不同背景有意向的投资商了解项目；另一方面扩大项目的影响，提升项目周边的土地价值。

透视众多成功的休闲投资项目，都是通过一系列不同阶段的营销策划与投融资不同的阶段配合，一方面挖掘项目资源的潜在价值，包括与人们内心世界相连的无形资产的价值和当地的土地、建筑等资源的增值；另一方面降低投融资过程的资金筹集的风险、资金到位的难度，给投资商好的项目前景预期。

复 习 题

一、单项选择题

1. 项目管理包含三个要素：分别为（　　）。

A. 管理主体、管理客体、管理目的

B. 时间、质量、成本最优化

C. 项目方案修改、项目通过与立项、项目营运

D. 项目主体、项目客体、项目目的

2. （　　）是目前应用的较好的方法。

A. 头脑风暴法　　　　　　　　　B. 加权多重要素评价矩阵

C. SWOT 分析法　　　　　　　　D. 加权平均法

3. 休闲活动项目作为服务性产品，一般包含三大要素（　　）。

A. 艺术表演、体育赛事、节庆

B. 表演艺术家，服务质量，参与者的类型

C. 主体、客体、媒介

D. 项目卖点、项目特色、传递过程

二、多项选择题

1. 项目财务分析中的成本预测包括（　　）。

A. 场地费用　　　　　　B. 宣传推广费　　　　　　C. 招商的费用

D. 相关活动的费用　　　E. 办公费用和人员费用　　F. 税收

2. 世界银行贷款包括（　　）。

A. 中国银行　　　　　　B. 国际复兴开发银行贷款

C. 国际开发协会信贷　　D. 中国发展银行

三、简答题

1. 什么是项目？项目选择的基本原则是什么？

2. 什么是目标树？如何进行目标树下的项目筛选？

3. 简述项目可行性研究的内容、实施方案和方法。

4. 项目评估包括哪些主要内容？商业计划书与可行性研究报告有何不同？

5. 休闲项目融资渠道主要有哪些？各有何特点？

四、实训题

【实训名称】

新生当地一日游可行性研究报告

【实训内容】

新学期开始了，初入大学的新生们对全新的学习环境充满期待，同时也对即将生活几年的城市怀有一份好奇。某旅行社拟推出针对大一新生当地城市一日游活动，请分组进行可行性研究并提供一份报告。

【实训步骤】

1. 选取城市和调查对象；

2. 搜集有关资料并归类整理；

3. 按照可行性研究报告的基本格式进行分析。

【实训点评】

培养学生团队合作精神，提高搜集、分析资料能力。

项目七　休闲市场

任务导入

作为一种产业形态，休闲业已经成为第三产业中的重要增长点。国内目前已有多个城市确定了以发展休闲经济带动第三产业的发展，进而带动国民经济的全面发展。如成都、杭州等著名旅游城市将未来发展定位为"休闲之都"。

随着休闲大众化进程加快，休闲市场也愈发庞大，充满了市场活力。什么是休闲市场？休闲市场营销应该注意什么问题呢？

学习目标

1. 知识目标

了解休闲市场概念和特点。

理解休闲市场营销市场细分及细分方式。

掌握休闲市场营销策略。

2. 能力目标

能够良好地配合营销团队进行休闲市场营销。

任务一　休闲市场概述

一、休闲市场概念

1. 休闲者

在工作学习之余的闲暇时间，通过休闲活动调节身心、强壮体魄提高生活质量的社会人都可以认为是休闲者。

2. 休闲产业

休闲产业一般涉及国家公园、博物馆、体育、影视、交通、旅行社、导游、纪念品、餐饮业、社区服务以及由此连带的产业群。休闲产业不仅包括物质产品的生产，而且也为人的精神文化生活的追求提供保障。由于如今休闲的人众多，休闲产业就必然是个庞大的产业。同时人们有各式各样的休闲方式，休闲产业也就一定是包罗多种多样的产业。

3. 休闲市场

休闲市场是由休闲者、休闲产业等因素构成的符合市场一般规律的细分市场，是满足人们休闲需求的市场。

 小资料

度假酒店是伴随着度假旅游的发展而兴起的（如图 7-1）。出于保健和治疗的目的，欧美国家最先开发海滨和温泉旅游度假地。度假旅游第一阶段的发展特征就是借助于自然资源，以海水浴、温泉浴、矿泉浴及医疗保健为主要内容开展休闲度假活动。后来度假旅游则把疗养与游乐结合起来，增加了以大海（Sea）、阳光（Sun）、沙滩（Sand）为组合的"3S"滨海旅游以及参与性强的运动性娱乐项目，如划船、网球、保龄球等。

当代的度假旅游加入更多的休闲和游乐元素，进一步融合了高尔夫球、大型游乐场等业态，使得度假内容更趋多样化。值得关注的是，为适应大都市居民短期近距离休闲度假的现实需求，都市周末休闲旅游圈范围内涌现了不少城郊型度假设施。

图 7-1 度假酒店

度假酒店成功的要素有以下几点：第一，坐落在风景美丽、气候宜人的度假区内。第二，与客源地有合适的空间距离、时间距离或文化距离。需要指出的是，一定的文化距离也可以成为度假地的吸引要素。然而，差异过大或者度假地配套设施不完善也有可能影响度假地以及度假酒店的成功运作。例如，接待人员甚至当地居民的语言沟通障碍都可能成为阻碍度假者成行的因素。第三，度假区或度假酒店内配有丰富的康体休闲活动和娱乐设施。

二、休闲市场社会作用

1. 休闲市场逐步成为城市经济运行的重要组成部分

国家和地方政府根据休闲时间的长短制定新的经济政策，促进不同方面的消费，调整新的产业结构，建立新的市场，不仅能够解决失业和就业问题，促进和改善服务，增强人的休闲欲望，而且还能维护社会安定团结，繁荣社会文化，提升人的精神文明。

2. 休闲市场拉动了整个市场消费需求

休闲旅行，用在住房、服装、餐饮和教育方面中的消费休闲开支，再加上在家庭和当地社区的休闲消费，极大地促进了城市经济的发展，拉动了城市的需求。

3. 休闲为城市提供了巨大的劳动力需求市场

休闲业涵盖了包括旅游业、娱乐业、服务业在内的广阔的范围，它所需要的劳动力极大地解决了城市的剩余劳动力问题。近十几年来，发达国家的休闲业进入高速发展的新时期，随着工作时间的减少，共享工作已应运而生，政府认为，缩短工作时间，可以减少失业。政府可以以较少的财政支出争取公众和个人的更大支持，使休闲业发展更快。

三、休闲市场特点

1. 基本消费为主

由于消费者多为工薪阶层，受经济条件制约，基本花费比重大于附加花费比重，享受型不多。游客消费主要在吃、住、行上。根据调查，一次短途旅游，人均花费在200～300元人民币，约70%为自费出游。

2. 个性化

与一般观光旅游的游客相比，休闲者的出游动机显得比较多元，因此属于小众化、个性化的旅游需求。

3. 淡旺季不明显

休闲出游的时间主要集中在双休日和黄金周。休闲的种类也要显出多样化的特点，涉及空间范围不大。踏青、避暑、秋游、赏雪四季交替，加之其他休闲项目多不受时间限制，因此本市场季节性不强。但法定节假日前后，由于调休可使假期增至3～4天，因此，"五一"、"十一"、元旦是相对高峰期。

4. 自然景观重返率高

双休日出游的游客距景点不远，对已经熟悉而改变不大的人文景观再次光顾的兴趣不大。而对容易到达的自然景观，由于从中能感受到自然界的纷繁与变化，又能放松身心，因此重游的机会较大。

据周末度假走向调查，一些自然景点如杭州西湖，西安骊山被认为是城市居民重游不厌的景点。近年城市的花卉展览游人如织，也说明了这一点。

因此，对于重返率高的景点在价格定位上可实行低价多销的战略。

5. 游客层次较高

休闲市场中的消费者出游时间虽然较短，但出游次数多，频率高，对服务要求也相对较高。同时消费者多为城镇居民，随着经济实力增强，对产品要求也逐步升高。

从世界旅游发展的宏观背景看，节事早已成为国际性城市旅游目的地旅游资源。自20世纪80年代以来，欧美发达国家就已经加强了对各种事件的科学管理和市场运作，并将各种事件演变成为推动各自城市旅游发展的重要动力（如图7-2）。

节事旅游在国外发展时间比较早，特别是在一些发达的国家和地区，节事旅游发展已形成体系，部分节事旅游具备丰富的文化内涵和深厚的群众基础，这些活动从策划、组织、管理、运作到评估已具备了一套相当完善的运作体系。

作为以各种盛事、节日的举办和庆祝为核心吸引力的一种特殊旅游形式，节事旅游已日益成为世界各大城市发展旅游业、振兴旅游经济的重要方式。许多国际性大都市在积极引进国际性重大会议或者体育赛事的同时，通过提炼和加工传统民族节日，或者创办新型城市文化娱乐型节庆活动的方式，形成了各具特色和市场口碑的旅游事件。

图7-2 狂欢节上的滑稽表演

如闻名世界的英国"伦敦诺丁山狂欢节""德国慕尼黑啤酒节""西班牙潘普罗纳城奔牛节""美国玫瑰花节""日本御堂筋节"和"巴西狂欢节"等都已经成为举办城市享誉全球的独特旅游资源，并进一步演化成为获得旅游市场认知的旅游城市名片和吸引游客的旅游产品品牌。

思考：如何将我国的传统节日融入休闲产品中？

任务二　休闲市场营销管理体系

休闲的特殊性要求经营者提供休闲产品时，在满足顾客生理需求的同时，更重要的是要满足其心理上的需求，要让顾客在愉悦身心的同时有所感、有所悟。

一、休闲市场营销管理概念

营销观点认为，实现企业目标的关键在于能明确目标市场的需求，并能以比竞争手段更有效的办法去满足市场需求。

休闲市场营销管理是指休闲企业为了更有效地满足目标市场的需求，对思想、产品或者服务的构思、定价、促销及分销，进行规划、设计、执行和控制的过程。休闲市场营销管理体系如图 7-3 所示。

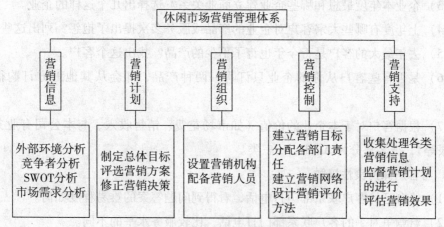

图 7-3　休闲市场营销管理体系

二、休闲市场营销客户管理

（一）客户管理目的

（1）企业的客户可通过电话、传真、网络等访问企业，进行业务往来。

（2）任何与客户打交道的员工都能全面了解客户关系，根据客户需求进行交易，了解如何对客户进行纵向和横向销售、记录自己获得的客户信息。

（3）能够对市场活动进行规划、评估，对整个活动进行全面的透视。能够对各种销售活动进行追踪。

（4）系统用户可不受地域限制，随时访问企业的业务处理系统，获得客户信息。

（5）拥有对市场活动、销售活动的分析能力。

（6）能够从不同角度提供成本、利润、生产率、风险率等信息，并对客户、产品、职能部门、地理区域等进行多维分析。

（二）客户管理流程

1. 识别你的客户

（1）将客户名输入到数据库中。

（2）采集客户的有关信息。

（3）验证并更新客户信息，删除过时信息。

2. 对客户进行差异分析

（1）识别企业的"金牌"客户。

（2）哪些客户导致了企业成本的发生？

（3）企业本年度最想和哪些企业建立商业关系？选择出几个这样的企业。

（4）上年度有哪些大宗客户对企业的产品或服务多次提出了抱怨？列出这些企业。

（5）去年最大的客户是否今年也订了不少的产品？找出这个客户。

（6）是否有些客户从你的企业只订购一两种产品，却会从其他地方订购很多种产品？

（7）根据客户对于本企业的价值（如市场花费、销售收入、与本公司有业务交往的年限等），把客户分为 A、B、C 三类。

3. 与客户保持良性接触

（1）给自己的客户联系部门打电话，看得到问题答案的难易程度如何。

（2）给竞争对手的客户联系部门打电话，比较服务水平的不同。

（3）把客户打来的电话看作是一次销售机会。

（4）测试客户服务中心的自动语音系统的质量。

（5）对企业内记录客户信息的文本或纸张进行跟踪。

（6）哪些客户给企业带来了更高的价值？与他们更主动地对话。

（7）通过信息技术的应用，使得客户与企业做生意更加方便。

（8）改善对客户抱怨的处理。

4. 调整产品或服务以满足每一个客户的需求

(1) 改进客户服务过程中的纸面工作，节省客户时间，节约公司资金。

(2) 使发给客户邮件更加个性化。

(3) 替客户填写各种表格。

(4) 询问客户，他们希望以怎样的方式、怎样的频率获得企业的信息。

(5) 找出客户真正需要的是什么。

(6) 征求名列前十位的客户的意见，看企业究竟可以向这些客户提供哪些特殊的产品或服务。

(7) 争取企业高层对客户关系管理工作的参与。

三、休闲市场营销环境分析

(一) 市场营销环境的概念

市场营销环境是指与企业营销活动有潜在关系，直接或间接影响企业营销活动的所有外部力量和相关因素的集合。

市场营销环境是企业的生存空间，是企业营销活动的基础和条件。达尔文的物种进化学说同样适合企业生存理念，任何企业总是存在于一定的社会经济环境之中，它的市场营销活动不可脱离环境而孤立地进行。

企业营销战略与营销计划的制定和实施要以环境为依据，并主动地适应环境，这样才能得以实现。市场营销环境是客观的，企业不能选择、改变环境，但可以积极努力地去影响环境，能够规避市场环境威胁，使环境有利于企业的生存和发展。因此，注重对市场营销环境的研究是企业营销活动的重要课题。

休闲市场营销是通过研究休闲市场供求变化，以满足休闲消费者为中心，开发适销对路的休闲产品，以获得最大的社会经济效益的休闲市场经营管理活动。

(二) 市场营销环境的类型

市场营销环境的因素既广泛又复杂。不同的因素对营销活动各个方面的影响和制约不尽相同，相同的因素对不同的企业所产生的影响和形成的制约也会大小不一。根据企业的营销活动受制于营销环境的紧密程度来分，市场营销环境可以分为微观营销环境和宏观营销环境。

1. 微观营销环境

微观营销环境是指与企业营销活动直接发生关系的组织与行为者的力量和因素，包括供应商、营销中介、顾客、公众、竞争对手、企业内部其他部门等。这些因素对企业具体的营销活动及其效果都会发生直接的影响，例如，某一企业的原材料供应商，突然减少对某一制造商的供应量，这势必直接影响该企业的销售总量。所以，微观营销环境又称为直接营销环境或企业作业环境。

休闲市场微观环境分析主要包括：同质竞争者分析、消费者行为分析、消费者行为分析、产品营销手段分析、企业能力分析等。

2. 宏观营销环境

宏观营销环境是指影响企业营销活动的社会性力量和因素，包括人口、经济、政治法律、社会文化、自然物质和科学技术等。例如，人口的老龄化，为老年用品的生产提供了广阔的市场。为此，企业营销活动必须全面、准确地分析这些因素。

休闲市场宏观环境分析包括：政策分析、人口分析、社区分析、文化分析等。

四、休闲市场细分

（一）休闲市场细分概念

休闲市场细分是指企业根据顾客对休闲产品的需求、购买行为和购买习惯、对价格敏感程度等方面的差异，把休闲活动市场划分为若干个细分市场，从中选择自己的目标市场的过程。

休闲市场细分是目标休闲市场选择和市场定位的前提，通过市场细分，能够更好地识别市场机会，抓住最有利的时机进行市场营销。

休闲市场中顾客的兴趣、行为、文化程度千差万别，但是同类顾客一般有着相似的需求和特点，因此休闲活动市场是可以细分的。这种市场细分是满足一般产品市场细分的特点的。根据细分市场制定不同的营销组合，根据各营销组合的特点确定不同的休闲活动产品、价格、营销渠道、促销方法等，以便更好地满足各种消费者的需要，并从中获取利益。

迪士尼市场细分与定位

沃特·迪士尼（Walt Disney），一年获利 270 亿美元的全球娱乐业巨人企业，意识到它的顾客价值在于其迪士尼品牌：建立在传统家庭价值基础上的有趣的经历和简单的娱乐活动。迪士尼公司将品牌延伸入不同的消费者市场来回报这些消费者的偏爱。譬如全家一起去看迪士尼电影，非常的开心，并希望能够继续这种经历。迪士尼消费产品部是整个迪士尼公司的一个部门，其通过整个产品线将目标定位于特殊的年龄层。

沃特·迪士尼于1928年创造了米老鼠（其他卡通人物如图7-4所示），迪士尼第一个长篇音乐动画电影《白雪公主和七个小矮人》在1937年首映。如今，迪士尼产品以令人吃惊的速度渗透。每年有超过30亿的印有米老鼠标记的产品。不过，正如沃特·迪士尼所说的："我希望我们不要忘记的是——所有这一切都由一只老鼠开始。"

图7-4　迪士尼卡通人物

例如，2004年的电影《牧场是我家》，除了电影本身，迪士尼公司还随之制作了电影原声大碟，一系列玩具和用孩子衣服装饰的女主角，还有极具诱惑力的迪士尼公园主题及一系列的图书。同样的，迪士尼2003年的电影《加勒比海盗》也开展了公园骑车赛和电影商品促销活动，制作游戏、电视剧以及漫画书。迪士尼的战略是围绕其每一个角色与顾客建立联系，从经典的米老鼠、白雪公主到最近成功的麻辣女孩（Kim Possible），每个建立的品牌都定位于特定的顾客群和销售渠道。米老鼠宝贝和迪士尼宝贝都定位于婴儿，但前者是通过百货店和礼品店出售，而后者却是低价定位，以大卖场作为销售渠道。迪士尼的"米老鼠儿童"系列将目标锁定于男孩女孩（迪士尼的儿童游戏房如图7-5所示），而无限制的"米老鼠"则定位于十几岁青少年和成人。

图7-5　迪士尼儿童游戏房

在电视方面，迪士尼频道是6~14岁的孩子最好的目标选择，迪士尼儿童游戏房定位于2~6岁的学龄前儿童。其他的产品，例如，迪士尼Visa信用卡定位于成人。持卡人在卡里每消费100美元就可以赢得一迪士尼"美元"，每年消费75000美元就可以兑换迪士尼的商品和服务，包括迪士尼公园、迪士尼专卖店、迪士尼影院和迪士尼剧场的商品。迪士尼甚至渗入到家得宝（Home Depot）中，设计了一系列的特许儿童房油漆涂料以及带有米老鼠标志的涂料样品。

迪士尼还生产带有相关联的特许品牌特征的食品。例如，迪士尼以小熊维尼为特色的优酸乳。定位于学龄前儿童的4盎司一杯的酸乳酪在杯盖下还有图例小故事，以此鼓励阅读。而迪士尼还推出了一种印有米老鼠、唐老鸭以及高飞形象的香草夹心饼干。

所有迪士尼消费产品线的结合可以从迪士尼（麻辣女孩）电视剧这个例子中看到。这一系列电视剧讲述了一个典型的高中女生在其空闲时间从一个罪恶的恶棍手中拯救世界的奇遇。这个在黄金时段收视率排名第一的有线电视节目已经催生了大量的由迪士尼消费产品部生产的商品（如图7-6）。

图7-6　迪士尼产品

这些商品包括：

（1）迪士尼硬品系列：办公文具，午餐盒，食品，房间装饰品。

（2）迪士尼软品系列：运动服，睡衣，便服，附加品。

（3）迪士尼玩具：豆子袋，长毛绒玩具，时尚玩偶。

（4）迪士尼出版物：日记，儿童小说，漫画书。

（5）迪士尼唱片：《麻辣女孩》的电影配乐。

（6）博伟（BuenaVista）家庭娱乐：DVD/视频。

（7）博伟（BuenaVista）游戏：GameBoy Advance。

"麻辣女孩的成功源于紧凑的故事，并且将故事很好地融入了商品之中。"迪士尼全球消费产品部的总裁安迪·莫尼（Andy Mooney）说道。瑞奇·罗斯（Rich Ross），迪士尼娱乐频道的总裁补充道："如今的孩子希望和他们最爱的电视角色，如麻辣女孩，有更深层次的互动。这一系列产品使得观众的经历与诸如金（Kim）、鲁弗斯（Rufus）、罗恩（Ron）等电视角色结合在一起，使得观众能触摸、能看见，甚至亲身体验到麻辣女孩金的经历。"

思考：迪士尼公司是如何选择细分市场并定位自己产品的？

（二）休闲市场细分因素

1. 社会细分

休闲市场的社会细分通常从消费者年龄、性别、社会层次和文化程度来进行。从消费者的年龄来分，可将休闲市场细分为儿童市场（12岁以下）、少年市场（13~18岁）、青年市场（19~35岁）、中年市场（36~49岁）和老年市场（50岁以上）。

从消费者的性别来分，可将休闲市场细分男性市场和女性市场。男性消费者喜欢具有竞争性、挑战性和刺激性的产品，喜欢能展现其力量和智慧的休闲项目以及能够让人彻底放松的享乐性项目。女性消费者更青睐于那些能够帮助塑造容貌和身体美丽的产品，喜欢有品位的、能够在浪漫轻松的氛围中提高自身修养的产品。

小案例

SAS 航空公司界定自己的目标市场

20世纪80年代中叶，当扬·卡尔松成为斯堪的那维亚联合航空公司（SAS）的CEO时，他对公司的目标市场进行了重新定义：集中发展欧洲民航运输产业中的一个特定市场：经理阶层。即产品：民航运输、需求：商务旅行、客户：经理、地域：欧洲。这意味着SAS减少了对其他市场领域的注意。

这一市场的特定需要是：在陆上和空中享受准点、安全、个性化和舒适的服务。为此，SAS开发了许多服务项目来满足顾客需求，例如，为实现在陆上提供舒适服务的目标，SAS 保证在欧洲和美洲城市的 SAS 宾馆可以直接定座；SAS 拥有一支供租用的车队，由豪华轿车、直升飞机和普通轿车组成，用于接送旅客；在一些城市 SAS 还提供一种将旅客的行李从办公室或 SAS 宾馆运送到机场的特殊服务；在机场备有适当装饰、供旅客使用的特殊房间；更换了服务人员的旧制服；职员重现培训，以改进服务水平和提高处理突发事件的能力，等等。简而言之，就是向目标顾客提供门对门的服务。

2. 经济细分

从消费者的支付能力来看，可划分为高消费型休闲市场、中档消费型休闲市场和经济型休闲市场。高消费休闲者不甚计较价格，但要求物有所值，要求产品和服务的高档次和高科技含量；经济型休闲消费者则更加重视休闲产品的实际功效，对服务和质量要求不高。

从消费的实际支付者的角度，可划分为集团休闲消费市场和个人休闲消费市场。集团消费市场相对来说，经济实力雄厚，带有招待的商业目的，大多不十分计较成本，但对休闲产品的档次、环境氛围、服务质量要求较高；个人消费市场则重在实惠，让利和促销策略能得到积极反应。

3. 顾客来源细分

从顾客来源角度，可以将休闲消费市场分为本地客源市场和旅游客源市场。本地客源市场更加关注休闲产品的时尚和潮流性，关注产品的健康、文化含量以及价格和营销策略；旅游客源市场，更为关注的则是休闲产品的文化性、地域特色、可参与性和能否得到独特的体验。

4. 根据气候细分

地形、气候、山、水、生物等都是构成休闲活动中的重要因素，其中起主导作用的是地形和气候两方面因素。不同地方气候特点不尽相同。在旅游中气候成为市场产异化定位的重要因素，同样休闲活动依然可以依靠气候制定差异化细分市场。如爱琴海附近显著的地中海风光产生的一系列沙滩休闲活动，每年吸引欧洲 80% 以上的度假者前来消费。从旅游市场普遍现象来看，一般气候寒冷、缺乏阳光地区的旅游者趋向于到阳光充足温暖的地区旅游。相反温暖地区的游客趋向于在冬天去北方寒冷地带猎奇。

在细分休闲活动市场的时候还需要注意的是，休闲活动中消费者的年龄、文化程度、性别等因素都能构成不同的细分市场。我们也可以根据消费者群体的性别、文化程度、年龄等进行市场细分。

目前，我国高低收入者的消费差距、城乡消费差距进一步扩大，因此，休闲消费结构层次也参差不齐。一些大中城市、发达地区以及部分高收入阶层实际上已进入集约型休闲消费结构的阶段，休闲者的消费频率逐渐上升，质量意识和品牌意识日趋增强，对个性化休闲产品的需求与日俱增。

据统计，在瑞士，中国游客每人每天的平均消费为313美元，居各国游客之首；在法国，中国游客的平均消费约为3000美元，是欧洲游客的三倍多（如图7-7）。

图7-7 小长假中国游客在海外扫货

难怪国内著名财经杂志《新周刊》发出了密集观光疯狂购物，中国人海外高消费震惊世界的感叹和惊呼。据永安会计事务所一份研究报告披露，目前在中国内地，至少有1000万~1300万人经常购买奢侈品，中国每年奢侈品消费额已超过20亿美元，成为世界第三大奢侈品消费国。而另一份研究报告则显示，到2020年，中国将取代日本成为世界第一大奢侈品消费市场。但在中国广大的农村地区，农民普遍收入较低，简朴型休闲消费结构仍占支配地位。

思考：你认为这种现象的出现对我们开拓休闲市场有什么启发？

五、休闲市场营销战略

（一）营销战略概述

营销战略是休闲企业其他战略规划的基础，是休闲市场营销管理过程中重要的环节之一，营销战略具有前瞻性和指导性。主要是分析市场机会、制定和实施营销计划以及评估营销效果；通过说明休闲企业期望在未来市场中占据何种位置，对企业近期行动计划具有指导意义。

（二）具体战略

1. 形象制胜战略

形象是休闲企业的生命，也是形成竞争优势的有力工具。

其实施过程包括：

（1）休闲企业形象设计：理念识别、行为识别、视觉识别。

（2）休闲企业形象推广：广告媒体、宣传册。

 **小资料**

企业形象策划

企业形象策划（Corporate Identity，CI）的历史最早可追溯至20世纪初，1908年，德国著名建筑设计师彼得·贝伦斯（Peter Behrens）为德国的 AEG 公司设计了简明的字母化标志，并将其应用到公司的系列性产品以及便条纸、信封、建筑、店面之中，贝伦斯 AEG 的这些设计实践被公认为是企业形象策划的雏形（如图 7-8 为某公司的产品设计实例）。自 CI 产生以来，欧美和日本的知名企业导入的成功使其以破竹之势在业中建立声誉。企业形象策划战略并非包治百病的灵丹妙药，但其合理和科学的内涵是企业走向成功的关键。

图 7-8 某公司的产品设计

企业形象策划也可以称为企业形象管理（Corporate Image Management），即从形象的角度对公司和企业进行理念（Mind）、行为（Behavior）、和视觉（Visual）方面的规划和管理。有目的、有计划地规范企业的价值观、目标、公关策略、服务营销、品牌标志、广告等，深圳企业形象策划公司将企业的内部文化和外部表现结合起来，内外兼修，构成形象的合力，从而冲击市场，赢得消费者的信任与支持。

企业作为现代社会的基本单位，它的发生发展对人类文明的进程有着深刻的影响。企业不仅推动了社会物质文明的发展，使人类的生活与企业结成了须臾不离的联系——工业革命以来，社会所需要的物质产品主要是企业提供的；更重要的是它对社会精神文明的发展与进步做出了重要的贡献。因此企业对企业形象策划公司的认可，过去企业被界定为一个经济组织，经济学把它定义为"有一定的行为特征，即谋求产出最大化和利润最大化的经济单元"。而随着文明的进步，企业已从一元定位走向二元定位，不仅创造物质产品，同时创造精神价值。企业形象策划的塑造是经由"理念—行为—视觉"三个方面的贯彻而达成的。而这正是企业"求真—向善—臻美"三个过程的完美统一。

2. 竞争优势战略

竞争优势是营销战略的核心，是细微分析休闲企业本身实力并与市场同类企业对比后得出的战略布局。

主要包括：

（1）产异化战略。

（2）低成本战略。

（3）产品组合优化战略。

3. 市场抢先战略

将企业注意力始终集中于行业的制高点，在营销组合各要素上都比竞争对手抢先一步，从而获得市场份额，在市场中居于领头位置。

4. 品牌支撑战略

品牌具有非常高的价值，有利于消费者识别企业及产品，有利于企业塑造自身形象、传达产品信息、激发消费者购买欲望及增加顾客忠诚度。

品牌塑造主要包括以下步骤：

（1）品牌决策。

（2）品牌设计。

（3）服务设计。

（4）有形设计。

5. 营销组合战略

市场营销组合是企业为达到在目标市场占有市场份额而对可控营销因素进行优化组合和综合运用的管理活动。

任务三 休闲市场营销策略

一、休闲产品定位策略

市场定位是通过识别顾客需要，开发并向顾客传播与竞争者不同的优势产品，使顾客对该产品有比竞争产品更好的认知过程。

对休闲业而言，休闲产品的定位策略，实质上就是要根据目标顾客的需求因素，在其心目中形成"第一"，形成独特性。主要包括以下4种方法。

（一）避强定位

避强定位也叫寻空定位、缝隙定位、补缺定位。这种定位策略不与对手正面交锋，它谋求的是与竞争对手"共享共荣""和平共处"。其核心是分析休闲消费者心中已有的形象阶梯的类别，发现和创造新的形象阶梯，从而树立一个与众不同、从未有过的主题形象。

如提供水上游览、娱乐的游船公司，它们中的大多数都提供一种分别停靠于不同港口的多日游览体验，然而，有些瞄准超细分市场的游船公司却发现，那种不靠岸的一日游很有赚头，女王伊丽莎白二世号游船成功地开辟了一个像劳斯莱斯一样的游船超细分市场，价格要数千美元，游览的时间也更长。

不过，为避免目标市场过小，使用这种定位策略的公司也会设法适当拓宽其定位、以吸引更多的细分市场。例如，亚利桑那州的巨石（Boulders）度假饭店宣称自己是最好的高尔夫度假地，是一个豪华的度假地，能给客人提供观赏索诺拉沙漠动植物群落的机会。通过这样的定位，巨石度假饭店既可以吸引高尔夫爱好者，也可以吸引一部分非高尔夫爱好者。

（二）对强定位

对强定位也叫逆向定位、对抗定位。这种策略强调并宣传的定位对象是休闲者心目中居第一位的或熟悉的某类休闲产品形象的对立和相反面，同时开辟了一个新的易被潜在消费者接受的形象阶梯。对这类策略，如重庆洋人街针对潜在消费者耳熟能详的主题公园，宣称自己是"非主题公园"（non-theme park），这就是否定"主题公园"模式以谋求一种矛盾性的对立形象，从而确立自己的有利地位。

（三）近强定位

近强定位也叫比附定位、借势定位，有句俗话叫"宁做鸡头，不做凤尾"。而近强定位遵循的理念则是"宁做凤尾，不做鸡头"。大多数行业都有一个公认的市场领导者，这个领导者公司在相关的产品市场中占有最大的市场份额，而使用近强策略的公司通常被称为"市场追随者"，由于其领导者公司已占据绝对的优势位置、自己的实力难以抗衡，怎么办呢？此时可强调与这个"第一"属同一类别，并不去占据原有形象阶梯的最高阶，而情愿甘居其次。这种策略通过模仿或有创新的模仿来规避风险、降低成本，获取利润。

在休闲活动的策划中，这种定位策略常被使用，如2005年湖南卫视"超级女声"节目获得巨大成功后，各种娱乐选秀节目立刻纷至沓来，如江苏卫视的"绝对唱响"、吉林市电视台等四家单位联手打造的"超级女声秀"，另外，还有"闪亮新主播""美丽中学生""新声夺人""超级偶像"等。

（四）超强定位

超强定位也叫领先定位，争雄定位，称霸定位。这种策略强调在休闲者心目中占据同类品牌形象阶梯的第一位置，即直接在某类影响较大的品牌形象阶梯中明确自己已经具有或有能力占据的第一位置。如美国的某个高尔夫球场，这个球场跨越国境，号称拥有世界上唯一的国际性高尔夫球洞和加长的可供公司管理人员乘坐喷气式飞机降落的私人飞机跑道，因为这些设施，该球场名声在外。

✕ 小案例

黑暗中的晚餐

这是一个起源于法国的展馆系列，目的是让明眼人体会盲人的生活。黑暗中的晚餐是新增加的项目。

"对话黑暗"展馆，每次只能坐三十多人，有种种注意事项：必须提前很多天订座，然后按人头把钱汇到指定的账号上。不点菜，不退订位，不迟到。展馆里真正是一片黑暗，每位客人在进入后可领到一根拐杖，并且教你如何使用拐杖。每张桌都有一个盲人负责领路、照管，有任何事情都可以找这人解决。

在进入餐桌前，顾客在盲人服务员的引领下，必须在黑暗中走完一段路，一段沙石地，一座桥，一段上坡路，然后又是一座摇摇晃晃的桥。接着，顾客需得为自己摸到椅子、在提示下找到叉刀和汤勺和酒杯、为自己倒饮料、夹菜、碰杯、交谈……所有这一切，都得在伸手不见五指的黑暗中完成。就餐完毕，每个客人可得到一份盲文餐单和一份盲文的字母单。由盲人服务员手把手地教每个人认识盲文中的 ABC，然后再领客人出门。

思考：本案例中采用了哪种产品定位策略？

二、休闲产品定价策略

（一）定价策略的分类

用来实现休闲活动预期目标的定价策略可以是以收益为导向的定价策略，也可以是以运营为导向的定价策略，还有以市场为导向的差别定价策略。

1. 以收益为导向的定价策略

此策略尽可能地把价格定为目标市场能接受的最高价格，以此方式来获得最大收益。明星慈善募捐晚会门票的定价就可以采用这种策略。

2. 以运营为导向的定价策略

这种策略试图通过在低需求的时候采取低价，在高需求的时候采取高价的方式来平衡供求关系。很多量贩式 KTV 采取的就是这样的定价策略，白天上班时间折扣高、价低，夜间价高，工作日价低，周末价高。

3. 以市场为导向的差别定价策略

以市场为导向的定价策略，不同的细分市场采用差别定价的办法。例如，一个为期三天的音乐节，给那些三天音乐节都要参加的参与者（那些狂热分子）一种票价，为了俘获那些第一次参加音乐节或音乐业余爱好者的心，会有仅参加音乐节一天的票价，以及为了欣赏最后一天的压轴表演和享受精美晚餐配套服务的票价。

（二）定价策略的选择

营销人员在选择休闲活动定价策略时的关键问题与价位水平和付款方式相关。郭鲁芳将休闲消费结构界定为四种类型：即简朴型消费结构、粗放型消费结构、集约型消费结构和舒展型消费结构。

1. 简朴型休闲消费结构的基本特征

（1）消费者收入水平较低，休闲方式单一。

（2）绝大部分休闲花费集中于大众化休闲消费，个性化的休闲项目和产品所占比例很小，甚至空白。

（3）休闲消费主要以低档项目为主。

（4）休闲消费频率低、支出少。

2. 粗放型休闲消费结构的基本特征

（1）消费者收入水平不高，休闲方式有限。

（2）消遣性、娱乐性休闲消费比例有所上升，但发展性休闲消费比例偏低。

（3）休闲项目和产品在量上有粗放型增长，但质量档次并未提升。

（4）休闲消费频率较低、支出较少。这种类型消费结构中，休闲消费水平的提高主要表现为外延型量的扩张，而不是集约型质的提高。

3. 集约型休闲消费结构的基本特征

（1）消费者收入水平较高，休闲方式呈现多样化。

（2）发展性休闲消费在休闲消费结构中所占比例与享受性休闲消费大致相当。

（3）休闲项目和产品在量增加的基础上，质量和档次有所提高，中高档休闲产品出现。

（4）休闲消费频率上升，休闲消费支出增长较快。

4. 舒展型休闲消费结构的基本特征

（1）消费者收入水平较高，主动性休闲消费日益普及，人们为了自己的快乐而休闲。

（2）除了常规休闲类型外，还出现了能满足消费者情感需求的个性化休闲产品。

（3）享受性休闲消费比例下降，发展性休闲消费所占比重较大。

（4）休闲项目和产品的消费在量上保持稳定，在质上提升较快，高档休闲产品已被一部分人接受。

（5）闲暇时间较多，休闲消费频率较高，消费行为的支付约束弱化，休闲支出较高。

（三）定价时需要解决的问题

下面归纳了休闲活动营销人员定价时应解决的一些问题。

1. 应该收费多少

（1）哪些成本应该包含进去？

（2）顾客对不同的价格的敏感度有多大？

（3）休闲竞争对手的价格是多少？

（4）对选定的目标市场，给多少折扣比较合适？

（5）是否需要采用心理定价法？（例如，采用 199 元的价格代替 200 元）

2. 定价的基础是什么

（1）活动的每个要素是否应该单独收费？

（2）是否收取入场费？

（3）是否对消费者所消耗的资源进行收费？

（4）是否对捆绑式打包服务采取单一价格进行收费？

3. 谁负责收款

（1）活动的主办者？

（2）售票代理机构？

4. 收费地点应该设置在哪里

（1）活动现场？

（2）售票机构处？

（3）在顾客家里？

（4）顾客采取电话付费、还是网络付费方式？

5. 什么时候进行收费

（1）售票时？

（2）活动当天？

6. 应该采取何种付款方式

（1）现金付款——顾客自备零钱？

（2）信用卡付款？

（3）电子销售点？

（4）代金券？

三、休闲产品营销渠道策略

营销渠道策划的目的是要保证休闲产品能够及时到达目标市场，同时，还要节约渠道费用，提高渠道效率。因此，对休闲产品的营销渠道策划，必须按照一定的程序有条不紊地进行。具体来说，休闲活动营销渠道策划的程序包括确定营销渠道目标、选择渠道模式、选择中间商和评估渠道方案等几个方面。

1. 明确策划营销渠道的目标

一般来说，营销渠道目标包括便利性、效率性、稳定性和合作性等。

（1）便利性

企业所设计的营销渠道网络系统以及分销网点的布局应该有利于方便目标顾客购买，这样才可能更广泛地覆盖和渗透目标市场。

（2）效率性

对企业各种营销渠道方案可能发生的成本和可能取得的收益进行分析、选择产出/投入比高、经济效益好的方案。

（3）稳定性

营销渠道一旦建立，尽量避免不断变动，在渠道结构不变的前提下，对渠道人员、资源分配等可做适宜调整，保持分销渠道的相对稳定性和一定的灵活性。

（4）合作性

渠道的设立有利于保持休闲产品生产企业与渠道成员之间的合作性，注意协调、平衡和兼顾好企业和渠道成员间的利益关系。

2. 选择渠道模式

休闲活动的营销渠道模式主要包括采用直接渠道和间接渠道。

（1）直接营销渠道（Direct Channel）

直接营销渠道指企业将休闲产品直接出售给休闲消费者而不经过任何一个中介，通常有以下两种情况。

在生产现场：休闲产品生产企业自己充当零售商，等待顾客上门购买。如运动俱乐部、电影院、一些旅游景点、小餐馆、博物馆等都是通过这种渠道来销售休闲产品。

在顾客家中：休闲产品生产方通过预订系统来扮演零售商的角色，消费者只需通过电话、电传或电脑等设施就可以预订自己所需要的休闲产品。如迪士尼乐园、奥运会和世博会的门票预售，又如，重庆龙门阵魔幻山主题公园的门票和年卡可在其官方网站实现在线购买。

（2）间接营销渠道（Indirect Channel）

间接营销渠道指生产者通过流通领域的中间环节把商品销售给消费者的渠道，基本模式为：生产者——中间商——消费者。中间商主要是从事休闲活动产品零售业务的代理商或其他代理机构，休闲产品的生产者需要向中间商支付佣金或手续费。如消费者通过传统旅行社或OTA（Online Travel Agent 在线旅游社，如携程、同程、驴妈妈、途牛等）预订三亚亚龙湾某酒店客房，交易成功后，酒店需要向旅行社支付一定的佣金。

3. 确定营销渠道

根据企业制定的企业营销战略，结合休闲活动市场情况确定选择何种营销渠道。例如，企业销售能力有限、企业规模较小、直接销售的费用过高、企业销售人才不足等条件限制下采用分销渠道策略；在休闲活动企业规模较大、直销渠道畅通、直接销售成本低市场分销渠道成本过高、企业销售人才充足等条件下采用直接营销渠道策略。

4. 评估营销渠道方案

评估渠道方案的标准有以下三个方面。

（1）经济标准

经济标准是指企业设立分销渠道的目的是获得最大的经济利润。通过比较各种分销模式的成本以及可能取得的销售收入，进而评价渠道模式的优劣。

（2）控制标准

控制标准是指企业对分销渠道的控制程度。渠道长度越长，对渠道的控制难度就越大。如果企业不能有效地对渠道进行控制，会使分销渠道的运作受到影响。

（3）适应标准

适应标准是指休闲产品生产企业与中间商合作关系的灵活程度。如果企业与中间商签订的合约过长，一旦环境发生变化，要求企业变更分销模式，企业却不能解除与中间商的合约，这样的分销渠道就缺乏灵活性和适应性。因此，企业与中间商的合作关系，应当考虑分销渠道的灵活性和适应性。

四、休闲产品促销策略

促销是通过与市场进行信息沟通，赢得顾客的注意，从而使其产生购买兴趣，树立产品良好形象，进而促进销售的过程。促销的过程就是信息沟通的过程。休闲产品促销组合是指休闲产品生产企业有目的、有计划地对媒体广告、公共关系、直接销售、营业推广等促销手段进行灵活选择、有机组合和综合运用，形成整体的促销攻势。由于各种促销手段都有其不可避免的利弊之处，因此在整个促销过程中，休闲产品供应者须根据自己的营销目标和所处的营销环境，灵活地选择、搭配各种促销手段，制定促销组合策略，以提高促销的整体效果。

（一）媒体广告

媒体指的是大众传播媒体。媒体广告包括电视广告、杂志广告、报纸广告、广播广告、因特网广告、户外广告。不同的广告媒体传播速度、覆盖范围、时效性不同。

（二）公共关系

公关的目的是与所有企业公众建立良好的关系。公关都是以具体的产品品牌为中心，如通过新闻媒介传播产品信息，以品牌形式赞助公益活动等。可分为主动性营销公关、防御性营销公关。

（三）直接销售

（1）人员推销：销售员直接上门推销产品。

（2）直接邮寄：向旅游者寄送产品目录或宣传品。

（3）电话营销：向内营销吸引旅游者使用电话查询或预订产品；向外营销是销售人员通过电话劝说旅游者购买其产品。

（4）因特网营销：在因特网上公布产品，旅游者在网上预订。

（四）营业推广

包括面向行业的销售推广和面向消费者的销售推广。如组织旅游中间商熟悉业务旅行、旅游博览会，给予交易折扣、联合发布广告、组织销售竞赛与奖励、提供宣传品等，给予消费者相应的折扣或奖品，产品限时优惠，等等。

复 习 题

一、填空题

1. 休闲市场是由_____、_____等因素构成的符合市场一般规律的细分市场，是满足人们休闲需求的市场。

2. 休闲市场营销管理是指休闲企业为了更有效地满足目标市场的需求，对思想、产品或者服务的构思、_____、_____及_____，进行规划、设计、执行和控制的过程。

3. 休闲市场细分是指企业根据顾客对休闲产品的需求、购买行为和购买习惯、对价格敏感程度等方面的差异，把休闲活动市场划分为若干个_____，从中选择自己的_____的过程。

二、简答题

1. 休闲市场的细分，通常按哪些因素来细分？

2. 休闲产品的定位策略有哪些？

3. 休闲产品的营销渠道模式是什么？并举例。

三、实训题

【实训名称】

休闲产品营销大比拼

【实训内容】

将项目五中制作完成的剪纸分小组进行模拟销售

【实训步骤】

1. 分小组讨论本组产品营销策略；

2. 在班级内进行模拟销售，愿意购买该小组剪纸产品的同学可以用扑克牌代表虚拟货币购买该产品；

3. 统计各小组最后的虚拟货币数量，金额高者获胜。

【实训点评】

培养学生团队协作精神，提高应变能力，将营销理论转换为实践操作。

项目八　休闲服务

以情服务，用心做事

　　饭店让纵横四海的旅人有了驻足之处，而细节的服务赋予了客人更多情感的归属。一家成都老牌饭店更是用心坚守着用细节的服务给予客人"感动"与"惊喜"。

　　涂大姐是一名普通的客房服务员，质朴、勤快、麻利是大家对客房大姐最直观的印象。多年的客房经验，造就了她娴熟的工作技能：抛单、包角、上被套……动作行云流水，干净利落，一气呵成。这些年铺过多少张床，接待过多少客人，涂大姐表示已经多得记不清了。

　　这天凌晨一点，810 房间来自甘肃的李女士突感身体不适，正值晚班的涂大姐即刻赶到房间询问李女士身体状况，并帮助李女士服药休息。但李女士的身体不适感逐渐加剧，出现腹痛、头晕等症状，涂大姐与饭店 GRO（Guest Relation Officer 客务关系主任）连夜将李女士送到了附近医院就诊。

　　经医生确诊，李女士是由于水土不服引发的急性肠炎。在接受打针治疗后，李女士被安排在急症室病床上休息，身体的不适让孤身在外的李女士极度难过，她紧紧地握着涂大姐的手低声哭泣着，细腻的涂大姐宽慰她："请放心，我们会一直陪着您，饭店的客人就如同我们的家人一样。"

　　李女士的病情逐渐好转，为让李女士更好地休息，GRO 主动提出陪同李女士的 7 岁的孩子用餐。次日，涂大姐完成日常工作后，利用自己的下班时间再次来到房间看望李女士，并陪同李女士去医院继续接受治疗，考虑到外面天气寒冷，涂大姐还特意为客人准备了棉衣和毯子。两天的相处，让李女士已经将涂大姐当作自己的亲大姐一般，主动地要求涂大姐留下电话号码，欢迎她到甘肃做客。

　　即将离开成都，李女士找到涂大姐，希望她能陪同送机，涂大姐腼腆地笑了笑，说到："不怕你笑话，我还从未坐过飞机，由于家里有事，我已经买了回家火车票，很抱歉不能陪同你前往机场。我们的礼宾员对机场很熟悉，如果您觉得男士不方便的话，我可以请我的同事代我送您到机场，您看行吗？"李女士表示很遗憾。涂大姐把送机的任务交给了同事王大姐，并叮嘱她一定要好好照顾李女士。

李女士及其孩子在饭店工作人员的护送下，顺利登机返回甘肃。在登机前，李女士对饭店的细致服务不断地表示感谢，涂大姐细致入微的照顾让她感受到了饭店优质、超值、细心、周到的服务，并表示若有机会还会入住，继续感受这份亲切与感动。

"以情服务　用心做事"，让客人从"满意"到"惊喜"，从"惊喜"到"感动"是饭店二十六年来一直秉承的服务理念，我们把每一位客人当作我们的家人，正如余秋雨的那句话，"旅游饭店业需要集中人类自古至今全部关爱他人的美德和方法，成为自己的服务规范，让一切在人生道路上疲惫不堪、满心创伤的人重新惊讶世间的温馨、人类的高尚"。

（资料来源：百度文库．）

你在旅途中有没有经历什么让你难忘的、高质量的服务？

学习目标

1. 知识目标

理解休闲服务质量的内含。

熟悉休闲服务质量的内容和特性。

了解休闲服务质量的评价标准。

2. 能力目标

掌握休闲服务质量控制，能够在实践中灵活应用。

任务一　休闲服务质量的管理

一、休闲服务质量概述

大众化的休闲需求刺激着休闲供给的蓬勃发展，据杰弗瑞·戈比预测，休闲的中心地位将会加强，在经济产业结构中休闲产业的从业人员将占整个社会劳动力的 80% ~85%，休闲服务将从标准化和集中化转向个性化。

休闲的综合性和服务的无形性以及服务质量的深刻内涵，决定了休闲服务质量的抽象性和复杂性。因而，在综合休闲活动内涵和服务质量本质的基础上，从多角度、多层面来认识休闲服务质量，才能准确把握休闲服务质量的本质。

（一）休闲服务质量内涵

从顾客角度看，休闲服务质量是指顾客在休闲活动中，所体验的服务表现的总和。

休闲活动的范围包括休闲活动准备阶段、休闲过程以及休闲活动结束的延伸阶段。在休闲活动范围之内，顾客会对休闲服务质量进行感知，并做出评价。从休闲企业角度来看，休闲服务质量是休闲企业提供服务给顾客带来的效用以及对顾客需求满足程度的综合表现。因此，休闲服务质量实际上是从顾客和休闲企业角度认识服务质量的一种平衡，即二者是否能实现有机统一，而成为一个整体，达到统一的服务质量，从而既能有效满足顾客的要求，又能让服务提供者实现既定的效益和目标。

(二) 休闲服务质量的内容

1. 技术性质量

技术性质量是指休闲服务结果的质量，即休闲企业提供的服务项目、服务时间、设施设备、服务质量标准、环境气氛等满足顾客需求的程度。例如，酒店为顾客提供的客房和床位；餐馆为顾客提供的菜肴和酒水；航空公司为顾客提供的空间位置的转移服务，等等。服务结果是顾客服务体验的重要组成部分，顾客对它的评价往往较为客观。

2. 功能性质量

功能性质量是指休闲服务过程的质量。休闲服务具有生产与消费同时性的特征，在服务过程中发生的互动关系，必然会影响顾客感知的服务质量。功能性质量与服务人员的仪表仪容、礼貌礼节、服务态度、服务程序、服务技能技巧等有关，还与顾客的心理特征、知识水平、个人偏好等因素有关。同时，受到其他外在条件的影响。例如，服务现场其他顾客对服务质量的评价。顾客对功能性质量的评价往往较为主观。

技术性质量和功能性质量相互作用、相互影响，是一个有机的统一体，在二者之间合理配置资源有助于服务质量的优化。另外，休闲企业的形象也可以在多方面影响顾客感知服务质量的形成。如果休闲企业有良好的形象，即使休闲服务过程中出现失误，顾客也会原谅。但是若服务失误过多，则会影响休闲企业的形象。如果休闲企业的形象不佳，服务失误就会严重影响顾客的感知质量。因此在服务质量形成的过程中，休闲企业的形象可视为服务质量的"过滤器"。

二、休闲服务质量特性

(一) 整体性

总的来看，休闲活动具有综合性的特征，包括食、住、游、行、娱、购六大要素。在休闲过程中，顾客要感受各个要素的服务质量，并形成整体的休闲服务评价，因而休闲服务质量体现为整体性特征。从休闲角度看，服务质量的形成需要全体成员的参与，不仅与顾客直接接触的服务人员会影响顾客感知的质量，其他员工，如后勤人员、辅助人员也会间接影响服务质量。另外，服务质量需要全面的监控，以保证顾客的感知质量。最后，优质服务质量的输出需要服务资源在各职能部门之间平衡协调，并要求各部门相互沟通、相互协调。全员参与、全面监控、全面协调决定了休闲服务质量的整体性。

（二）波动性

休闲服务质量的波动性表现在以下两个方面。一是休闲企业的员工在服务的过程中由于自身或企业内部其他条件的影响，使每一次的服务质量不可能完全保持一致；二是休闲服务的季节性决定了服务质量的不稳定性。在休闲旺季，顾客需求远远低于服务供给，过剩的劳动力会相互干扰，而且员工也存在懈怠心理，同样会影响服务质量的稳定性。

（三）阶段性

从休闲活动的整体角度来看，休闲服务质量表现在以下三个阶段中。第一阶段是顾客在客源地、航空公司（或其他交通方式的服务方）或异地休闲企业所发生的互动关系的质量；第二阶段是顾客在休闲目的地与相关休闲企业所发生的互动关系的质量；第三阶段是顾客返回客源地与组团社或休闲目的地相关休闲企业所发生的延伸关系的质量。从休闲企业和顾客角度看，企业的职能分工以及顾客自身活动规律的过程性，也决定了服务质量的阶段性。例如，顾客下榻酒店，需要经历前厅服务、客房服务、餐饮服务、娱乐服务等不同阶段的服务，并感受不同阶段的服务质量。

（四）主观性

顾客对服务质量的感知，主要来自于主观期望、心理感觉、个人判断等主观因素。因此，休闲服务质量的高低，更多地受到了主观因素的影响。这些主观因素是由文化背景、心理偏好、个人经历等相互作用的结果，因此，相同的服务质量，顾客会做出不同的评价。休闲服务质量的这一特点，与休闲服务的不可感知性和不可分性有关。由于不可感知性，服务质量缺乏客观的评价标准，顾客的主观标准就变成了决定性的标准。由于不可分性，服务质量的形成离不开客户的参与，而服务质量的感知更多表现在心理体验，因此必然带有顾客的主观因素。

三、休闲服务质量的评价标准

（一）影响服务质量的评价因素

1. 有形因素

休闲服务的有形因素，是指休闲企业的有形展示和人。具体指休闲企业和相关部门的硬件设施设备、服务设施的外观、宣传品的摆放和员工的仪表仪容等。

2. 可靠性因素

休闲服务的可靠性因素，是指休闲企业履行服务承诺的能力。主要指两个方面，一是适时；二是准确无误。

3. 快速响应性因素

休闲服务的快速响应性因素是指休闲企业在最有效的时间内为休闲者提供快捷有效的服务能力。

4. 保证性因素

休闲服务的保证性因素是指休闲企业服务人员的观念、态度和胜任工作的能力，具体包括对休闲者的礼遇和尊敬、与休闲者有效的沟通、服务人员完成任务的能力和对休闲者关心的态度。

5. 移情性因素

休闲服务的移情性因素是指休闲企业对休闲者需求的预见性能力和个性服务的行为及能力。这要求服务人员具有接近休闲者的能力和敏锐的洞察力，能够正确地理解休闲者的需要。

（二）服务质量的休闲企业内部评价标准

（1）休闲活动安排合理，内容项目丰富多彩、劳逸程度适当，能够满足休闲者的需要。

（2）保证制定的休闲计划能顺利实施，不耽误或不任意更改行程。

（3）按质按量地提供预定的各项服务，如保证饭店档次、餐饮质量、车辆规格、导游水平和文娱、风味节目等。

（4）保证休闲者在休闲过程中的人身及财产安全，保证其合法活动不受干预和个人生活不受骚扰。

（5）相关休闲服务企业服务人员的态度、素质、技能的保证。

（三）服务质量的休闲者评价标准

1. 预期质量与感知质量

预期质量是指休闲者在接受休闲企业提供的实际服务之前，对休闲产品质量所产生的心理期望。感知质量是指休闲者在休闲过程中实际体验到的休闲企业服务质量。预期质量与感知质量之间的比较结果是休闲者对休闲企业服务质量进行评价的依据。对二者之间的差距进行分析有助于我们找到质量问题的根源。

2. 过程质量与结果质量

休闲者在评判休闲产品的质量时，不仅要考虑购买该产品过程中休闲企业所提供的服务是否令其感到满意，而且还要考虑在消费该产品后是否能够达到其预期的结果。尽管过程质量和结果质量对于休闲企业的服务质量均十分重要，但是多数休闲者更加注重结果质量。因此，只有当他们认为结果质量高于过程质量，或者不低于过程质量时，才会对休闲产品的质量感到满意。

3. 服务规范与服务质量

制定服务规范是实现休闲服务质量的前提。虽然休闲服务的无形性使规范的制定有一定的难度，但还是要尽可能地制定内容全面的、易于操作的服务规范以保证服务质量。

四、休闲服务质量控制

休闲服务质量是一个复杂的系统，休闲企业内部之间，休闲企业与顾客之间对服务质量的认知会存在一定的差距，这会直接影响顾客的满意度，同时也会影响休闲企业目标的实现。要缩小这种差距，实现休闲企业既定的目标，必须对服务传递系统的各个阶段进行有效的控制，发现资源配置中的薄弱环节，及时纠正偏差，以保证服务系统输出的效果能符合顾客的需求。休闲服务质量的控制包括预防控制、过程控制和售后控制。

（一）休闲服务质量的预防控制

休闲服务质量的预控是指在休闲服务交付之前，通过服务传递系统的设计、服务设施的规划、服务设备的配备、服务标准的制定、人员的配置和培训制度体系的建立、管理职能的发挥等方面，来保证服务质量能满足顾客期望和需求的控制。休闲服务预控的过程也就是构建休闲企业服务质量体系的过程，通过服务质量的预控可以为服务质量的实现提供基础。

1. 整体服务质量

整体服务质量观念是指休闲企业自上而下，每个部门、每个员工、每个过程都应该树立服务质量的意识，即休闲企业的每个人都应该承担质量责任。在顾客看来，员工的服务表现并不代表个人，而是代表休闲企业。要实现关键时刻的质量，必须得到其他部门、管理人员的积极支持，即内部服务质量要赢得内部顾客——员工的满意。因此，休闲企业内部个人之间、部门之间、上级和下级之间应相互配合、相互协调、相互支持，以整体服务质量为导向来处理问题，才能赢得顾客的满意。

世界著名的质量管理专家戴明博士（W. Edwards. Deming）在他的质量管理14点（Deming's 14 Points）中指出，要消除部门之间的隔阂，目的是强调服务质量的整体性。里兹·卡尔顿酒店就是以整体服务质量而闻名的，在酒店的黄金标准中，强调在遇到顾客投诉时，每个员工必须确保能够迅速安抚顾客，对顾客的问题作出迅速反应，20分钟后要电话跟踪，确认顾客的问题得到解决，尽可能不失去每一位顾客。另外，在酒店的边缘服务法则中也强调，员工应尽可能去满足顾客的需求，如果需要其他部门员工的协助，其他部门的员工应立即放下手中正常工作协助满足顾客。这充分体现了整体服务质量的意识，也为酒店树立了良好的服务形象。

2. 管理者的质量管理职能

休闲企业管理者的职责是制定质量方针，并通过有效的实施确保顾客的满意。首先，质量方针是休闲企业总的质量宗旨和方向，是休闲企业在服务质量方面总的意图。休闲企业的最高管理层应高度重视质量方针的制定，并以正式文件的形式予以颁布。同时应该采取必要的措施确保质量方针的传播、理解、实施和保持。在服务质量的方针中，应明确休闲企业提供服务的等级、质量形象和信誉、服务质量的目标、保证服务质量实现的措施、全体员工的作用等。其次，休闲企业为了实现服务质量方针，需要明确建立服务质量目标的主要目的。最后，管理者要明确质量的职责和权限，并规定一般的和专门的职责和权限。这些职责和权限包括休闲企业内部和外部各个接触面上顾客与服务提供者之间的相互关系。同时管理者还需要对企业的服务质量体系进行正式、定期和独立的评审，以便确定质量体系在实施质量方针和实现质量目标中是否持续和有效。

里兹·卡尔顿酒店的全面质量管理的方针是：

（1）对质量承担责任：全面质量管理的第一步是最高领导层要求承担质量管理责任，培育重视质量文化，特别是公司的总裁、首席执行官。

（2）关注顾客的满意：成功的全面质量管理公司必须清楚地知道他们的顾客到底需要什么，始终满足和超越顾客的需要与期望。

（3）评估组织的文化：从公司各层人员中选出一组人来考察公司的文化行为，集中评估公司文化与全面质量管理文化的适应性。

（4）授权给员工和小组：授权给员工和小组解决宾客问题的权力，还要求培训他们能有效地使用好他们的权力。

（5）衡量质量管理的成就：衡量质量管理的业绩和成就，这是全面质量管理方法特别重要的一点。这样，就要求建立质量衡量标准，建立信息搜集与分析制度，以便及时发现问题与解决问题。

里兹·卡尔顿酒店强调质量管理始于公司总裁、首席执行官与其他 13 位高级经理，无论总经理还是普通员工都要积极参与服务质量的改进。高层管理者要确保每一位员工都投入到这一过程，要把服务质量放在饭店经营的第一位。高层管理人员组成公司的指导委员会和高级质量管理小组。他们每周会晤一次，审核产品和服务质量措施、宾客满意度情况、市场增长率和发展、组织指标、利润和竞争情况等，要将其四分之一的时间用于与服务质量有关的事务。

（二）休闲服务质量的过程控制

休闲服务传递是一个复杂的过程，对顾客感知的服务质量有很大的影响，对它进行有效的控制，可以全面地改善服务质量，提高顾客的满意度。休闲服务生产与消费的同时性，使服务过程的监控变得非常困难，管理者很难介入服务过程对服务质量进行控制，这必然会影响服务质量的输出。

休闲服务质量的过程控制一般从以下两个方面展开。

（1）从休闲企业看，休闲服务质量控制可看成是一种反馈系统，在该系统中，把输出的服务结果与服务标准相比较，发现偏差找出问题的症结所在，以便及时改进。

 小资料

金陵饭店规定，客人进店，接待员从开始服务到离开柜台，不得超过 2 分钟；客人结账，收款员要在 3 分钟内全部完成；接线员必须在 3 次铃响内做出反应；客人用餐，从点菜到上菜不得超过 15 分钟。通过细致的服务标准，可以在服务过程中进行有效的检查、考核和控制，从而保证服务质量达到顾客的期望。

（2）休闲企业也可以在服务过程中对顾客的满意度进行评定，以控制服务质量。但是只有4%的不满顾客愿意提供对服务质量的看法，而96%的不满顾客在不给出允许采取纠正措施的信息之前就停止消费服务。因而，片面依赖顾客对服务质量的评定，可能会导致错误的结论，以致影响休闲企业的决策。因此，休闲企业应该采取顾客控制和企业控制相结合的方法，保持二者之间的相容性，才能有效控制服务质量。

 小资料

费尔菲尔德旅馆发现放在房间内的顾客意见卡的反馈率只有1%，难以发挥作用。为此，公司开发出一种"评分卡"，这是一种自动触摸式设施，顾客可以在住店期间或结账时回答有关旅馆的友好度、清洁度和价值等问题。评分卡的反馈率可以达到60%，具有足够的可信度来衡量服务过程的质量。

（三）休闲服务补救

物质产品出现质量问题，可以通过售后服务进行解决，如退换、维修等。但休闲服务产品出现质量差错，则不能通过退换或维修进行解决。因此，当休闲服务传递系统出现故障时，服务补救（Service Recovery）就显得格外重要。服务过程中的错误是无法避免的，但决不能让顾客一直不满意。很显然顾客每一次抱怨都是休闲企业再一次向客人承诺和赢得满意的机会。

1. 服务补救的含义

国外一些学者对服务补救提出了自己的看法，格鲁诺斯（Gronroos）（1988）认为服务补救是企业对提供服务产生的缺陷或失败（Defects or Failures）所采取的行动和反应。凯利和戴维斯（Kelly and Davis）（1944）认为服务补救是在服务失败之后所采取的补救行动，其根本原则是在第二次服务或处理问题时一定要对。扎豪斯顿·赫瓦（Jahoston Hewa）（1997）认为服务补救是服务提供者为缓和或修复在服务过程中对顾客所造成的伤害所采取的措施。从以上定义可以看出，服务补救是服务企业对服务失败或是顾客不满意所采取的应对行动，目的是希望顾客能重新评价服务质量，避免坏的口碑宣传，并留住顾客。服务补救是服务业中新的管理哲学，它把赢得顾客满意从成本层面转变为价值层面。

2. 休闲服务补救策略

（1）第一次做对

休闲企业在服务质量输出时，最重要的原则就是第一次把事情做对，这也是顾客衡量服务质量最重要的维度——可靠性。如果达不到这种要求，休闲服务补救就失去了意义，休闲企业可以避免再次服务的成本和补偿的费用，顾客也会满意。

里兹·卡尔顿酒店在推行全面质量管理时，倡导无差错服务哲学，酒店选择和培训所有的11500员工，使他们成为"质量工程师"，他们能发现差错，立即纠正，然后报告给管理层。公司鼓励员工在差错出现之前就采取防范策略。所有的员工至少要接受126小时的质量专题培训，主要集中在黄金标准的培训。由于员工能服务一次到位，大大减少了纠错成本。

（2）欢迎并鼓励抱怨

休闲企业要有效实施补救策略，就必须建立聆听机制，欢迎并鼓励顾客的积极抱怨。同时，通过对顾客抱怨的追踪，可以发现服务系统中存在的问题，在全面分析的基础上，进行纠正，以保证不再发生同类错误。

英国航空公司为了方便顾客的投诉，建立了12个不同的"倾听哨"和其他联系渠道，包括已付邮资的明信片、顾客集会、调查和一个"跟我飞"计划等沟通方法来提供抱怨渠道。同时，投资建立了一个Caress计算机系统，将顾客的投诉信息输入数据库，并可以将投诉进行分类，然后进行分析，而且将投诉的步骤从13个减少为3个，以方便顾客抱怨。

（3）快速行动

抱怨的顾客期望得到快速的反应，来有效解决他们的问题。因此，休闲企业需要建立快速的反应系统，来采取必要的补救措施，这需要有适合快速行动系统和程序，并对员工进行授权。

（4）公平的对待顾客

顾客在投诉时，希望得到公平的对待。服务补救专家史蒂夫·布朗（Steve. Brawn）和史蒂夫·塔克斯（Steve. Tax）总结出顾客在投诉后寻求公平的三种类型：结果公平、过程公平和相互对待公平。

（5）从服务补救中学习

休闲服务补救的目的不仅仅在于补救有缺陷的服务，加强与顾客的联系，还有助于改进顾客服务的特征和规范，即发现服务传递系统的缺陷，并加以改进，以赢得顾客持续的满意。通过追踪和分析服务补救的过程，能够获知服务传递系统中需要改进的系统性问题，在对问题加以分析和讨论的基础上，可以找出问题的来源，并对服务交付系统进行完善和修复，以彻底消除对服务补救的需要。

（6）从流失顾客中学习

休闲企业要进行有效的服务补救，还必须从流失的顾客身上学习。休闲企业可以开展市场调查以发现顾客流失的真正原因，这有助于避免未来的服务失误。但是，对于休闲企业而言，这是十分困难的，毕竟很少有企业愿意审视自己的错误。

任务二 休闲设施与场所的管理

一、公益性休闲设施与场所的管理

（一）重视游憩承载力

游憩承载力（Recreation Capacity）描述的是在可接受的破坏程度和不影响资源质量或游憩的体验质量的前提下，一个休闲地能够承受的水平（pat - more，1983；Curry，1994）。对公益性休闲场所和设施来说，游憩承载力是非常重要的一项指标，为许多决策的制定提供了理论依据。

游憩承载力由一系列的组成要素共同构成，包括自然承载力、感知承载力和生态承载力。自然承载力涉及一个场所或设施能够容纳游客的绝对数量。感知承载力是指在休闲体验下降前一个地点能够承受的最大游客数量。这一指标实际上是关注拥挤程度和人们怎样与此发生联系。它是一个相对主观的概念，因为不同的人对待拥挤有不同的反应。有资料表明，有些人实际上喜欢拥挤的感觉（Burton，1974），不会由于拥挤而放弃休闲活动，例如，假日里人头攒动的公园、拥挤的阳光海滩等。从某种程度上来说，拥挤已经被当作是休闲体验的一部分（如图8-1）。生态承载力是指对一个地区的生态影响达不到不可接受之前所能够承受的游客数量。对公益性休闲场所和设施来说，则是要注意场所设施对生态环境的负面影响。然而，准确的影响是非常难以测量的，承载力水平也难以预测。因此，在对休闲场所和设施的管理中，应重视做好环境保护等方面的工作，从而达到维护生态承载力的目的。

（二）引入公众参与机制

公众参与（Public Participation）是指让群众参与休闲场所与设施管理中的相关决策过程。休闲场所和设施作为现在人类的重要生活环境场所和精神寄托场所，引入公

图 8 - 1　怒放的郁金香与密集的"长枪短炮"

众参与机制，必然会使其受到更多关注和观念赋予，其结果必然大大提升公众自身的主人翁意识以及对休闲场所和设施发展的认知水平，反过来也将进一步促进休闲场所和设施的快速发展。具体来说，就是要转变休闲场所和设施的管理机制，实行社会化管理，市场化运作。要转变观念，降低管理成本，变以钱养人为以钱养事，把休闲场所和设施的卫生、绿化、治安、设施维护、后勤服务等全部推向社会，最大限度地实现资源的有效利用，有效地控制管理成本，以最少的投入获得最大的管理效益和社会效益。要引进市场经济运作方式，在国家政策和法规允许的情况下，以最大的优惠政策，实行招商引资，弥补资金不足，尽可能地利用各种社会资金来开展休闲场所和设施的建设。

（三）实行开放式管理

随着工业化时代的过去，城市的功能已经发生了划时代的变化，服务功能的强化是其重要的变化之一。但是，一些大型公益性休闲场所让人望而却步的门票价格却成为城市服务功能转化的障碍之一。许多室外的城市公园、休闲广场等休闲场所内花草树木品种繁多，空气清新纯净，还有大量观赏植物，却由于采取封闭式管理，使得受益人群较少，不能充分发挥其作用（图 8 - 2 为免费开放的公园）。因此，对于这类公益性的休闲场所和设施建设的成果，应充分地发挥其休闲综合功能，弥补城市主干道及商业中心区绿地面积的不足，还绿于民，使其成为广大人民游览、休息、观赏和进行文化娱乐的场所。这对改善城市生态、优化人居环境、扩大城市影响都将产生综合效应，促进城市更快更好地发展。

不过必须首先明确的是，推进休闲场所和设施的开放式管理是一个理性的过程，不能一概而论，它需要一定的基础条件和经济投入。一要具体衡量其所在区域经济的发展和休闲场所自身的特点，量力而行，不能盲目跟进；二是政府财政尽量保证公共需要的资金投入，只有这样才能实行一些休闲场所和设施的免费开放，实行社会化管理、养护、保洁、治安等现有运作方式，保障开放式休闲场所和设施规范健康地发展。

图 8-2　免费开放的公园

二、营利性休闲设施与场所的管理

图 8-3　水上乐园

（一）树立运营管理理念

运营管理（Operation Management）强调的是一种规范化、流程化和精细化的全方位的管理模式，主要面对的是服务型企业或行业，围绕整个企业的服务与经营管理过程实现全面管理。对营利性休闲场所和设施来说，其服务和管理的过程就是一系列的价值增值过程（如图 8 - 3 水上乐园），树立运营管理理念有助于系统化地掌控整个经营管理流程，实现整个系统的高效运作。对于休闲场所和设施这类服务性场所来说，其运营的过程中具有以下两大特征。

1. 顾客参与服务过程

由于顾客作为参与者出现在服务过程中，故要求休闲场所和设施的经营管理者必须重视场所设施的设计。顾客的知识、经验、动机乃至诚信度都会直接影响服务系统的效率，唯有全局性地将顾客因素列入考虑范围，才能使整个休闲场所和设施的供需达到更优的均衡。

2. 服务的生产和消费同时发生

服务的生产和消费同时发生，因而服务不能储存，这一事实是服务运营的显著特征。服务无法储存，使得休闲场所和设施不能像制造企业那样依靠存货来缓冲适应需求变化。因此，在休闲场所和设施的管理中应该将服务视为一个开放系统，根据运营中的需求变化实时做出调整以适应未来休闲者可能出现的需求。总之，营利性休闲场所和设施的经营管理者应首先树立运营管理理念，将休闲场所与设施的管理和服务看作一个完整的"价值链"，对其进行集成管理，以保证整个场所和设施的良性持续运转。

（二）提升服务管理质量

服务管理质量是反映实体满足明确和隐含的需求能力的综合指标。休闲场所和设施的服务性决定了在其管理过程中，服务管理质量扮演着举足轻重的角色。服务管理是无形性的，因此服务管理质量的高低是由休闲者的心理感受所决定的。服务管理质量的表现形式是休闲者对休闲场所和设施的服务管理的满意程度，即服务管理质量等价于顾客对服务管理的满意度。为了提高休闲者对休闲场所和设施的满意度，就要加强其服务管理，提升服务管理的质量，同时为休闲者创造更多的顾客价值。休闲场所和设施的经营管理者必须通过提供高质量的服务，证明自身产品的使用价值，这样才能被休闲者最终认可，从而增进他们对自己的忠诚度。

（三）确立效益管理目标

效益的基本含义是以最少的资源（包括自然资源和人力资源）消耗取得同样多的效果，或用同样的资源消耗取得最大的效果。实施管理的根本目的就是为了获取效益，对营利性休闲场所和设施的经营管理来说更是如此。因此，休闲场所与设施的管理最重要的就是要建立以效益为核心的价值观，确立效益管理目标。追求效益的不断提高，应该成为休闲场所和设施管理活动的中心和一些管理工作的出发点。在正确的效益管理目标的指导下，管理者将引导休闲场所和设施的发展由粗放型增长向集约型增长转变，在追求量的同时更注重对质的追求，使其综合效益得到大幅度提升。

在此需要强调的是，休闲场所与设施管理对效益最大化的追求要通过合理的系统资源配置来完成，必须根据效益管理目标的追求不断优化系统资源配置。休闲场所和设施的系统资源配置主要体现在人、财和物三个方面，而作为服务性行业，人力资源优化配置是其中最为关键的环节，主要涉及休闲场所和设施管理各个子系统中人员的构成是否合理、人员素质是否达到管理岗位的要求、服务人员关系是否协调等。只有最优的人力资源配置才能确保财和物资源的最佳配置和使用，从而达到管理效益的最大化。

三、休闲设施与场所的标准化管理

无论是公益性休闲场所与设施还是营利性休闲场所与设施，其标准化管理都显得尤为重要。标准是衡量工作效率高低、作业程序是否科学、服务态度是否规范、经济效益是否合理等客观事物的尺度。也可以说，没有标准就无统一口径，无法准确地判断事物，也就没有科学性了。实践证明，实行标准化管理对提高休闲场所与设施的科学管理水平和提高休闲场所的服务质量都起到了积极的作用。标准化管理是休闲场所与设施管理中的重要组成部分，是休闲场所与设施管理中的必然需求。目前，从国际上来看，企业实行标准化管理最常用的方式就是采纳 ISO 质量认证体系，因此，为了使我国休闲场所与设施的标准化管理达到国际化水平，应尽早在管理过程中树立标准化的理念，依据 ISO 质量认证体系的要求实施标准化管理。

（一）ISO 质量体系简介

1. ISO 的含义

国际标准化组织（International Organization for Standardization，ISO）是一个全球性的非政府组织，是国际标准化领域中一个十分重要的组织。"ISO"并不是其全称首字母的缩写，而是一个词，它来源于希腊语，意为"相等"，现在有一系列用它作前缀的词，诸如"isometric"（意为"尺寸相等"）、"isonomy"（意为"法律平等"）。从"相等"到"标准"，内涵上的联系使"ISO"成为组织的名称。ISO 是一个国际标准化组织，其成员由来自世界上 100 多个国家标准化团体组成。ISO 与国际电工委员会（IEC）有密切的联系。ISO 和 IEC 都是非政府机构，作为一个整体担负着制订全球协商一致的国际标准的任务。虽然它们制定的标准实质上是自愿性的（这就意味着这些标准必须是优秀的），因为能给工业和服务业带来收益，所以一直被自觉使用。ISO 和 IEC 不是联合国机构，但他们与联合国的许多专门机构保持技术联络关系。ISO 和 IEC 有约 1000 个专业技术委员会和分委员会，各会员国以国家为单位参加这些技术委员会和分委员会的活动；还有约 3000 个工作组，每年制定 1000 个国际标准，内容涉及广泛，从基础的紧固件、轴承的各种原材料到半成品和成品，其技术领域涉及信息技术、交通运输、农业、保健和环境等。每个工作机构都有自己的工作计划，在计划中列出需要制定的标准项目（试验方法、术语、规格、性能要求等）。

2. ISO 的主要功能

ISO 的主要功能是为人们制定国际标准提供一种机制。其主要机构及运作规则都在一本名为 ISO/IEC 技术工作导则的文件中予以规定。其技术结构是有 800 个技术委员会和分委员会，它们各有一个主席和一个秘书处，秘书处由各成员国分别担任；目前承担秘书处工作的团体成员有 30 个，各秘书处与位于日内瓦的 ISO 中央秘书处保持直接联系。

（二）ISO 质量认证体系在休闲场所与设施的推广

1. 推广目的

（1）指导休闲场所与设施建设及休闲活动服务过程中的质量工作。

（2）向社会和消费者及相关方面表明休闲场所和设施质量工作的能力。

（3）作为质量管理体系认证机构对休闲场所与设施质量体系认证注册审核和监督审核的依据。

（4）通过管理体系的有效应用，包括持续改进的工作过程，保证休闲场所与设施的建设和休闲活动服务过程符合消费者和相关适用法律法规的要求，提高消费者满意度。

2. 适用范围

认证适用于休闲场所与设施的内部管理及外部（包括认证机构）评价本休闲场所及设施满足消费者要求、符合法律法规的要求。覆盖的区域包括休闲场所服务区和管理办公区及配套服务设施等。

3. 具体推广

（1）推行 ISO 9000 认证，提升休闲场所与设施质量管理水平

ISO 9000 认证作为建立一种完善质量管理体系的有效方法已普遍地被各服务型企业所接受。ISO 9000 认证的根本目的就是要企业按照国际标准来促进管理规范化，认证证书已经成为企业向"需方"提供"信任度"的证据。其中，ISO 9000：2000 八大质量管理原则对休闲场所与设施的质量管理来说是最具适用性及指导意义的。

　　ISO 9000：2000 八项质量管理原则，是 ISO/TC176 在总结质量管理实践经验并吸纳了国际上最受尊敬的一批质量管理专家意见的基础上，用高度概括、易于理解的语言所表达的质量管理的最基本、最通用的一般性规律，成为质量管理的理论基础。它是组织的领导者有效地实施质量管理工作必须遵循的原则。

　　这些原则具体包括：

　　①以顾客为关注焦点，组织依赖于顾客，因此组织应该理解顾客当前的和未来的需求，从而满足顾客要求并超越其期望。

　　②领导作用。领导者将本组织的宗旨、方向和内部环境统一起来，并创造使员工能够充分参与实现组织目标的环境。80% 质量问题与管理有关，20% 与员工有关。

　　③全员参与。各级员工是组织的生存和发展之本，只有他们的充分参与，才能给组织带来最佳效益。岗位职责包括了全员（从总经理到基层员工）。

　　④过程方法。将相关的资源和活动作为过程进行管理，可以更高效地取得预期结果。

　　⑤管理的系统方法。针对设定的目标，识别、理解并管理一个由相互关联的过程所组成的体系，有助于提高组织的有效性和效率。

　　⑥持续改进是组织的一个永恒发展的目标。

　　⑦基于事实的决策方法。针对数据和信息的逻辑分析或判断是有效决策的基础，用数据和事实说话。

　　⑧互利的供方关系。通过互利的关系，增强组织及其供方创造价值的能力。

　　（2）推行 ISO 14000 认证，促进生态休闲场所与设施的建设

　　ISO 14000 环境管理系列标准是国际标准化组织（ISO）继 ISO 9000 标准之后推出的又一个管理标准。该标准是由 ISO/TC 207 的环境管理技术委员会制定，从 14001 到 14100 共 100 个号，统称为 ISO 14000 系列标准。该系列标准融合了世界上许多发达国家在环境管理方面的经验，是一种完整的、操作性很强的体系标准，包括为制定、实施、实现、评审和保持环境方针所需的组织结构、策划活动、职责、惯例、程序过程和资源。其中 ISO 14001 是环境管理体系标准的主干标准，它是企业建立和实施环境管理体系并通过认证的依据。

　　ISO 14000 环境管理体系的国际标准，目的是规范企业和社会团体等所有组织的环境行为，以达到节省资源、减少环境污染、改善环境质量、促进经济持续和健康发展的目的；其用户是全球商业、工业、政府、非营利性组织和其他用户，通过对组织环境行为的约束，达到持续改善的目的。推行 ISO 14000 认证是实施休闲场所与设施可持续发展战略的重要举措，其基本思想和运行特点是着眼于持续的改进，重视生态环境质量，强调管理者的承诺和责任，立足于全员意识、全员承诺、全员参与，系统化、

程序化、规范化地管理及必要的文件支持，以便与其他管理体制兼容和协同运作。

生态型休闲场所与设施作为一种全新的发展模式，已逐渐为各国休闲业界认同和接受；而 ISO 14000 系列标准的核心就是指导地区和组织建立起一个符合标准要求的环境管理体系 EMS（Environmental Management System）。推行 ISO 14000 认证，不仅可以增强生态休闲场所与设施对成本的控制力度，节约能源和资金，提高环境管理水平，减少环境责任事故的发生，而且可以使广大休闲场所与设施的经营管理活动更符合国家环境保护法规的要求，提高生态休闲场所与设施的形象和声音，从而使我国休闲场所与设施的建设走上国际化与规范化的轨道。

任务三　休闲从业人员的管理

在有形产品成分趋同、顾客日益重视情感体验的情况下，员工的服务质量成为休闲企业赖以生存的生命线。服务员工的行为和态度不仅直接或间接地影响休闲者体验的质量，而且还会对休闲企业的市场声誉和经济收益造成极大的影响。因此，提供优质服务给顾客的高素质服务员工，成为企业超越竞争者的制胜关键，亦为竞争力高人一等的最佳利器。

一、休闲服务职业的基本要素

（一）合理的知识结构

埃廷顿夫妇、汉森、哈德森（Edginton，Hanson，Hudson，and Edginton，1998）总结出了三种休闲服务领域必需的专业知识类别，即有关科技的信息知识、正确的价值观以及应用或工程技能。

从科学中汲取信息知识包括的领域有社会学、心理学、人类学、商业、生物学和植物学等。生物学和植物学知识帮助专业人员了解环境和如何与之互动。社会学、心理学和人类学知识帮助专业人员研究和理解人类体验。商业知识则在经济和管理方面影响着公园和游憩专业人员。

专业人员所秉持的价值观包括提高人们的生活质量、支持所有人享受休闲体验的权利、帮助人们合理利用休闲机会、为保护维持自然资源而努力。这些价值观念为专业人员构建了一个强有力的伦理道德框架，用来过滤经验性的信息知识和促进职业的发展。

应用或工程技能是指那些专业人员开展工作必须具备的实践技能，包括知晓如何去领导和安排活动，了解资金预算过程，管理公园资源，知道如何利用大众媒介来推广休闲项目等。这些技能也被称作技术技能。

(二) 伦理道德规范

每一种职业都有一套伦理道德规范,这是所有公共事业不可缺少的组织部分。休闲服务业涉及政治气候、众多人的福利以及社会问题等,所有这些都与道德规范有关。

道德规范来源于休闲业中的重要价值观念:丰富提高人们生活质量、支持所有人享受休闲体验的权利、帮助人们合理而明智地利用休闲以及为自然资源的保护和维护而努力。由这些价值观念可以产生出一整套道德规范或标准,它管理支配着专业人员和他们的服务对象之间的关系。

(三) 忠于职业操守

休闲服务专业人员应该具备什么样的职业操守呢? 这些操守会促进人们遵守对自然环境、文化多样性、生命尊严、项目质量或自我表现的承诺吗? 这些问题触及到了休闲业的核心。专业人员必须从个人和职业道德根源出发来回答这些问题。职业规范影响着职业的方方面面——规划、领导、设施设备的提供以及经营管理等。

迪士尼的卓越中心

迪士尼公司认识到了员工继续教育的需要。在坐落于奥兰多市迪士尼世界的迪士尼大学,全部员工都可以到卓越中心参加各种学习活动。这些自己掌握的项目活动旨在强化工作人员的个人技能、创造力、沟通能力、领导能力、迪士尼传统以及环境意识等。由于意识到人们生活中维持平衡的需要,许多学习活动都涵盖了诸如个人目的的设定、时间管理、老年保健、健康生活方式、个人变故处置以及成功目标确定等内容。

二、建立积极的客户关系

作为企业形象"首席代表"的休闲从业人员在与休闲者互动的过程中,如何拿捏其角色进行表演,是影响游客服务质量感受的关键因素。休闲从业人员必须铭记他们的业务强调的是服务,而且得依靠顾客和服务提供商之间建立信誉。建立积极的客户关系,努力做到让顾客的当前状况、思考模式和各种需求等得到关注。一名以顾客为导向的专业人员需要以高度的责任心、注意力和积极性来帮助他人，用心关注每个细节，让休闲活动更令人愉快，让休闲场所和休闲设施更令人周到满意、更能够吸引顾客。

通常不应该自以为是地认为员工会积极地以顾客为导向，这种价值观念必须通过教授、鼓励和强化等方式来形成，并同时奖赏员工的良好行为，这样才能树立起积极的客户关系。能够产生积极的客户关系的员工行为主要如图8-4所示。

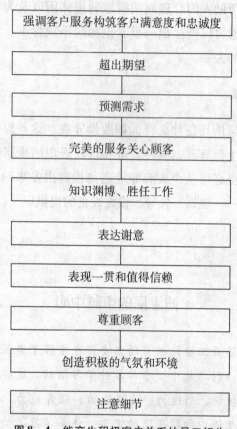

强调客户服务构筑客户满意度和忠诚度
超出期望
预测需求
完美的服务关心顾客
知识渊博、胜任工作
表达谢意
表现一贯和值得信赖
尊重顾客
创造积极的气氛和环境
注意细节

图8-4 能产生积极客户关系的员工行为

1. 超出期望

人们在表述寻求自己的需求得到满足时，他们喜欢服务提供者专心、关注的感觉。人们讨厌被忽视或感觉到他们的需求不重要。做到高度的敏锐意思是要认真倾听、及时关注人们的需求，而且这样做时要超出顾客的期望值。

2. 预测需求

仅仅对顾客的需求做出反应是不够的，服务者必须提前预测出这些需求并在这些需求出现时予以满足。预测行为对于培养一个稳定的顾客来说相当关键。

3. 完美的服务

一项规范完成的服务能够极大强化积极的客户关系。

4. 关心顾客

对人们做出有礼貌和体贴的反应很重要。彬彬有礼的态度还包括和善、宽容、助人的行为等。

5. 知识渊博、胜任工作

提供相关服务的信息时采用的方式也对顾客有影响。应该让顾客自由自在、无所顾忌地咨询问题、寻求指导和解释。提供这些信息的准确度和体贴程度直接影响着一项休闲体验的成功与否。

6. 表达谢意

人们喜欢感觉他们的交易有价值和被刺激。感谢一个人就是一桩好生意。

7. 表现一贯和值得信赖

以积极、可信和一贯的方式来与顾客合作对于顾客满意度十分重要。任何一个企业应该每次都给予顾客同样优秀的服务。

8. 尊重顾客

积极、精力充沛和热心是成功休闲体验的重要元素。

9. 创造积极的气氛和环境

创造积极的感受或情绪可以极大地影响服务的品质感觉。这种情绪可以是某种温暖和松弛或者是某种激情和冒险。

10. 注意细节

高端的服务项目与平庸的服务之间的差异往往体现在细节方面。注意细节需要思考、计划以及具备创造性的特点。

三、对休闲从业人员的管理

（一）休闲从业人员需要提高对休闲行为的了解

休闲是人们暂时离开自己的日常生活环境，到另一个地方过一段不同于日常生活的生活。休闲是多样化生活之源，能够满足人们的多种需要。如果人们的日常生活是第一现实，那么休闲就是人们的第二现实。当休闲从业人员和休闲者在一起时，休闲从业人员是处在自己家里的第一现实，而休闲者却是在其人生地不熟的第二现实里，了解这一点，休闲从业人员就能够理解休闲者为什么会为休闲景观的新奇而激动，为什么会提莫名其妙的问题和要求，从而为其提供周到的服务。

（二）重视休闲从业人员社交基本知识的培养

休闲从业人员与休闲者的交往是客我交往，是一种特殊的社会交往，其特殊性在于客我交往属于人际交往的难题，即它首先是休闲从业人员与休闲者之间利益交换层面的用什么来交换的问题，其次是人际交流层面的出于何种动机的问题。服务的宗旨是"顾客是上帝"，真正理解它的内含，必须清楚休闲者有花钱买方便和花钱买享受的心理优越感，是第二现实中情绪化的自由人，他们爱面子，方便和舒适是他们的心理需求。了解到这一点，从业人员就不会和客人比高下、争曲直，尤其是客人有失误的时候。可见，只有重视休闲从业人员社交基本知识的培养，加强对顾客心理需求的认知，客我交往的整体水平才会有根本性的提高。

（三）强化休闲从业人员沟通技巧的掌握

休闲从业人员要为客人提供优质的心理服务，只懂得客我交往中的客人心理还远远不够，客我交往的短暂性，决定了从业人员必须具备抓住每一个"真实瞬间"来表现自己对客人的谦恭和殷勤。表现力的展现需要高超的沟通技巧。这要求服务人员不仅要懂得休闲者选择知觉性的心理特点，还要根据察言观色来了解客人的情绪状态因素，更要善于使用有声语言和无声语言来加强与客人的沟通。

沟通技巧的培训在以往常常忽略沟通艺术心理效应的培训，例如，第一印象。社会心理学研究证明在人际交往中，对某人的最初印象在很长一段交往时间内，影响着交往双方一系列的心理及行为特征。服务人员注重自己的言谈举止和仪容仪表都是给顾客留下美好第一印象的必要条件。心理位移效应则要求休闲从业人员善于换位思考，从顾客的立场和角度出发，设身处地地去体察顾客的思想和感受，使沟通双方建立稳定的心理联系，形成和谐亲密的人际关系。同样的内涵，用不同的表述方法，效果大相径庭。艺术的表达方式在客我交往中也至关重要。注重措辞，少用否定用语，诙谐幽默，都是缩短客我心理距离、提高顾客满意度、减少客我之间认知偏差的有效方法。

（四）重塑休闲从业人员的人文素养

休闲业中常常存在顾客抱怨休闲场所不好、车船不好、食宿不好等情况。其实这归根结底是休闲从业人员将休闲仅仅理解为一种赢利的行为，而丢弃了休闲人文的内涵。休闲在本质上是与人的人文素养合而为一的。人文素养来自于人的文学、哲学和历史学的修养。人们往往有这样的体会，到一个地方休闲，风景、吃住可能都是次要的，关键是与什么人同行，如果与人文素养好的人同行，常常会获得意想不到的快乐。我国休闲业的发展下一步将进入人文阶段，如果只培训服务人员的商业技能，而忽视其人文素养,休闲者就很难真正在休闲环境中感到愉快。重塑旅游从业人员的人文素养不仅能够带给旅游者心灵的共振,更能促进休闲业的持续发展。

(五)关注休闲从业人员心理保健和自我调试

休闲业是公众行业,从业人员的工作压力是很大的,尤其在休闲旺季的时候。休闲企业人力资源在甄选员工的时候应该在对参考人员进行心理测试的基础上,定期为员工做心理检查,并加强员工心理保健和心理自助方面的培训,让员工正确看待心理问题,了解心理问题存在的普遍性,进而实施积极的心理自助。积极的心理自助可以帮助员工减轻痛苦,维持心理的健康。情绪控制主要是实行积极的自我暗示,同时放松自己的身体,使紧张的心情得到缓解。休闲企业的管理者可以通过提供适应的培训,并创造一定的条件,来帮助员工进行心理自助和情绪状态的自我调节。

总之,休闲企业的人力资源培训,只有结合其行业自身的特点,加强从业人员对休闲行为的了解,重视社交基本知识的培养,强化休闲从业人员沟通技巧的掌握,重塑休闲从业人员的人文素养,关注休闲从业人员心理保健和自我调试,才能使员工有一个健康身心去真正了解休闲业的深层人文内含,娴熟地运用客我交往的各种技巧与高超的瞬间展现技能去处理好客我关系,进而促进休闲产业的持续健康发展。

复 习 题

一、多项选择题

1. 下面哪项属于休闲服务质量的内容(　　　)。

A. 可靠性质量　　　　B. 功能性质量　　　　C. 水平性质量　　　　D. 目标性质量

2. 休闲服务质量的特性不包括下列的(　　　)。

A. 波动性　　　　B. 整体性　　　　C. 经济性　　　　D. 阶段性

3. 休闲服务质量过程不包括下列(　　　)。

A. 预防控制　　　　B. 过程控制　　　　C. 售后控制　　　　D. 条件控制

4. 影响休闲服务质量评价的因素不包括(　　　)。

A. 保证性　　　　B. 功能性　　　　C. 移情性　　　　D. 可靠性

5. 休闲服务补救策略不包括下列(　　　)。

A. 第一次做对　　　　　　　　　B. 快速行动

C. 拒绝抱怨　　　　　　　　　　D. 从流失顾客中学习

二、简答题

1. 休闲服务质量的内涵和特性是什么?

2. 试阐述休闲服务质量的评价标准。

3. 请结合实际谈一谈休闲服务质量的控制包括哪几个部分。

4. 分别阐释公益性休闲场所与设施和营利性休闲场所与设施的管理关键，并进行对比分析。

5. 休闲场所与设施的标准化管理应注意哪些问题？

三、实训项目

【实训名称】

休闲服务质量小品表演

【实训内容】

分组选择一个跟休闲服务质量有关的案例，并由同学进行表演和讲解

【实训步骤】

1. 3～5人为一个小组，选择合适的案例并排练；

2. 服务案例情景再现；

3. 小组成员总结案例的启示和思考，教师点评。

【实训点评】

学生通过表演相关服务质量案例小品，更生动直观地感受服务质量的重要性以及发生质量问题后的处理措施，提高学生发现问题、解决问题的能力。

项目九　休闲产业

任务导入

意大利每年最长的假期是在八月份，在基督教的圣母升天节（Ferragosto）前后。这个时候的意大利除了少数轮休的人在工作，大部分人都幸福地逃出城市，去乡村和海边度假去了，罗马就一下子成了一座空城。据统计，罗马仅供休闲的博物馆就有180多座，图书馆也有200多家。而在中国，在问到公众喜欢在什么样的地方打发业余时间时，35%的人选择了"家里"，还有14%的人选择了"商店"。

我国休闲产业的发展的现状是什么样？未来休闲产业又该何去何从？

学习目标

1. 知识目标

了解休闲产业的发展情况。

熟悉休闲产业的特征和类型。

理解我国休闲产业发展特点和挑战。

2. 能力目标

能够运用所学知识分析中国休闲产业发展遇到的具体问题。

任务一　休闲产业概述

一、休闲产业概念

休闲产业是工业化社会高度发达的产物，是集技术密集、资金密集和劳动密集为一体的产业。从全球角度看，服务业的发展为世界范围内休闲产业的发展创造了极为有利的时机。自20世纪下半叶以来，休闲产业在世界性产业结构的调整中占据着越来越突出的地位，它对推动各国经济持续增长和缓和就业压力作出了巨大的贡献，休闲产业已成为后工业化时代新的经济发展阶段的标志性产业群。

休闲产业有广义与狭义之分。狭义上的休闲产业可以认为是主要为满足人们休闲需要而提供直接服务的产业，它是包括旅游业、餐饮业、保健业、娱乐业、影视文化业等。而广义上的休闲产业则指的是能直接或间接满足人们某种休闲需要而提供服务的产业，其涵盖范围较广，因为只要能满足休闲的某种需要就可认为是休闲产业。它不仅包括服务性行业，还包括为服务性行业提供设施设备、场所的第一产业与第二产业部门。例如，休闲农业就是一个包括第一产业与第三产业的产业联合体。

二、休闲产业发展情况

自 20 世纪 80 年代以来，在人们的闲暇时间越来越多，经济能力不断提高的情况下，人就会本能地寻找一些感官刺激的休闲活动，在此背景下，休闲产业作为一种新的现代服务产业，在欧美发达国家蓬勃发展，目前已趋于成熟。世界的休闲产业明显存在发展的梯队：欧美等西方发达国家的休闲产业处于第一梯队，韩国、新加坡等新兴的工业化国家处于第二梯队，而中国等发展中国家则处于第三梯队。

在休闲产业中处于世界领先地位的美国、法国、西班牙、意大利等西方国家不但休闲产业占据其国际经济和国内经济的重要地位，而且已经形成一批具有国际绝对优势的休闲行业体系。

据统计，休闲产业目前已是西班牙的第四大产业部门，其收入占国内生产总值的4.5%。当休闲活动成为人们日常生活时，大部分的服务工作就会集中到餐馆、宾馆、娱乐场所、康体中心、旅游景点、商店、银行、保健机构等休闲服务部门以及与此密切相关的服务产业部门。在发达国家，服务业产值约占国内生产总值的 70% 左右，在发展中国家也将近占到 35% ~ 40%。

任务二　休闲产业的特征和类型

现代大众休闲产业在国际上的发展也是近半个世纪的事情，目前，正向着内涵深化和形式多样的方向发展。休闲产业作为新兴的服务产业，它除了具有其他服务产业所具有的产业共性之外，也还具有自己的产业个性。

一、休闲产业的特征

（一）产业结构合理化特征

产业结构合理化，也可称为生产要素配置的合理化。由于经济发展在不同区域也存在差异性，休闲产业结构的合理化立足于人们休闲活动消费的眼前利益。休闲产业部门和休闲活动设施的配置要与当地经济发展和人们收入水平相近，以避免休闲设施和娱乐活动运动场所的过度短缺或过度闲置的现象发生。

（二）产业结构的高度化特征

产业结构的高度化，又叫产业结构的现代化。也就是说休闲资源的利用水平要与经济增长保持同步发展，并不断突破原来的发展极限，逐步接近发达国家的休闲产业发展水平，全面提高休闲产业的整体效益。休闲产业结构的合理化为产业结构的高度化奠定了基础，而休闲产业结构的高度化，又成为休闲产业结构在更高层次上实现合理化的动力。

（三）休闲产业的综合性特征

1. 增长特性

休闲产业的发展对整个国民经济增长具有很大的贡献。仅以休闲产业中的旅游业而言，2013 年，旅游业对我国的国内生产总值的贡献率就高达 5% 以上。

2. 关联特征

休闲产业在我国国民经济的产业链中处于十分重要的地位，几乎现存的每个产业部门，或多或少都与休闲产业相关，因此休闲产业的发展对其他产业部门的发展具有显著的推动或诱导作用。

3. 需求特征

休闲产品是直接面向广大消费者的终端产品，在全球经济一体化的带动下，休闲消费迎来了国内市场和国际市场融合的发展趋势，休闲消费既具有日常性消费的特征，又体现反复消费，不断消费的循环性特征，其市场消费容量可以说是趋向于无穷大。

4. 资源特性

人们休闲活动层次的不断丰富以及个性化差异的日趋凸显，导致休闲产业的资源要素聚集方式具有劳动密集型、资金密集型和知识密集型的综合性特征。

5. 稳定性特征

休闲产业在未来相当长的时期内具有稳定性特征。从发展的前景来看，休闲产业将是我国具有最大市场需求的社会最终产品的生产部门，由于全球经济发展的不平衡性，休闲产品具有相当大的市场发展梯度和延伸空间，从而在一个较长时期内，随着经济持续发展和人们生活水平的不断提升，社会对它有着大量持续不断增加的需求，因而休闲产业将表现出稳定的发展趋势。

二、休闲产业的类型

（一）休闲产业的构成

从广义角度讲，休闲产业包括核心休闲产业，为核心休闲产业服务的其他休闲服务业，从事休闲品制造的休闲工业、休闲地产业及休闲农林牧渔业等三个层次，以核心休闲产业为中心，向三大产业渗透。

根据以上层次的划分，我们可以对休闲产业再作如下细分：第一类是休闲产业的核心部门群，它构成了休闲产业的主体，主要有旅游产业、娱乐产业、康体产业、文化产业、养生产业、绿色产业等单元产业，通常所称的休闲产业主要是指这些部门；第二类是休闲产业与其他产业的交叉和重叠构成的产业链辅助部分，不完全属于休闲产业部门，但是成为人们休闲活动中不可或缺的组成部分，主要指展览业、百货业、交通运输业、餐饮业、服务修理业等单元产业；第二类是休闲产业的延伸部分，为人们的休闲活动提供一定的服务，与休闲产业部门产生相应的联系，这部分产业主要是指休闲工业、休闲农业、休闲地产等。具体如图 9-1 所示。

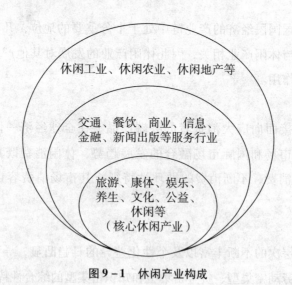

图 9-1　休闲产业构成

从休闲产业的构成不难看出，休闲产业将对我国经济的发展产生重大影响。根据世界上其他国家的发展经验，当人均国内生产总值跨越 1000 美元大关时，家庭必需的消费支出中吃、穿、用的比重将大幅度下降，住房类支出基本保持在小幅度的波动范围内，而唯独休闲类精神性消费支出会出现明显的上升趋势。其中产业部门群中文化产业、旅游产业和绿色产业将成为未来休闲产业的主要经济支柱。

(二) 核心休闲产业

1. 文化产业

文化产业是以文化产品和文化活动为主体对象，从事生产经营、开发建设、管理服务的部门，是从事精神文化产品生产和服务的行业。通常包括：提供文化产品（如图书、音像制品等）、文化传播服务（如广播电视、文艺表演、博物馆等）和休闲娱乐（如游览景区服务、室内娱乐活动、休闲健身娱乐活动等）的活动，它构成文化产业的主体；同时，还包括与文化产品、文化传播服务，文化休闲娱乐活动有直接关联的用品、设备的生产和销售活动以及相关文化产品如工艺品等的生产和销售活动，它构成文化产业的补充。关于文化产业结构是由三大基本行业构成，即文化产品制造业、文化产品零售业和文化产品服务业。具体类别如表 9 - 1 所示。

表 9 - 1　　　　　　　　　　　　文化产业的分类

文化产业	文化制造业	报社、出版社、杂志社、影视制作公司、影像制品公司
		印刷厂
		游乐设备厂、乐器厂、玩具厂、游戏软件公司、体育器材厂、旅游用品厂
		文化用品厂、工艺品厂、剧团、电影厂
		书画院
	文化销售业	书画商店、书报摊、影像制品店
		花鸟（艺术品）市场、花店
		旅游用品商店、文体用品商店
		古玩工业品商店
	文化服务业	图书馆、博物馆
		电视台、电台
		演出公司
		影剧院、娱乐场所、网咖
		旅行社、旅游服务公司
		游乐园、动植物园
		观光点、纪念地
		经营性文化培训学校
		文化经纪人公司、艺术设计公司

 小资料

名列全球 500 强第 31 位的索尼公司，2010 年总收入达到 531.56 亿美元，列第 151 位的迪士尼公司，年收入达到 229.76 亿美元，列第 282 位的时代华纳公司，年收入也高达 145.82 亿美元。不仅如此，在九大媒体巨无霸的率领下，全球 50 家各种类型的文化传播企业几乎分享了全球 95% 以上的文化产品的生产和销售市场。

2. 娱乐产业

近代工业革命以后，娱乐在世界各国逐步得到发展。到今天，已经成长为一个令人关注的新兴产业部门。美国学者米切尔认为，娱乐业，而不是汽车制造、钢铁、金融服务业，正迅速成为一个令人关注的新兴产业部门。其中主题公园便是娱乐经济时代的宠儿。

主题公园是工业化时代产生的一种新兴的娱乐活动目的地，建成于 1955 年的美国迪士尼乐园，是现代主题公园的奠基之作。迪士尼主题公园的创始人沃特·迪士尼的伟大之处，在于他将过去在电影制作方面所具备的色彩、魔力、刺激、娱乐、惊险等特质与现代游乐园的精华主题相融合，并结合建筑、展示、娱乐、购物、餐饮、音乐等组成的娱乐网络功能，使主题公园传达出纯净、友善、安全、狂欢及美好的节日气氛。它有如下特征：

（1）主题公园的理想：希望人们在这里找到欢乐和知识。

（2）主题公园的功能：享受天伦之乐的场所，是教师施教、学生求知的最佳途径。

（3）主题公园的特殊表达：以戏剧化的方式表达或再现美国理想和艰苦事实，用以激励全世界。

（4）主题公园集市集、博览会、游乐场、社区中心等为一体。

（5）这个世界的成就、喜乐和希望充分显示在这里，这些奇妙的东西都在这里变成现实。

 小资料

上海迪士尼乐园（Disneyland of Shanghai）位于中国上海浦东新区，是中国大陆第一个、亚洲第三个、全球第六座迪士尼乐园。

上海迪士尼乐园包含六个主题园区：米奇大街、奇想花园、探险岛、宝藏湾、明日世界和梦幻世界，并将拥有全球迪士尼主题乐园中最大的奇幻童话城堡，每一个园区都有自己特色，为游客创造无限可能。

沃特迪士尼公司的梦想在上海迪士尼度假区延续，将提供独特的、具有中国特色的体验，无论男女老少都能在这里找到快乐的天地，创造值得珍藏一生的回忆。一切

都始于沃特·迪士尼先生的想法："建造一个供父母与子女一起玩乐的家庭乐园"。

上海迪士尼乐园于2016年6月16日正式开门迎客。2016年2月3日，上海迪士尼度假区权威发布，平日门票为370元，高峰日门票为499元，适用于节假日、周末（逢周六、周日）和每年7~8月的暑期。儿童（身高1.0~1.4米，含1.4米）、65周岁及以上老年人、残障游客购买门票可享受七五折优惠。身高1.0米及以下的婴幼儿可免票入园。此外，购买两日联票可享有总价九五折的优惠。按照迪士尼度假区的惯例，游客持一张上海迪士尼乐园的门票将可全天通行乐园内所有的游乐项目和娱乐演出，其中景点包含"梦幻世界"等六大主题园区，此外还包含现场娱乐演出、夜光幻影秀、演职人员周到服务等。

（资料来源：百度百科.）

思考：同学们，你的家乡有类似的主题公园吗？你最喜欢里面的什么项目？

3. 旅游产业

旅游产业作为耀眼的朝阳产业，其对经济和休闲业的作用不可小觑。世界旅游与旅行协会主席罗宾逊曾指出："旅游业对世界经济及国民经济的影响，无论是直接的还是间接的，都大大超出了我们原先的估计。"旅游业作为一项休闲产业，由于其基本特征人的频繁流动，导致与此相关的信息、资金、技术的流动和整合，从而带动文化的沟通和融合，进一步引起观念的更新和习俗的演变，所有这一切无不是推动经济发展和社会进步的基本要素。

近年来全球气候暖化不仅导致地球气温的上升，也会造成了各种恶劣的环境影响，因此Dewar（2005）提出旅游相关经营者对气候变迁的适应能力取决于其对气候变迁的知识和态度，而这也将影响他们对气候变迁预期的变化、策略计划与实际行动。由于环境与气候紧密连结，因此旅游业被认为是高度气候敏感产业。低碳旅游和生态旅游便成为休闲旅游业中新兴产业。低碳旅游是指通过吃穿住行等方面使得个体在旅游过程中碳排放达到最低。一般通过选择旅游地、搭乘环保的交通工具，住具有环保认证的旅店，以及吃当地有机食品等方式。台湾有学者将低碳旅游做成倡导10条例供人们学习和参考，如表9-2所示。

表9-2   "低碳旅游"之倡导

明智飞行	给对环境负责任的游客服务
轻装简行	享用有机食品
离家前关掉所有电灯	节约用水
在饭店时节约用电	使用充电电池
选择绿色交通	努力抵销不可避免的碳足迹

低碳旅游指标选择包括旅游目的地、交通运输、服务设施等。生态旅游是在保护生态系统完整性的基础上进行旅游开发，它是以低碳旅游作为载体。这种旅游方式越来越多地受到80后和90后的青睐，因此生态旅游将在未来休闲产业的发展中具有较大的发展潜能。

 **想一想**

五一小长假，小明作为班长要组织一次班级户外旅游，本次活动的主题是"低碳旅游从你我做起"，请你为实现本次活动主题提出几点建议。

4. 体育产业

在休闲产业中，体育产业是一个后起的产业，但是属于迅速崛起的庞大产业。体育产业是世界上所有产业中增长最快的产业之一，每年的增长速度在20%以上，到20世纪末，世界体育产业的总值就已经超过了4000亿美元。其中影响最大的当属体育运动会和体育博彩业，其中体育运动会被看作是经济增长的驱动力。举办奥运会、世界杯赛已经成为拉动国家和地方经济综合发展的重要驱动力，这已成为世界体育界和经济界的一项共识。奥运会成为体育竞技（活动载体）、体育文化（价值观念）、体育精神（公平意识）、体育产品经营（商业运作）、体育信息传播（信息网络）等交汇而成的一种新型的业态。美国洛杉矶奥运会带给当地151亿美元的额外收入，汉城奥运会拉动韩国经济的增长率高达12.4%。2008年北京奥运会是现代体育产业的一次大展示。

 **小资料**

2022年北京—张家口冬季奥林匹克运动会（2022 The winter Olympics in Beijing and Zhangjiakou），第24届冬季奥林匹克运动会，简称"北京冬奥会"，将在2022年2月4日至20日在中华人民共和国北京市和张家口市联合举行，北京为主办城市，张家口为协办城市，这是中国继北京奥运会、南京青奥会后，中国第三次举办的奥运赛事，也是中国首次举办的冬季奥林匹克运动会（图9-2为国际奥委会主席宣布北京为2022年冬奥会举办城市）。

本届冬奥会共设15个大项，102小项。北京将承办所有冰上项目，北京市的延庆区和河北省张家口市将承办所有的雪上项目。北京成为奥运史上第一个举办过夏季奥林匹克运动会和冬季奥林匹克运动会的城市，也是继1952年挪威的奥斯陆之后，时隔整整70年后第二个举办冬奥会的首都城市。同时中国也成为一个举办过五次各类奥林匹克运动会的国家（尚未举行冬青奥会）。

北京—张家口此次申办冬季奥运会的三大理念是"以运动员为中心、可持续发展、节俭办赛"。

图9-2 国际奥委会主席巴赫宣布北京为2022年冬奥会举办城市

（资料来源：百度百科．）

5. 博彩业

博彩业依旧是当今休闲业中重要的活动形式之一，国际上通行的以博彩为政府创收的三个法宝——赌马、赌场和彩票。在中国香港，马会是香港纳税第一大户，同时又是香港最大的慈善机构，近十年拨出的慈善款超过了100亿港元。在美国"拉斯维加斯门"赌场，每年要缴纳税收数十亿美元。而在中国澳门，葡京赌场不但成为当地旅游业发展的强大推动力，其产出多年来一直占中国澳门生产总值的1/4，并创造了1万多个就业机会。

彩票则是全球通行的行业，在西方国家中，意大利彩民比例最高，几乎达到100%的程度，彩票收入占国家财政收入的1.5%，政府每年单从足球彩票中就可获得25亿美元的收入。英国体育事业"重振雄风"的一个重要原因就是发行彩票为体育事业注入了活力。英国把彩票销售额的28%用于体育、艺术、慈善和文化遗产保护方面。英国彩票业为体育事业的发展提供了8000万英镑的资助。尽管体育彩票的经济价值和社会价值有待人们进一步地认识，但可以坚信的是，体育彩票必将为广大居民所接受，只有到那时，彩票行业才有可能成为新兴的纳税产业大户。

开放博彩利于建国际旅游岛

近年来，海南省部分专家和相关部门多次呼吁适当开放博彩业。海南省彩票管理中心主任彭运洪在接受媒体采访时认为，海南是试水博彩业最理想的地方。

为什么选择海南？他认为，作为独立的岛屿，海南具有地理位置上的优越性；海南是全国最大的特区，是改革开放的前沿；旅游和博彩是对孪生兄弟，彩票和旅游结合，有利于海南建设国际旅游岛。

2009年年初，海南56名政协委员在省"两会"上联名提出提案，建议适度开放海南博彩业。

2010年国务院出台的《关于推进海南国际旅游岛建设发展的若干意见》指出，将在海南试办一些国际通行的旅游体育娱乐项目，探索发展竞猜型体育彩票和大型国际赛事即开彩票。

尽管海南省对具体的博彩项目讳莫如深，但部分专家认为，海南发展马彩的可能性最大（如图9-3）。"如果是马彩，倒是很有可能。"上海师范大学金融学院彩票研究中心李刚博士告诉记者，赛马和马彩项目，可以作为提振海南岛旅游业的一个因素。

除了旅游推动外，博彩还将推动海南的房产以及相关产业经济。2009年年底，不少温州商人抽身迪拜楼市，转投海南房产，兴起一波热潮。

分析认为，2014年香港人口达到723万人，由于赛马主要是本地人参与为主，按此计算可知香港年人均赛马投注额达到2.4万港元。2014年，海南省当地人口903.48万人、进入海南岛旅游人次为4789.08万人次，不考虑赛马开放对进入海南客流的瞬时带动，仅现有的常住人口及旅游人次均是香港的数倍之多，可见，赛马产业一旦在海南放开，有望开启万亿级产业。赛马产业若真的在海南地区开启，对当地旅游业、零售业、服务业均将起到明显带动作用。

图9-3　赛马

（资料来源：http://news.hexun.com/2016-01-11/181720784.html.）

任务三 我国休闲产业的发展

自改革开放以来，特别是近 10 年，随着中国经济的快速发展，人们的生活水平有了极大的提高，休闲消费已成为中国新的经济增长点。但是由于中国市场体制还不够健全且相关部门与产业缺乏足够的思想和物质准备，使得我国休闲产业的发展还面临很多挑战。

一、我国休闲产业的现状

休闲产业是工业化社会发达的产物，是集技术密集、资金密集和劳动密集为一体的产业。休闲产业对一个国家的经济有巨大的拉动和平衡作用。一方面，休闲产业有极高的产业关联度和多样化的进入门槛，这就可以从需求和供给两个方面来刺激内需，拉动我国的经济发展；另一方面，不管是从我国的总体经济规模，还是从城镇居民人均收入水平来看，都预示着我国的休闲产业大发展的时期即将来临。

休闲产业对经济发展的促进作用主要有：第一，休闲产业的产业关联性强，驱动经济发展；第二，休闲产业有利于调整和优化经济结构；第三，休闲产业提供的就业机会非常多；第四，休闲产业的发展，有助于调节经济，缩小地区间经济发展的差距；第五，休闲产业能提高劳动者的素质及工作效率。据世界旅游组织预测，到 2020 年，中国旅游业总产出将占国内生产总值的 8.64%，旅游消费将占总消费的 6.79%，旅游投资占投资总额的 8.16%，接近世界平均水平。据国家旅游局预测，2020 年全国旅游业总收入 33000 亿元人民币，相当于国内总产值的 8%，真正成为国民经济的支柱产业。由此可见，中国开发休闲产业具有巨大的市场和潜力。

我国休闲产业的发展呈现出以下五个特点。

1. 休闲群体庞大，消费市场广阔

中国是一个拥有近 14 亿人口的大国，若按全国 20% 的人口参与休闲，全年人均消费 2000 元计算，便可以形成近 3 亿人口和 6000 亿元消费的广阔市场，随着中国经济的持续增长和国民生活的提高，这个比例还将扩大。这是世界上任何一个国家发展休闲产业都无法比拟的巨大优势，客观上为中国休闲产业的发展提供了巨大的空间。

2. 近距离休闲，低价位消费

中国毕竟还是个发展中国家，因受个人平均 GDP 偏低与个人、恩格尔系数偏高的制约，绝大多数中国人的休闲在时间和空间上呈现出短期性、近距离性。在消费价位上，大多还无法追求高价位的休闲消费。所以，当代中国人的休闲还谈不上真正的享受，尚停留在"找感觉"阶段。中国休闲旅游向来以短线见长，而人数庞大。

3. 休闲设施的供给已经面临极大的困窘之境

一方面，休闲设施使用忙闲不均，著名景点在黄金周期间的人满为患，而其他小规模景点又乏人问津，造成休闲资源的过度利用和利用率严重不足；另一方面，我们的休闲供给也不能满足越来越大的顾客的个性化要求。

4. 功能单一，产品雷同

目前休闲产业的功能主要集中于吃、住、游、玩四个方面。休闲项目共性普遍，个性阙如，产品相同相近，质量较低。如全国遍地开花的农家乐，能够为休闲者提供的主打项目产品，绝大多数都是垂钓、棋牌娱乐、农家饭菜。文化艺术休闲、健康疗养休闲、教育学习休闲等，总体上还处于原生状态或睡眠状态。

5. 市场节奏变快，产品周期变短

在全球经济一体化的过程中，科学技术的进步日新月异，消费者心理变幻莫测，消费需要趋异求新，从主客观方面缩短了各种产品的生命周期，对市场节奏形成了强大的冲击力。服饰业的争妍斗奇，信息产业的更新换代，商务服务的推陈出新，交通运输业的你追我赶，旅游业的求新求异等，从一个侧面证明了休闲产业面对的巨大挑战，使休闲项目与产品处于激烈的无序竞争之中。

小资料

杭州休闲产业的发展

近年来休闲经济在杭州得到了蓬勃发展。自从 1999 年提出的"游、学、住、创业在杭州"，到 2001 年的"休闲之都"和"女装之都"，再到 2002 年提出打造"会展之都"与 2005 年提出的"茶都"和"动漫之都"的发展目标，都显示出该市对休闲经济发展的引导与重视。而 2006 年在杭州召开的世界休闲博览会更是将杭州的休闲产业带上了一个更高的层次。总的来看，杭州休闲产业起步虽然只有五六年时间，但随着改革开放的深入，杭州的休闲产业大有后来者居上之势。截至 2014 年年底，杭州已有 500 余家星级饭店，数量列北京、上海之后，位居全国大中城市第三位，并拥有各类旅行社 700 余家。值得一提的是，随着杭州美誉度和知名度在国外市场的扩大，杭州的入境游人数已连续三年位居全国大中城市第六位。休闲产业对于城市经济的促进作用由此可见一斑。

二、我国休闲产业所面临的挑战

我国作为一个发展中国家，休闲产业的发展毕竟尚处于起步阶段，如同别的新生

事物一样，也出现了不同程度的"成长中的烦恼"以及发展中的问题，具体表现在以下四个方面。

1. 产业发展缺乏正确的理论指导，观念落后

对休闲产业的正确认识是推动其迅速发展的前提和基础。然而，事实上，我国目前有关发展休闲产业方面的理论还很不成熟，处于摸索规律、借鉴经验的起步阶段。各地、各阶层中都普遍存在着对"休闲""休闲产业"认识不清的问题，不适当地把"休闲"理解为单纯的"吃喝玩乐"，出现了整日看电视、整夜泡网吧、成天打麻将的畸形"休闲"，甚至把休闲产业与博彩业、色情业简单地画上了等号，严重阻碍了休闲产业的健康发展。人们日益增长的精神文化需求，需要文化的引导和人文关怀。

2. 产业发展基础薄弱，供求不平衡

我国休闲产业的发展基础较为薄弱，除了前文提到的认识观念，还受到基础设施、地区经济、相关产业发展水平等各种因素的制约。在一些大中型城市，休闲产业初具规模，但在一些小城市、农村及偏远地区，由于上述各种原因，则发展速度较慢。近年来，人们的休闲需求迅速膨胀，在缺乏多元化休闲的现阶段，大部分人只好选择旅游为主要的休闲方式。黄金周的旅游"井喷"现象，正是现阶段休闲产业发展供求不平衡的一个突出表现，这种某一时间某一地域的集中消费，不仅对资源、环境造成了一定的负面影响，而且因人潮汹涌产生的"大人看脑袋，小孩看屁股"的现象，除了让人们心烦意乱之外，远没有达到休闲的初衷。

小资料

在杭州一家中法合资企业担任业务总监的法国人贝拉，对杭州的印象很不错。在中国，她最喜欢的休闲活动，就是清晨或晚间在西子湖畔慢跑。

贝拉认为，很多中国人的休闲方式太注重吃喝。一些节日和朋友的聚会成了吃喝的代名词，每家的餐桌上都堆满了肉、蛋、鸡、鸭、鱼等食品。亲朋好友间还要频频敬酒、斗酒。为了使对方多喝酒，敬酒者会找出种种必须喝酒的理由，若被敬酒者无法找出反驳的理由，就得喝酒。这样，吃饭时的闲聊就少了，减少了增进感情的交流。

同时，她观察到，很多人一放假便没日没夜地打牌、上网聊天、看电视等。所以，有的医院一到星期一，吃坏肚子、玩坏身子的病人便格外多，医生们不得不为这些病人起了一个很好听的名字——"假日综合征"患者。

3. 产业发展体系不够完善，缺乏有效的政策引导

休闲是一个国家生产力水平高低的标志，是衡量社会文明的标尺。但到目前为止，我国的休闲产业发展体系很不完善，通用的行业分类标准、服务标准尚不健全，积极

发展休闲产业方面的政策也有待进一步出台与完善。休闲产业作为一个相互配套的系统工程，涉及众多部门。诸如，饭店、餐饮、接待、公安、医疗、交通、商业、旅游、通信、文化艺术等，各部门必须同步发展，忽视了任何一方，休闲产业都将举步维艰。随着休闲逐渐成为普遍的常态社会生活方式，我国需要尽快建立休闲产业发展的政策主导系统，改变休闲产业整体落后、国民休闲需求无法得到充分满足的落后局面；结合我国的实际，制定一整套政策、法规来明确指导休闲产业发展的方向和目标，通过确立休闲产业的行业范围、规则标准、作用和地位，引导休闲产业向着有利于政治稳定、社会进步、经济繁荣的方向发展。

4. 产业发展缺乏专业性人才，休闲服务及经营缺乏创新

制约我国休闲产业发展的另一个重要因素就是缺乏专业人才，缺乏系统的专业教育。休闲教育目前在我国还是一个盲点，国内只有寥寥几所院校开设了这方面的专业，一般只是作为旅游系、体育系或人文专业等的补充。在理论研究、课程设置、师资力量、教材选用等方面都存在着明显不足。大部分休闲从业人员都没有经过系统科学的专业培训，直接影响到休闲产品的服务水准。另外，由于缺乏专业研究、理论指导及专业知识的传授，一些休闲经营者、管理者也往往囿于现状，难以对现有的休闲服务及经营提出改革创新，限制了休闲产业的发展。就我国目前的发展现状来看，急须引进一批高素质高水平的休闲教育专家，或选派一些中青年骨干前往发达国家培训学习，掌握国外先进的休闲管理经验，了解最新的国外休闲发展趋势，并以此来带动、培育国内的师资力量。通过系统的理论教育以及实务培训，来培养我国本土的休闲管理者、休闲策划师以及休闲服务等方面的专才。

小案例

沉思感悟：善待生命的"后花园"

有人把休闲看作是"生命中的一个绿色的后花园"。在人生这个充满较量的舞台上拼博得精疲力尽的时候，总要找一个休憩的地方，用鲜花、绿地、微风来享受轻松惬意和生命中原本的精彩与快乐。

1845 年 7 月 4 日，美国独立日当天，28 岁的享利·戴维·梭罗拿着一把斧头，独自来到离波士顿不远的瓦尔登湖边，借爱默森的一块荒地，为自己盖起了可供灵魂栖息的小木屋，他在湖边打猎、种豆、伐木、捕鱼、收获，也在湖边倾听风声，观察四季物候变换，沉思人生和抚慰灵魂。他要用一种简朴的方式进行他自己的人生实验——简化生活、回归自然的实验。他得出这样一个结论：如果一个人能满足于基本

的生活所需，那么他是完全可以更从容、更充分地享受人生的，否则就会变成追求物质的"工具"，满载着人为的忧虑和忙不完的粗活，却不能采撷生命的美果。

林语堂先生说过这样一段话："消闲生活并不是富有者和成功者独享的权力，而是一种宽怀心理的产物……这种心情由一种达观的意识产生。享受悠闲的生活是不需要金钱的，有钱的人也不一定能真正领略悠闲生活的乐趣，……他必须有丰富的心灵、爱好简朴的生活，对于生财之道不放在心上。"

复 习 题

一、单项选择题

1. 31 岁的奥利弗是德国麦肯锡顾问公司的高级顾问。由于工作关系，他每年有 1 个多月的时间在中国度过。虽然时间不长，但对于中国老百姓的休闲方式，他可以如数家珍，如卡拉 OK、请客、打牌等。该现象体现了休闲产业的（   ）特征。

A. 关联性特征　　　　B. 需求性特征　　　　C. 稳定性特征　　　　D. 增长性特征

2. 张先生是一名律师，他的周末就是在这样的平淡中度过的：打扫卫生，去超市采购，偶尔时间充裕再去逛逛街。而对于爬山、健身、逛公园这样的休闲方式，张先生认为自己根本没有时间和精力来"应付"这些。以下哪些建议是合理的（   ）。

A. 周末就是应该有更多的时间宅在家里做自己喜欢做的事情

B. 周末应该多参加户外活动，呼吸新鲜空气，锻炼身体

C. 周末应该把更多的时间放在家庭卫生和日常用品采购上

D. 以上说法都不对

3. 下列哪项不属于休闲产业部门（   ）。

A. 体育产业　　　　B. 旅游产业　　　　C. 娱乐产业　　　　D. 农业

二、简答题

1. 发展休闲产业对于中国有何重要意义？

2. 简述休闲产业的特征并简要分析。

3. 中国应怎样发展有自己特色的休闲产业？请你为中国休闲产业的发展提出良策。

三、案例题

随着人们健康意识的提高，花钱买流汗已成为当今社会的共识。人们走出家门，在健身场上找到了平台，但锻炼无疑也是辛苦的。"要健康，更要快乐"，于是休闲体育应运而生。日前，市体育局领导季刚、李仁华和来自杭州市体育发展集团及下属行业协会的领导、专家济济一堂，共商杭城休闲体育的发展大计。过去的一年是休闲体育在杭州大发展的一年，杭州体育休闲运动行业协会将日常的体育活动经过包装重新

推出，鼓励更多群众加入到全民健身中来，所开展的一系列活动都可圈可点。

3月，杭州市旅游消费券发放、协会顺利开展了"首批杭州休闲生活体验点"评选活动；8月，协会策划举办了全民健身日之自行车健身节等项目，注入了新元素，增加了新亮点；9月，"冲浪中国嘉年华2009"活动启动，将"冲浪"这项风靡全球的时尚极限运动推广至杭州，打造了一场美轮美奂的高水平表演。协会正不断提升赛事活动水平，力图推进杭州体育休闲行业活动赛事接轨国际化的进程。季刚介绍说，运动休闲行业作为市委、市政府大力培育和发展的"十大特色潜力行业"之一，已经呈现出了勃勃生机的景象。经过几年的市场开拓，以羽毛球、乒乓球、网球、游泳、瑜伽等几大休闲运动为主流的大众化体育消费市场已逐渐形成。

展望新的一年，李仁华表示，将优化内部结构，整合外部资源，继续加强与各个体育社团、旅行社、景区等社团机构的合作，共同开发杭州体育旅游市场，主办影响力较大的赛事，打响杭州体育休闲品牌。

杭州市体育休闲行业协会常务副秘书长邹捷透露，2010年，市体育休闲运动行业协会将统一制作杭州市运动休闲行业消费券4万册；开展以西湖群山、西湖、钱塘江为卖点的一系列休闲赛事活动，如越野跑、登山、毅行等。

结合上述材料，回答下列问题：

1. 休闲体育体现了休闲活动的哪些功能？结合材料说明。

2. 政府在休闲经济的发展中扮演着怎样的角色？对此你有何看法？

四、实训题

【实训名称】

主题公园体验报告

【实训内容】

学生选择当地一家主题公园进行休闲体验，并完成报告一份

【实训步骤】

1. 组织学生到当地主题公园参观体验；

2. 观察和感受主题公园设施及服务，调查游客满意度、访问工作人员、拍照记录等；

3. 分组完成体验报告及制作PPT；

4. 分小组上台展示报告内容。

【实训点评】

学生通过对休闲项目的实际体验和调查，了解当地休闲业发展现状和问题，并能够提出针对性意见，锻炼创新和解决问题能力。

参考文献

［1］埃德加·杰克逊．休闲与生活质量——休闲对社会、积极和文化发展的影响
［M］．刘慧梅，刘晓杰，译．杭州：浙江大学出版社，2009.

［2］艾泽欧—阿荷拉（SeppoE. lso – Ahola）．休闲社会心理学［M］．谢彦君，等，
译．北京：中国旅游出版社，2010.

［3］保罗．格调—社会等级与生活品味［M］．北京：中国社会科学出版社，2008.

［4］鲍勃，托马斯．娱乐大王迪士尼［M］．北京：中国经济出版社，2008.

［5］陈美爱．基于休闲学视角的市民幸福感研究——以杭州为例［D］．杭州：浙江大
学，2013.

［6］陈盈盈．中国传统文化中的休闲观念［J］．自然辩证法研究，2004（5）：95.

［7］程恩富．文化经济学通论［M］．上海：上海财经大学出版社，1999.

［8］利奥纳德·L. 贝利．服务的奥秘——持续成功的九种驱动力［M］．刘宇，译．
企业管理出版社，2001：5.

［9］甘露，刘海燕．旅行社人力资源管理研究综述［J］．商场现代化，2006（1）.

［10］郭鲁芳．休闲学［M］．北京：清华大学出版社，2011.

［11］国家统计局．文化及相关产业分类［R］．国统字〔2004〕24 号.

［12］黄凯．休闲农业的村旅游［M］．北京：中国财富出版社，2016.

［13］黄希庭．心理学导论［M］．北京：人民教育出版社，1991.

［14］杰佛瑞·戈比．你生命中的休闲［M］．昆明：云南人民出版社，2006.

［15］杰弗瑞·戈比．21 世纪的休闲与休闲服务［M］．张春波，等，译．沈阳：辽宁
科学技术出版社，2005.

［16］杰弗瑞．你生命中的休闲［M］．昆明：云南人民出版社，2000.

［17］杰克逊．休闲的制约［M］．凌平，刘晓杰，刘慧梅，译．杭州：浙江大学出版
社，2009.

［18］金情，楼嘉军．武汉市居民休闲方式选择倾向及特征研究［J］．旅游学刊，
2006（1）：40 – 43.

［19］科特勒．旅游市场营销学［M］．大连：东北财经大学出版社，2005.

［20］克里斯多弗·R. 埃廷顿．休闲与生活满意度［M］．杜永明，译．北京：中国经

济出版社，2009．

[21] 李扬．社会分层视野下城市居民休闲行为研究——以厦门城市居民为例［D］．
厦门：华侨大学，2006（9）．

[22] 李跃军，孙虎．休闲项目对城市休闲适宜性的价值评价［J］．社会科学家，
2007（3）：119－121．

[23] 李仲广，卢昌崇．基础休闲学［M］．北京：社会科学文献出版社，2004．

[24] 李仲广．休闲学［M］．北京：中国旅游出版社，2011．

[25] 廖小平，孙欢．休闲及其类型：一种文化哲学的视角［J］．河南社会科学，
2010，11（6）．

[26] 刘德谦，高舜礼，宋瑞．2012年中国休闲发展报告［R］．北京：社会科学文献
出版社，2012．

[27] 刘慧梅，张彦．西方休闲伦理的历史演变［J］．自然辩证法研究，2006（4）．

[28] 刘嘉龙．休闲活动策划与管理［M］．上海：格致出版社，2011．

[29] 楼嘉军．休闲新论［M］．上海：立信会计出版社，2005．

[30] 罗艳菊．休闲学概论［M］．哈尔滨：哈尔滨工程大学出版社，2012．

[31] 马惠娣，刘耳．西方休闲学研究述评［J］．自然辩证法研究，2001（5）．

[32] 马惠娣．休闲：人类美丽的精神家园［M］．北京：中国经济出版社，2004．

[33] 马惠娣，张景安．中国公众休闲状况调查［M］．北京：中国经济出版社，2004．

[34] 马秋丽．《论语》中的休闲理论初探［J］．山东大学学报（哲学社会科学版），
2006（5）．

[35] 马勇，周青．休闲学概论［M］．重庆：重庆大学出版社，2008．

[36] 米切尔·沃尔夫．娱乐经济［M］．北京：光明日报出版社，2001．

[37] 牟红．休闲活动策划与管理实务［M］．北京：中国财富出版社，2015．

[38] 牟红，杨梅．休闲活动策划与管理［M］．北京：中国物资出版社，2010．

[39] 卿前龙．西方休闲研究历史与现状［J］．科学对社会的影响，2004（3）．

[40] 邱扶东，吴明证．旅游决策影响因素研究［J］．心理科学，2004（5）：1214－1217．

[41] 宋瑞．国内外休闲研究扫描——兼谈建立我国休闲学科体系的设想［J］．旅游
学刊，2004（3）．

[42] 粟路军．城市居民近郊运动休闲项目偏好研究——以长沙市为例［J］．湖南财
政经济学院学报，2012（2）．

[43] 图片来自 http：//image. baidu. com/．

[44] 图片来自 http：//p1. so. qhimg. com/bdr/_ 240_ /t01a5d74bcfe5d3984b. jpg．

[45] 图片来自 http：//p1. so. qhimg. com/bdr/_ 240_ /t01a5d74bcfe5d3984b. jpg．

[46] 图片来自 http：//p4. so. qhimg. com/bdr/_ 240_ /t010b29269399950189. jpg.

[47] 图片来自 http：//wenku. baidu. com/link？url = KSfzmHcUpyhEyHF9WxzDJHGMWk gw9SF2MwwAJug_ YX7293szKYNG9Mr0ihubuAfK3L4tReycXJQfrL4dmAXknEO － tR-PDFJ5lTl － 6WqZ0Awu.

[48] 图片来自 http：//www. csun. edu/ ~ vcrec004/ls251/resources/VealRecDefinitions. pdf.

[49] 图片来自 http：//www. docin. com/p － 92556991. html.

[50] 托马斯·古德尔，杰弗瑞·戈比. 人类思想史中的休闲 [M]. 昆明：云南人民出版社，2000.

[51] 王利新. 我国旅游人力资源开发对策研究 [J]. 旅游经济，2006（3）.

[52] 王玮，黄震方. 休闲制约研究综述 [J]. 桂林旅游高等专科学校学报，2006：6.

[53] 王雅林. 城市休闲——上海、天津、哈尔滨城市居民时间分配的考察 [M]. 北京：社会科学文献出版社，2003.

[54] 隗瑞艳. 2011 年北京演出市场统计数据出炉 [N]. 中国文化报，2012 － 01 － 11.

[55] 魏小安. 中国休闲经济 [M]. 北京：社会科学文献出版社，2005.

[56] 吴文新，张雅静. 休闲学导论 [M]. 北京：北京大学出版社，2013.

[57] 武旻. 我国休闲体验发展问题研究 [D]. 太原：山西财经大学，2006.

[58] 杨云. 近期国外旅游业人力资源管理研究进展 [J]. 旅游科学，2005（12）.

[59] 叶奕乾，孔克勤. 个性心理学 [M]. 上海：华东师范大学出版社，1993.

[60] 伊继佐. 2001 年上海文化发展蓝皮书 [M]. 上海：上海社会科学院出版社，2009.

[61] 于冲. 我们应该为大众休闲做些什么 [N]. 中国旅游报，2014 － 11 － 28.

[62] 约翰·凯莉. 走向自由——休闲社会学新论 [M]. 赵冉，季斌，译. 昆明：云南人民出版社，2000.

[63] 约翰·凯利. 走向自由——休闲社会学新论 [M]. 昆明：云南人民出版社，2000.

[64] 岳培宇，楼嘉军. 国内休闲理论研究阶段、重点及评述 [J]. 北京第二外国语学院学报，2005（5）.

[65] 张维亚，汤澍. 休闲学概论 [M]. 大连：东北财经大学出版社，2012.

[66] 张香兰. 城市中产阶层休闲消费行为分析 [J]. 管理现代化，2010（10）.

[67] 张玉勤. 休闲体验塑造"现代新感性"[J]. 自然辩证法研究，2003（5）.

[68] 章海荣，方起东. 休闲学概论 [M]. 昆明：云南大学出版社，2005.

[69] 赵欣. 旅游从业人员培训内容的新思路 [J]. 管理观察，2009（13）：138.

[70] 郑胜华，刘嘉龙. 城市休闲发展评估指标体系研究 [J]. 自然辩证法研究，2006 (3)：96 - 101.

[71] 中国旅游研究院. 中国休闲发展年度报告 [M]. 北京：旅游教育出版社，2011.

[72] 周海荣，姜锡润. 西方休闲观的历史流变 [J]. 哲学论丛，2004 (12).

[73] 周鹏飞. 城郊休闲旅游产业发展障碍及其矫正：重庆个案 [J]. 重庆社会科学，2009 (10).

[74] C. 米歇尔·霍尔，斯蒂芬·J. 佩奇. 旅游休闲地理学：环境·地点·空间 [M]. 周昌军，何佳梅，译. 北京：旅游教育出版社，2007.

[75] CHRISTOPHER LOVELOCK, JOCHEN WIRTZ. Services MarReting：People, Technology, Strategy [M]. New York：Pearson Education Inc. , 2013.

[76] HAROLD L. Vogel Book Review of entertainment industry eco - nomics：a guide for financial analysis [J]. Press syndicate of theuniversity of Cambridge, 1994 (12)：461.

[77] JOHN PIGRAM. Outdoor Recreation and Resource Management [M]. London：Croom Helm, 1983.

[78] MIHALYI CSIKSZENTMIHALYI. Flow：The Psychology of OptimalExperience [M]. New York：Harper Perennial, 1990.